漫话三千年

从50个中国历史人物说起

编著／武田田

插画／胡北麟

上海社会科学院出版社

歴史人文
HISTORY

本书使用说明

我们常常看低孩子，觉得他们什么都不懂。一切都等他们长大吧！长大了自然就明白了……

孩子当然不会长大自然就明白，人总是需要在不断学习中提高自己的认知水平。而大人需要做的，就是给他提供学习的机会；只要给孩子学习的机会，他真的会懂。如果他不懂，那是因为我们大人不够有耐心，没有找到合适的方法。

我们常常看低古人，觉得他们好傻。他们对自己做出的选择沾沾自喜，却不知道后来酿成了怎样的大祸。对我们如今习以为常的道理，古人却毫无了解、十分懵懂。然而，事实真的是这样吗？

古人只能看到自己之前的古人，并不能预知未来。每一个时代做出的决定，在当时的条件下必然是他认知范围内所有可选项中的最优解。我们现代人面前放着几千年的历史教训，尚且不可避免地犯着愚蠢的错误，又有什么资格站在上帝的视角，傲慢地指责古人呢？

本书作者希望摸索出一个适合孩子学习历史的方法——不是把历史课本丢给他，而是牵着他的手，领着他认识那一个一个曾经如此聪颖、勇敢、鲜活的中国人，告诉他，他的血管里也流淌着相似的血液，让他对自己和自己的民族充满信心。

但与此同时，又要告诉他，学习历史是为了让我们消除傲慢。再聪明、再伟大的人物一生中也要历经磨难，现实中没有天选之子，不存在主角光环。在每一个短暂的历史剖面，正义并不总会战胜邪恶，然而历史最终会做出公正的评判。

当孩子在生活中遇到困难时，他会想起他读到过的这些人，想起他们的遭遇，再回到眼前的小事，随之心中一宽；犹如夏夜仰望星空，想象遥远银河的另一端，随即感到人的渺小，当下的琐事不值一提。那一刻，孩子就算真正地长大了。

可是，要怎么给孩子讲我国的历史呢？

历史实在是太长了，发生的事情实在是太多了！在给孩子讲的时候，我们常常会有"老虎吃天，无处下爪"的感觉。面对浩如烟海的中国历史，选择什么样的切入点去讲最合适呢？

让我们先来做一道计算题：如果我们从商朝末年，一直讲到20世纪，总共有3 000多年的历史。按照人的平均寿命为60岁来计算，这3 000多年可以被看作是由50个人的一生首尾相连而成的，前一个人去世的时代大约是后一个人出生的时代。也就是说，如果恰当地选择50位历史人物，通过他们的眼睛去看他们生活时代的历史，把他们的故事按照时间顺序一个个讲出来，大体上就能够了解3 000年的中国历史了。

目前通行的教材和读物往往采取宏大的叙事视角，描绘王朝兴衰更替的风云激荡。但本书更感兴趣的是：在这激荡的风云之中，个人能做些什么？他或她将如何自处？又将如何改变周遭的环境甚至自己与他人的命运？因此，这本书应该既讲述3 000年华夏民族和国家的历史，又讲述50个中国人的个人史。历史的聚光灯依次打在这50个人物的头顶，串联起来便是一座光影变幻的舞台；历史的话筒依次递到这50个人的嘴边，接续起来便是一部跌宕起伏的戏剧。

本书的前身是作者和孩子在喜马拉雅平台上播放的历史节目《给青少年的〈中国历史五十人〉》。在将节目文本重编成书时，进行了较大的改动和增删。

希望大家不仅觉得这本书好听、好看、好读，而且还好用——

在每一位历史人物的故事中，本书都会介绍相关的重要政治、经济、文化、地理知识。这些内容紧密契合中考、高考的语文和历史考点，以与正文不同的字体或格式标出，有如阅读时随手写下的笔记。【】是中高考历史考点，加粗字体加下画线是重要历史概念，楷体是成语、诗词或大家耳熟能详的名言警句。

书中还附有20幅历史人物的儿童画，表现着一个孩子眼中的古人和世界，希望大家会感到有趣和亲切。

市面上给孩子讲历史的书太多了！有的重在培养兴趣，因此主打搞笑，不讲知识，也没有观点；有的重在帮助考试，因此主打知识，缺乏趣味，温度偏低。而且这些书有一个共同的特点：它们都像历史本身一样长！要很多很多分册才能读完……

希望《漫话三千年：从50个中国历史人物说起》能够成为一本既有知识又有趣味、既有观点又有温度的书，一本"有它就够了"的书，陪伴每一个喜欢它的孩子慢慢长大。

祝大家阅读愉快！

目 录

本书使用说明 ……… 1

1	**姜 尚** （约前1100—前1015） 商末周初政治家、军事家	渭滨钓龙 ……… 1 助周灭商 ……… 2 建立齐国 ……… 3 成康之治 ……… 5	
2	**姬 满** （约前1026—约前922） 周穆王	御驾西征 ……… 7 平定内乱 ……… 9 《穆天子传》……… 9	
3	**姬 胡** （约前898—前828） 周厉王	嫡长子继承 ……… 12 国人暴动 ……… 13 共和执政 ……… 14	
4	**申 侯** （约前820—约前760） 西周申国诸侯	辅佐宣王 ……… 16 幽王即位 ……… 18 烽火戏诸侯 ……… 18	

5	姬寤生 （前757—前701） 春秋初期郑庄公	掘地见母 ………… 春秋初霸 …………	20 22
6	管 仲 （前723—前645） 齐国政治家	管鲍之交 ………… 三策兴齐 ………… 助齐称霸 …………	24 26 27
7	赵 盾 （前655—前601） 晋国政治家	晋国栋梁 ………… 弑君辅贤 ………… 设立公族 ………… 赵氏孤儿 …………	30 31 32 33

小论文　春秋时期各国君主为何有"王""公"之分？ ………… 34

8	芈 围 （约前580—前529） 楚灵王	荆楚崛起 ………… 灵王篡位 ………… 众叛亲离 ………… 楚王好细腰 ………	36 37 38 39
9	范 蠡 （前536—前448） 春秋末期越国政治家	吴越争霸 ………… 助越灭吴 ………… 鸱夷子皮 …………	40 41 42
10	吴 起 （前440—前381） 战国初期政治家、军事家	求仕于鲁 ………… 建功于魏 ………… 变法于楚 ………… 战国开启 …………	46 47 48 49

11	庄 子 （约前369—约前286） 战国时期思想家	庄惠之交 庄周梦蝶	52 54

小论文　什么是百家争鸣? …… 57

12	吕不韦 （前290—前235） 战国末期秦国政治家	投资异人 创业成功 《吕氏春秋》	59 61 62
13	周 勃 （前230—前169） 西汉初期军事家	秦朝建立 沛公灭秦 四处平叛 迎立文帝	64 66 67 68
14	李 广 （约前185—前119） 西汉名将	以战成名 龙城飞将 悲情结局	70 71 73
15	霍 光 （约前135—前68） 西汉政治家	因兄得贵 托孤忠臣 废立皇帝 死后灭族	76 77 78 80
16	刘 歆 （前50—公元23） 西汉末期经学家	经学世家 结缘王莽 科学成就	81 82 84

17	班 超 （32—102） 东汉军事家、外交家	弃笔从戎 …………………… 86 威震西域 …………………… 88 封侯定远 …………………… 90	
18	蔡 伦 （63—121） 东汉发明家	卷入宫斗 …………………… 92 蔡侯造纸 …………………… 93 畏罪自杀 …………………… 93	
19	蔡 邕 （133—192） 东汉末期文学家	少举孝廉 …………………… 96 乱世为官 …………………… 97 文姬归汉 …………………… 99	
20	司马懿 （179—251） 三国时期政治家	从汉到魏 …………………… 102 交锋孔明 …………………… 103 由魏至晋 …………………… 105	
21	刘 渊 （约250—310） 西晋汉赵开国皇帝	入汉为质 …………………… 107 趁乱立国 …………………… 109 东晋十六国 ………………… 110	
22	谢 安 （320—385） 东晋政治家	衣冠南渡 …………………… 112 镇安朝野 …………………… 113 淝水之战 …………………… 114	

小论文　什么是魏晋风度？ ………………………………… 117

23 刘裕
（363—422）
东晋末期政治家、南朝宋武帝

- 入伍北府 …… 119
- 匡扶晋室 …… 119
- 气吞万里 …… 120
- 元嘉草草 …… 122

24 冯太后
（441—490）
北魏政治家、改革家

- 北魏崛起 …… 123
- 太后临朝 …… 124
- 汉化改革 …… 125

小论文　佛教传入我国的历史与趣事 …… 128

25 萧衍
（464—549）
南朝梁武帝

- 废齐兴梁 …… 130
- 菩萨皇帝 …… 131
- 侯景之乱 …… 132

26 庾信
（513—581）
南北朝后期、隋朝初期文学家

- 南人入北 …… 134
- 《哀江南赋》…… 135
- 平生萧瑟 …… 137

27 魏徵
（580—643）
隋末唐初政治家

- 潜龙在渊 …… 139
- 几番易主 …… 141
- 太宗明镜 …… 142

28 武曌
（624—705）
唐朝政治家、武周皇帝

- 入宫为妃 …… 146
- 君权神授 …… 147
- 武周女皇 …… 148
- 神龙革命 …… 150

29	郭子仪 （697—781） 唐朝中期名将、军事家	开元盛世	152
		安史之乱	154
		代国平乱	155
		五福老人	156
30	白居易 （772—846） 唐朝后期文学家	居大不易	160
		江州司马	161
		香山居士	161
		物哀文学	162
31	朱 温 （852—912） 唐朝末期军阀、后梁太祖	黄巢起义	165
		灭唐建梁	167
		五代十国	167
32	冯 道 （882—954） 五代十国政治家	狼虎丛中也立身	170
		前程往往有期因	171
		十朝元老名声急转	172
33	萧 绰 （953—1009） 辽朝政治家	契丹建国	174
		临危执政	175
		澶渊之盟	177
34	范仲淹 （989—1052） 北宋政治家	寒儒进士	181
		安定西夏	182
		庆历新政	185

35	**苏 轼** （1037—1101） 北宋文学家	眉州三苏 ……… 189 王安石变法 ……… 189 乌台诗案 ……… 191 新旧党争 ……… 192	

小论文　什么样算成功的变法？ ……… 194

36	**岳 飞** （1103—1142） 南宋军事家、民族英雄	靖康之耻 ……… 198 南宋偏安 ……… 199 撼岳家军难 ……… 200 十二道金牌 ……… 202
37	**辛弃疾** （1140—1207） 南宋文学家	归正人 ……… 205 壮志未酬 ……… 206 蒙古崛起 ……… 207
38	**耶律楚材** （1190—1244） 金朝末年、蒙古国政治家	金国衰落 ……… 209 楚材晋用 ……… 210 文正郁终 ……… 211
39	**关汉卿** （1234—约1300） 元朝文学家	元立宋亡 ……… 213 杂剧鼻祖 ……… 216
40	**刘 基** （1311—1375） 元末明初政治家	元末统治 ……… 219 明朝建立 ……… 220 明初四大案 ……… 221

41	**郑 和** （1371—1433） 明朝航海家、外交家	早期经历 …… 225 靖难之役 …… 225 七下西洋 …… 226
42	**于 谦** （1398—1457） 明朝政治家、民族英雄	从仁宗到英宗 …… 229 土木堡之变 …… 230 北京保卫战 …… 232
43	**王守仁** （1472—1529） 明朝思想家、军事家	守仁格竹 …… 235 龙场悟道 …… 235 知行合一 …… 236 平定叛乱 …… 238
44	**李时珍** （1518—1593） 明朝医药学家	医药世家 …… 240 《本草纲目》…… 240 张居正变法 …… 242
45	**徐光启** （1562—1633） 明朝末期政治家、科学家	中举、利玛窦和受洗 …… 244 几何、历法和番薯 …… 245 火炮、崇祯和后金 …… 247

小论文　从东北崛起的少数民族政权 …… 249

46	**郑成功** （1624—1662） 明末清初军事家、民族英雄	沿海世家 …… 256 反清复明 …… 258 光复台湾 …… 260

47	爱新觉罗·胤禛 （1678—1735） 清世宗	九子夺嫡 ……………… 264 雍正改革 ……………… 265	
48	纪 昀 （1724—1805） 清朝文学家	乾隆的朝臣们 …………… 268 《四库全书》 …………… 269 文字狱和《红楼梦》…… 270	
49	曾国藩 （1811—1872） 清朝后期政治家、军事家	湘地领袖 ……………… 272 镇压太平天国 ………… 274 洋务运动 ……………… 276 治家治军 ……………… 276	
50	霍元甲 （1868—1910） 清朝末期爱国武术家	"东亚病夫" …………… 278 精武英雄 ……………… 280	

小论文　中国行政区划的变化………………………………… 283

最后的话 ……………………………………………………… 287
参考书目 ……………………………………………………… 288
附录：50个中国历史人物重大事件编年图 ………………… 290

1 姜尚

（约前1100—前1015）
商末周初政治家、军事家

姜子牙到底活了多少岁，这是个问题。

有说139岁，有说105岁，也有说没那么多，也就90岁左右。无论哪个岁数，在3 000多年前的文明条件下都相当惊人。而且大家公认的是，他登上历史舞台的时候年纪已经不小了，可以说是大器晚成的典范。

姜子牙，姜姓，吕氏，名尚，字子牙，商末周初人，政治家、军事家，周朝开国元勋。他先后与六位君主共事，可谓贯穿商周之交的灵魂人物。

渭滨钓龙

姜子牙的祖先在大禹治水时立过功，被封在"吕"这个地方。但随着时间的流逝，后代逐渐沦为平民。姜子牙出生时，家境已经落败，他做过许多工作来养活自己，一直等到两鬓斑白，人生的重大时刻才终于到来。

据说那一天，姬昌（周文王）外出打猎前算了一卦，卦象告诉他这次狩猎获得的不是普通的野兽，而是助周成就霸业的辅佐人才。

果然，姬昌在渭河北岸遇到了用直钩垂钓的姜子牙。经过交谈，姬昌觉得姜子牙是位千古奇才，决定重用他；姜子牙也以自己出人意料的姿态成功地达到了"钓龙不钓鱼"的目的，完成了人生最重要的一跳。

这就是"姜太公钓鱼，愿者上钩"的故事。

助周灭商

姬昌所在的"周"本来是渭河中游的一个古老部落，居住在今陕西中部地区。到姬昌时，周采取了一些较为先进的政治和经济制度，实力逐渐增强。

周人将"天"作为至高无上的神，称统治者为"天子"，改变了商人信奉祖宗神力的信仰模式，一定程度上取消了残酷的人牲。由于整体更加文明进步，其他诸侯国纷纷向周人靠拢。

商朝是中华文明信史时代的开端。神权色彩浓厚，采取内外服制的管理制度。此时，商朝到了第30任君王帝辛（纣王）当政时期，<u>大量实施酷刑，强化国家机器；对外征伐、穷兵黩（dú）武；对内压迫和残害人民；社会矛盾日益尖锐，奴隶主贵族腐朽</u>。【商朝国家治理与后期统治特点】

此外，纣王荒淫无度，"以酒为池，悬肉为林"，成语"酒池肉林"就来源于此。

公元前1056年，姬昌对内称王，但是对商仍然小心翼翼，未敢轻举妄动。姜子牙建议姬昌先平定周边诸地，等待后方稳定、物资充足时再找机会进攻。接下来几年，周连续进攻邻国，切断了商同西部属国的联系，并迁都丰京（今陕西省西安市），成了商西部最为强盛的诸侯国，具备了挑战商的实力。

公元前1050年，姬昌病逝，他的儿子姬发继位，是为周武王。姬发继承文王的使命，静静等待进攻商的时机。不久之后，机会终于来了！商的宫廷发生了激烈的内乱，纣王杀害了贤臣比干，囚禁了叔父箕（jī）子，不少被牵连的贵族被迫投奔周。在姜子牙的建议下，武王与其他诸侯在盟津会合，共同出兵伐商。

公元前1046年，周武王亲率战车300乘，精锐武士3 000人，步兵数万人出兵东征。与其他诸侯会合后，联军总数达4万多人。与此同时，纣王也集结了高达17万人之巨的军队，其中很大一部分士兵是商在连年征服和侵略中俘虏的周边部落奴隶。

双方在牧野（今河南省新乡市）交锋，姜子牙率领的先锋部队人数虽少，但是士气如虹；商军虽然人多势众，但士兵们与纣王离心离德，还未开战便纷纷倒戈。武王趁势大败商军。纣王见大势已去，逃回首都朝歌（今河南省鹤壁市）自焚而死。<u>牧野之战</u>成为我国历史上第一个"以少胜多"的著名战役，也给数千年后的志怪小说《封神演义》提供了素材和灵感。

姜子牙于是引武王进入朝歌，昭告<u>商朝灭亡</u>，<u>周朝诞生</u>，<u>定都镐京</u>（今陕西省西安市），<u>史称西周</u>。

建立齐国

武王灭商后，同姜子牙、姬旦（周公）等人商议，实施<u>宗法制</u>与<u>分封制</u>，这种制度是周与商在政治体制上的最大不同点。

【宗法制】以血缘亲疏与嫡庶来确定继承关系的制度，实行嫡长子继承制。

【分封制】把全国分成若干个诸侯国，分封给同姓子弟、姻亲和功臣。受封者可以在自己封地内再分封，诸侯具有较大的独立性，但需要尊周天子为天下共主，承担保卫疆土、定期觐（jìn）见、缴纳贡赋等义务。周朝贵族等级分为天子、诸侯、卿大夫和士。分封制保证了周王朝对地方的控制，稳定政局，同时给予诸侯独立性，快速扩大了周朝统治范围。这一时期，周的疆域很快覆盖了整个中原地区。

宗法制与分封制相补充,解决了周朝内部在权力和财产分配方面的冲突与矛盾,比商朝在政治制度上更进一步。

此外,周的统治集团还以周族自己的习惯法为基础,吸收了夏商两代礼仪制度中的有用部分,经过整理加工,制定了有关国家制度、社会关系以及生活规范的法典。这部法典就是被孔子一再推崇的**《周礼》**,也被认为是我国最早的行政法律制度。

由于功劳首屈一指,姜子牙被分封在齐地〔今山东省淄(zī)博市〕,以便安定东方。姜子牙于是建立齐国,成为齐国的首位统治者。他承袭《周礼》,在齐国推行各种有效的治理措施,很快安定了民心。他不论出身,选用

姜尚

贤能到重要岗位任职,打破了西周以血缘关系为基础的用人办法;他大力发展冶炼、纺织、渔盐等手工业和商业,齐国逐渐发展为富裕强大的诸侯国。

从姜子牙建立国家,一直延续到公元前221年秦统一六国,齐国是整个周朝延续时间很长的国家之一。姜子牙的后代中出现了齐桓公姜小白和秦国宰相吕不韦这样雄才大略的英雄,身上闪烁着祖先智慧和勇气的光芒。

成康之治

姜子牙的女儿邑(yì)姜嫁给了周武王,生下儿子姬诵(周成王)和唐叔虞(晋国始祖)。公元前1043年,姬诵继承王位,为周成王。由于成王即位时还很年幼,须由姜子牙和周公辅佐,所以姜子牙大部分时间都待在首都镐京。

这个时候爆发了"三监之乱"。商纣王自杀后,周武王并没有杀掉他的儿子武庚,而是封他管理商朝旧地,同时为了防止他叛乱,在朝歌东部设卫国、西南设鄘(yōng)国、北部设邶(bèi)国,共同监视武庚。武王死后,卫王管叔和鄘王蔡叔对辅佐成王的周公感到不满,四处散布周公篡位的谣言,串联武庚起兵反叛,史称"三监之乱"。

唐代诗人白居易曾在《放言五首》(其三)中写道:"周公恐惧流言日,王莽谦恭未篡时。向使当初身便死,一生真伪复谁知?"其中"周公恐惧流言日"说的就是卫王和鄘王诬陷周公谋反这件事。白居易假设:如果周公死在了三监之乱爆发之前,那他勤勉忠诚的真实品格又有谁能知道呢?

最终,在姜子牙和周公的共同努力下,叛乱被平定了。公元前1021年,周成王的儿子周康王即位,国家安定,经济繁荣。这两任国王的统治时期就被称作"成康之治",这也是我国历史上记载的第一个繁荣盛世。

公元前1015年(周康王六年),姜子牙病逝于镐京。

姓和氏的区别

姜子牙,姜姓、吕氏是什么意思呢?

姓指从最早的祖先传承而来的符号,氏则是后来的子孙为了以示区别分出来的符号。也就是说,一个大部落共享同一个姓,子子孙孙繁衍扩散到各地以后,每一个分支(宗)就拥有了自己的氏,不同氏的宗可能有同姓的祖。为了避免近亲通婚,同姓的人是不可以结婚的,"姓所以别婚姻",但同氏不同姓的人可以通婚。因此,在先秦时期,姓和氏会被分别标出。后来为了方便交流,姓和氏逐渐合而为一,变成了我们现在所说的姓。

2 姬满

(约前1026—约前922)
周穆王

西晋太康年间,发生了一件震惊朝野的大事。

汲郡(今河南省卫辉市)的一座战国古墓被盗掘,人们发现了一大批竹简古书,它们奇迹般地躲过了秦焚书的烈火,完好无损地躺在古墓里。这些珍贵的竹简被称为汲冢古书,由于采用编年体记述夏、商、西周和春秋战国的历史,又被称为**竹书纪年**。

在这些竹简当中,有一部叫作《穆天子传》的著作,既是君主的起居注和征伐史,又带有奇幻的神话色彩,引起了人们极大的好奇。这部著作的主人公就是西周的第五位君主——周穆王姬满,他也是西周在位时间最长的君主。

> **起居注**是我国古代一种记载皇帝言行的专册,由历代帝王的近侍臣工进行记录和编撰,属于编年类日记体史料,也是后世史官纂修正史的主要依据。

御驾西征

姬满是周康王姬钊的孙子,周昭王姬瑕的儿子,出生于成康之治后的升平盛世。姜子牙死去的那一年，姬满已经是个十几岁的少年了。

　　公元前977年，昭王姬瑕第三次亲征荆楚时死于汉水，太子姬满践位，是为周穆王，据传当时他已经50岁了。周穆王刚即位的头几年主张休养生息，延续了昭王时代的稳定繁荣。

　　周王朝从立朝起，版图开拓经营的重点一直在东方，东方稳固之后向东南拓展。到周昭王时，强盛的国力使得向南发展成了可能。而周穆王心中有个更为宏大的理想，那就是向西！

　　想要在西方和西北方开疆拓土，最重要的是要打败西北方的少数民族犬戎。当时地处西部边远地带的犬戎部落属于周的"荒服"，常向周王室进贡方物特产。周穆王十二年，犬戎没有及时进贡，周穆王以此为由，亲自领兵出征。公元前964年，周穆王西征大胜，但是由于在征服过程中对边疆少数民族采取了高压政策，导致周王朝在周边外族中失去了威信。大感颜面扫地的穆王重整人马进行二次讨伐，又一次大获全胜，把部分戎人迁入了中原。

什么是王畿和荒服？

　　<u>王畿</u>指的是王国的首都。在首都的外围，以五百里为一区划，由近及远分为甸服、侯服、绥服（宾服）、要服、荒服，合称五服。<u>荒服</u>指离王国首都最远的地区。

平定内乱

周穆王长年西征，不在国都，东南部的徐国趁机率领臣服于自己的诸侯起兵。徐国在商代就是淮夷大国，周初曾跟随武庚叛乱，周公二次东征后，徐国时叛时服，穆王时期再次兴盛起来。穆王不得不在西征之后迅速转战东南，在造父的协助下日驰千里返回，终于将事态平息下去。

平定徐乱后，穆王继续东进，抵达九江而后南下。通过一系列的巡游征伐，周穆王使东南许多方国和部落归顺于周的统治。在南征取得成就后，穆王仿照祖先，在涂山（今安徽省蚌埠市怀远县）会合诸侯，巩固了周在东南的统治。

约公元前922年，周穆王去世。

有意思的是，他死后最被人称道的不是他的治国征战的功绩，而是这本"天子游记"《穆天子传》。

《穆天子传》

《穆天子传》主要记载周穆王西游到西王母之邦，和她宴饮的故事。

西王母是我国远古神话非常重要的大母神。根据成书于战国中后期的《山海经》记载，西王母居住在"昆仑之丘"，"戴胜，虎齿，有豹尾，穴处"，威力巨大，是掌管刑杀的死神。

在《穆天子传》中，周穆王率领七萃之士，驾着八匹骏马，由造父赶车，伯夭作向导，从宗周出发，越过漳水，经由河宗、阳纡（yū）之山、群玉山等地，一直巡游到了昆仑之丘。

那么，昆仑之丘又是个什么样的地方呢？

我国的地形西北高而东南低，古人以神话的形式解释说，火神祝融和水神共工大战，共工战败后撞断了西北的天柱不周山，导致"天倾西北、地陷东南"。因此，与天神最接近的地方是大地的西北方，而地处西北的高山昆仑，就是天神的居所，中国的奥林匹亚山。据说它位于大地的中心，上方正对北极星，分为三层。凡人走上昆仑山的第一层就可以长生不老，走上第二层就能获得无边的法力，到第三层即能跻身天神之列。

　　至于昆仑位于今天我国的什么地方，学术界一直有争论。学者们普遍认为，昆仑更多地是一个文化上的概念，而不是一个地理上的概念。周朝人认知中的昆仑很可能只在陕西、甘肃一带，随着人们活动范围的不断扩大，人们心目中昆仑的位置也不断向西移动。特别是在张骞通西域之后，昆仑甚至一度被界定在了中亚一带。

周穆王

《穆天子传》以翔实的记录和瑰丽的想象完成了对周穆王西征的神化，很大程度上启发了《山海经》的作者，为后世了解西周和更早时期的历史提供了宝贵的资料。周穆王与死神西王母的宴饮唱和，与世界其他古老的英雄史诗《吉尔伽美什》和《奥德修纪》一样，洋溢着先民史诗的浪漫主义色彩。

周穆王统治时期是周王朝稳定昌盛、领土快速扩张的时期。他死后，周王朝的统治影响力逐渐降低，及至周厉王时期，周朝的颓势已经非常明显了。

姬 胡 3

（约前898—前828）
周厉王

大家都知道，我们国家的名称叫作"中华人民共和国"。可是，这个"共和"是什么意思呢？

想要搞清楚这个称谓，我们不得不从2 000多年前讲起。

公元前841年的一次平民暴动中，一位君主被自己的臣民赶下了王座，这也是我国历史上第一起驱逐了君主的平民暴动。这位君主就是周厉王姬胡。

周厉王，姬姓，名胡。周夷王姬燮（xiè）之子，西周第10位君主，在位时间为公元前878—公元前841年。

嫡长子继承

西周在建立初期就制定了"**嫡（dí）长子继承制**"，即在现任君主死后，必须由他与王后所生的第一个儿子来继承王位。这一规定看似武断，实际上能够有效避免王室内部因为争夺王位导致的自相残杀，一直被后世所效仿和沿袭。

公元前903年，西周严格执行的嫡长子继承制出现了一个例外：第七位君主周懿王去世了。懿王在世时由于治国无方，周王朝国力衰落，导致王室在戎狄威胁下一度被迫迁出了宗周镐京，贵族们对他意见很大。懿王的太子姬燮也是个软弱无能之辈。统治集团内部于是产生了矛盾，周穆王之子、懿王的叔父姬辟方因才华出众而受到拥戴，继位为周孝王。

公元前896年，周孝王去世，诸侯终于拥立了之前本应即位的故太子姬燮继位，是为周夷王。公元前880年，夷王去世，他的嫡长子姬胡继位，是为周厉王。据说周厉王出生当天，寒冬突降冰雹，牛马死伤无数，整个江汉都为之颤动。

国人暴动

然而，这个带着主角光环的姬胡继位后，却暴虐成性、奢侈专横、亲近佞（nìng）人。他罔顾贤臣的劝谏，一味任用贪婪的荣夷公掌管国事。他强行宣布山林川泽都是王的财产，不许平民入内樵采渔猎，并借此大肆敛财，给老百姓的生活造成了很大的困难，人们开始到处公开议论他。

根据《国语》记载，宰相召伯虎（召穆公）劝谏周厉王说："百姓受不了你这些暴虐的政令了！"周厉王闻言不但不警醒，反而勃然大怒；他找来卫国的巫师监视国民，但凡巫师指认议论了朝政的人，必被他抓住杀掉。到了公元前845年，国都中的百姓没有谁再敢开口说话，熟人在路上碰到了，只能互递眼色打个招呼。

周厉王见状非常高兴，告诉召穆公说："我能弭（mǐ）谤（bàng），他们再不敢有怨言。"召穆公说："这只是把他们的话堵塞回去而已。堵住百姓的嘴巴，要比堵住河流造成的后果更可怕。"这就是"防民之口，甚于防川"这句名言的由来。

公元前841年，忍无可忍的国都百姓奋起反叛，<u>国人暴动</u>，围攻王宫。

惊慌失措的周厉王逃到了彘（zhì）地（今山西省临汾市霍州市），太子姬静来不及逃离，藏在了召穆公的家里。暴动的人群得知后，把召穆公家包围了起来，让他交出太子。召穆公面对人群，从容地说："先前，我多次劝谏君王，但君王不听，所以才造成这次的灾难。如果现在杀害太子，君王不会认为我把他当作仇人而发泄怨恨吗？"

可是群众一直逼迫召穆公交出太子。忠心耿耿的召穆公只得把自己的儿子作为太子的替身交了出去，太子姬静最终免遭杀害。

共和执政

国人暴动后，周厉王逃到彘地自封"汾王"，再不敢回国都。周王朝中央政权风雨飘摇，王位虚悬14年。这14年中，政权是以什么样的方式运行的呢？历史上有很多种说法。

一种说法是：东边有一位伯爵名叫卫武公，他带兵赶到镐京救乱，召穆公出面代表周厉王的旧臣请卫武公暂时代行执政，自己和另一个大臣周公（周公姬旦的后人）等组成奴隶主贵族会议辅政。因为卫武公名和，他的封地在共国（今河南省新乡市卫辉市），因此又称共伯和。而以司马迁为代表的正史史学家则认为，这一时期周朝由周公和召穆公两位宰相共同执政，叫作二相共和。无论是哪一种看法，这一时期周王朝中央政府都是以联合执政的方式运作的，没有集权的君主，史称**共和执政**。

2 000多年后的1912年，孙中山在南京就任临时大总统，并在就职宣言中明确宣布："尽扫专制之流毒，确定共和，普利民生。"孙先生使用了"共和"这个古词，表示对君主专制的反对。但是在现代的语境中，这个词的内涵已经大为改变，意指君主不是国家最高首脑的一种政体，包含了"天下为公"的含义。

召周共和是我国历史上的一件大事，正是从共和行政开始，我国历史有了确切的纪年。**共和元年，即公元前841年，是中国历史连续记录的开端**；从这一年一直到今天，对中国历史的书写不曾间断。

公元前829年，周厉王在彘地去世。在他死后，二相拥立太子姬静即位，是为周宣王。

申 侯　4

（约前820—约前760）
西周申国诸侯

从武王灭商到周幽王即位，西周已经传了12位君王，历时270多年，正在走向尾声。是什么力量给了这个王朝最后的一击，断送了它的生命呢？

答案是：一位愤怒的外公。

申侯，姜姓，申国（今河南省南阳市）人。女儿为周幽王王后，外孙为东周首位君主周平王。

辅佐宣王

申侯的具体姓名没有记载，根据史料推测，他出生在周宣王初年，周厉王死后不久。他所居住的申国历史悠久，据传，周朝开国时，四岳之后被封于申。申部落以闪电为图腾，"申"字即为"电"的变体。

四岳之后是什么？

有两种说法：一说四岳为我国上古传说人物，相传为唐尧四大臣，羲仲、羲叔、和仲、和叔，他们分管四方，所以叫四岳；另有学者认为四岳其实是一个人，即共工的从孙。总之，四岳之后是上古重要人物的后代。

【周朝土地制度】周朝成立时，<u>实行奴隶主土地国有制，土地经营的基本方式是井田制</u>。

在周厉王之前，西周的土地国有制已经遭到了很大破坏，大量原本属于周天子的"公田"都沦为了贵族的私有田。周厉王将土地收归国有的努力以他本人被驱逐而告终，等到周宣王即位，他通过废除籍田典礼承认了土地私有的客观事实，提高了人民的劳动积极性，在周厉王时期受到破坏的农业生产开始恢复。

与此同时，西周的周边地区前所未有地出现了数量众多的少数民族，周宣王不得不北伐狁（yǔn）戎、南征淮夷。通过对内恢复生产、对外击退蛮敌，西周的国力得到短暂恢复，史称"宣王中兴"。

申侯与西周王室有姻亲关系，曾一度得到周宣王的重用。可是，周宣王晚年对外用兵接连遭受失败，尤其在千亩之战中大败于姜戎，主力部队几乎全军覆没；他本人也丧失了中兴的干劲，逐渐安于享乐、独断专行。宣王中兴昙花一现，西周也注定走向了颓败的终点。

籍田典礼：西周井田制下，周天子将国有土地划分为井田，让农民在井田进行劳作。每年春天，天子会亲自举行籍田千亩的典礼，也就是进行全国耕种总动员。

幽王即位

公元前782年,周宣王去世,他的儿子姬宫湦(shēng)继位,是为周幽王。幽王早年迎娶了申侯的女儿申后为王后,即位后遂封申后之子宜臼(jiù)为太子。申侯成了国丈,也是未来君主的外公。

周幽王即位后,并没有能够改变国内大规模土地兼并导致的经济困难局面,反而重用贪婪无能的虢(guó)石父,朝政腐败,激起了国人的怨恨。周幽王二年(公元前780年),突发多起严重的自然灾害,镐京地震,泾、渭、洛三条河流河床震动、相继枯竭,岐山崩塌。周幽王三年,他出兵讨伐六济之戎,大败而归。此时周朝的统治可谓内忧外患,危机四伏。

然而,周幽王的心思并没有在重振国力上。在一次攻打褒国(今陕西省汉中市)的战役中,幽王获得褒国为了乞降而献上的美女褒(bāo)姒(sì),对她很是宠爱。几年后,褒姒生下儿子姬伯服,周幽王决定废黜王后申后和太子姬宜臼,立褒姒为王后,姬伯服为太子。

这是对西周嫡长子继承制的公然破坏,后果是严重的。

烽火戏诸侯

现在说起周幽王,大家对他的唯一印象就是"博佳人一笑,烽火戏诸侯",因为无论《左传》还是《史记》都是这样记载的。可是如果我们仔细地考虑这件事情,就会觉得未免过于戏剧化,实在不像一件真事。

许多史学家也对此提出了异议,例如,钱穆就在《国史大纲》中质疑"烽火戏诸侯……此委巷小人之谈。诸侯并不能见烽同至,至而闻无寇,亦必休兵信宿而去,此有何可笑?"而且指出"举烽传警"是汉代防匈奴时才发明的措施,周幽王在骊山(今陕西省西安市临潼区)打仗的时候根本还没这东西呢。

那么，真相究竟是什么呢？

周幽王废嫡立庶之后，废太子宜臼没有办法，只好逃到外公申侯那里寻求他的保护。这时候，虢石父出了个馊主意，劝说幽王趁机剪除以申侯为代表的大诸侯势力，以便巩固政权。

公元前771年，周幽王准备兴兵伐申。申侯自知国小兵弱、势孤力单，不能与周匹敌，决定先下手为强，趁周幽王的军队尚未出动，私下联合了**犬戎部落**共同出兵，包围了镐京。周军仓促之间未及准备，在骊山被申戎联军打得大败。周幽王和虢石父死于军中，**西周灭亡**。

周幽王死后，申侯等大诸侯共立原太子宜臼为王，终于为女儿和外孙出了一口恶气。考虑到镐京在犬戎的大肆掠夺下已经衰败，周王室**将都城迁到洛邑**（今河南省洛阳市）。太子宜臼即位为周平王，**东周建立**。

自此之后，周朝再也没能恢复统治天下的中央地位。各诸侯王迅速崛起，不断挑战周天子的地位，**春秋战国**拉开了序幕。

姬寤(wù)生 5

（前757—前701）
春秋初期郑庄公

说起"黄泉"这个词，大家都明白是指人死后的世界，从这个含义还引申出了"黄泉路上""泉下有知""含笑九泉"等词语。

可是，"黄泉"的本意是地下水，与死后世界的这种词义联系到底是怎么发生的呢？要追寻这种词义的最初变化，得从一位被妈妈的偏心害苦了的君主说起。

郑庄公，姬姓，郑氏，名寤生，周朝郑国第三位国君。

掘地见母

郑国的第一任君主郑桓公是周厉王姬胡的小儿子、周宣王姬静的弟弟。公元前806年，郑桓公受封郑地（今陕西省渭南市），建立郑国。公元前771年，犬戎攻陷镐京，郑桓公与周幽王一同遇害。郑桓公的儿子郑武公因护送周平王迁都洛阳，受赏洛阳东部的大片土地，也就是现在的河南省郑州市附近。郑武公励精图治，使郑国逐渐强盛起来。

公元前757年，郑武公夫人武姜生下了她的第一个孩子，这个孩子差点要了她的命。现代社会里妇女生孩子尚且"鬼门关上走一遭",在2 000年前的医疗和卫生条件下,分娩更是极其凶险。一般来说,怀胎九月、临近分娩时,胎儿应该头朝下、脚朝上,便于用自己的大头顶开产道,从妈妈的肚子里钻出来。

可是武姜肚子里的这个孩子太调皮!快要从妈妈肚子里出来的时候还是头朝上脚朝下,导致分娩过程非常困难,武姜命悬一线,稳婆千方百计才挽救了她的性命。九死一生的武姜大受惊吓,很是厌恶这个男孩,就给他取名叫"寤生","寤"是"逆而不正"的意思。

三年后,武姜生下她的第二个儿子叔段。这个孩子顺顺当当地就生出来了,一点没让妈妈受罪。武姜自然很喜欢叔段,多次请求郑武公立他为太子,一直没有获得同意。

公元前744年,郑武公病逝,太子寤生继承君位,是为郑庄公。郑庄公刚刚即位,武姜就不断提出要求,让他把弟弟叔段封到郑国最好的地方,享受最高的待遇。在母亲的袒护下,叔段的野心越来越大,在自己的封地京邑(今河南省郑州市荥阳市)公然修理城郭、聚集民众、制造武器,做抢夺王位的准备。

公元前722年,叔段准备趁郑庄公外出征战时偷袭郑国都城,武姜则打算做内应为他打开城门。郑庄公经密报获知了他们的计划,决定先发制人,出兵讨伐。此时,弟弟叔段显露出了一切被宠坏的二世祖的特质——志大才疏、色厉内荏(rěn),他毫无还手之力,丢盔卸甲地一路从京邑逃到鄢(yān)邑(今河南省许昌市鄢陵县),最后干脆逃到共国(今河南省新乡市卫辉市)去了。

有史书点评,叔段叛乱,郑庄公也有责任。他是哥哥,又是君主,却一再纵容弟弟的任性,而不是第一时间约束和教育,最终毁掉了弟弟。只能说,在多子女的家庭里做那个不被爱却要担负责任的孩子,真是太难了!

叛乱平定，大为光火的郑庄公把母亲武姜安置在城颍（yǐng）（今河南省漯河市临颍县），并且发誓说："不到黄泉，不再相见！"但一年之后，郑庄公自己就后悔了，想见母亲。可是君无戏言，怎么办呢？大臣颍考叔提出建议：在地下修建通道，母子两人从地道两端进入，在地下河旁见面。终于母子见面，两人抱头痛哭，和好如初。这就是《左传》所记载的"掘地见母"故事的由来。从这里开始，"黄泉"就被用来代指死后的世界了。

春秋初霸

郑庄公稳定了家庭内部关系，开始整顿精神治理国家。

公元前718年，为了洗掉被卫、陈、蔡三国联军在都城东门打败的耻辱，郑庄公派兵入侵卫国，并打败了前来驰援的燕国军队。第二年，郑庄公入侵陈国。陈国决定主动与郑国修好，陈桓公的女儿与郑国的公子忽订婚，郑陈结盟。

公元前714年，宋殇（shāng）公对周桓王不恭，郑庄公假周天子之名伐宋，联合齐、鲁大败宋军；郑军随后攻入宋国的郜（gào）邑（今山东省菏泽市成武县）和防邑（今山东省临沂市费县），并把这些土地都交给了鲁国。

在十几年的时间里，郑庄公与周边的宋国、卫国、陈国、蔡国、燕国、鲁国进行了多次征战与联盟，最终郑国确立了春秋时期第一个强国的地位。

公元前707年，周桓王眼见郑国逐渐强大，影响了自身王室的地位，于是开始孤立郑国，他不让郑庄公参与周朝的朝政，郑庄公便不再朝觐周桓王了。于是，周桓王以此为借口，率领周军及陈国、蔡国、虢国、卫国四国联军伐郑，双方在繻（xū）葛（gé）（今河南省许昌市长葛市）展开战斗，史称"繻葛之战"。

郑庄公摆出鱼丽阵，将战车布列在前面，将步卒疏散配置于战车两侧及后方，从而形成步车协同配合、攻防灵活自如的阵地。在这种先进的战术部署帮助下，郑军势如破竹。郑国大将祝聃（dān）发箭射中了周桓王的肩膀，周军败退，祝聃请求追击，但是郑庄公不同意："君子不希望过分地占人上风，更何况敢侵侮天子呢！"到了晚上，他还派遣使者慰问周桓王和天子的群臣。

郑庄公实力强大、气度宽宏，与他相对照，周天子显得既弱小无能又气量狭窄。

从此之后，周天子威信扫地，逐渐成了一个象征；社会处于动荡状态，诸侯国具有相对独立性，各方诸侯势力崛起，竞相争霸；分封制、宗法制逐步瓦解。周王室衰微，其内在根本原因是生产力发展的结果。【春秋政治特点】

公元前701年，郑庄公去世，享年56岁。

管 仲

（前723—前645）
齐国政治家

大家都知道，管理学是现代社会科学中的一门重要学科，研究人类社会管理活动中的各种现象及规律，衍生出了经济管理、行政管理、人力资源管理等多个二级学科，是近代社会化大生产和科学进步的产物。

可是大家知不知道，中文"管理"这个名称是从哪里来的呢？"理"自有整理、理解之意，"管"字又与现象规律何干？

想要知道"管理"称谓的由来，我们不得不先认识一位春秋时期的杰出人物：

管仲，姬姓，管氏，名夷吾，字仲，颍上（今安徽省阜阳市颍上县）人，春秋时期著名经济学家、哲学家、政治家、军事家。

管鲍之交

管仲是周穆王的后代，父亲管庄做过齐国的大夫，后来家道中落。管仲从小生活贫困，为了谋生，与鲍叔牙合伙做生意。鲍叔牙非常理解他，处处照顾他，经常多分钱财给他，两人结下了深厚的友谊，管仲发自肺腑地赞叹："生我者父母，知我者鲍子也。"后来，人们常常用"管鲍之交"来形容充满信任和理解的友谊。

　　管仲年少时，齐国在诸多诸侯国中并不突出，没什么存在感。公元前698年，齐僖（xī）公薨，留下三个儿子：太子诸儿、公子纠和公子小白。太子诸儿即位，是为齐襄公，管仲和鲍叔牙分别辅佐公子纠和公子小白。齐襄公即位后不久便在宫廷斗争中为手下重臣所杀，主谋公孙无知自立为君，朝中一片混乱。

　　公子纠和公子小白早在内乱发生前便逃亡在外，现在见时机成熟，急忙设法回国，以便夺取国君的宝座。躲在鲁国的公子纠由管仲护送回国，躲在莒（jǔ）国（鲁国东部，今山东省东南沿海）的公子小白由鲍叔牙护送回国。

　　管仲听说公子小白比他们要先行一步，遂亲自率兵到莒国通往齐国的路上截击。两队人马在即墨（今山东省青岛市即墨区）相遇，管仲弯弓搭箭，一击即中，公子小白应声倒下。管仲以为公子小白已死，就率兵回返了。实际上，公子小白并没有死，管仲的箭射中的是他的铜制衣带勾，他急中生智咬破舌尖装死倒下，才躲过一劫。

　　待管仲走后，公子小白和鲍叔牙更加警惕，飞速向齐国奔去。当他们来到临淄（今山东省淄博市）时，鲍叔牙先行进城游说，最终齐国大贵族均同意拥立公子小白为国君。公子小白顺利地登上君位，即历史上赫赫有名的齐桓公。

　　齐桓公即位后，急需找到有才干的人来辅佐自己。他请鲍叔牙为相，鲍叔牙却说："我的才能远远不如我的好朋友管仲。若要使齐国称霸，必要用管仲为相。"齐桓公听取了鲍叔牙的建议，他不计前嫌，把逃亡到鲁国的管仲请回齐国，专门选择良辰吉日亲自前去迎接，表示出对管仲极大的重视和信任。两人见面，一连聊了三天三夜。齐桓公于是拜管仲为相，尊为"仲父"，意思是第二位父亲。

齐桓公固然贤达大度，有明君的气象，值得赞许；鲍叔牙在尽臣子的本分之外，仍能公正地对待朋友，一点也不受时局政治的影响，更称得上伟大。在这个令人钦佩的工作团队里，管仲充分发挥了自己的才能，成长为一代名相。

三策兴齐

管仲为相后，改革内政，发展生产，训练军队，使得齐国的经济和军事实力大为提高。【管仲改革】

管仲敏锐地认识到农业和粮食是稳定人口与经济最重要的战略基础。然而，齐国位于海边，多数土地不适合粮食生长，严重制约了国家的发展；齐国旁边的鲁国、梁国、代国等国耕地资源丰富。如何与周边国家竞争？管仲

管仲

提出了三条计策：

第一条，通过买绨（tì），压制鲁国和梁国。鲁国和梁国盛产绨这种纺织品，是两国重要的产业。管仲说服齐桓公和大臣都穿绨做成的衣服，老百姓们也跟风购买，绨的价格于是大涨。管仲与鲁、梁两国的商人商议，请求他们把自己国内的绨卖到齐国，鲁、梁两国财政收入大涨。两国国君一看，急忙鼓励人民把种粮食的田地都改用来种植桑棉，以便产绨，粮食产量大幅减少。这时候，管仲突然下令，禁止齐国人穿帛（bó）料衣服，同时与鲁、梁断绝贸易。这下鲁、梁两国粮食价格大涨，不得不高价从齐国进口粮食，乃至此后几年一直财政赤字，不得不依附齐国。

第二条，通过买鹿，压制楚国。楚国的湿地和林地很多，盛产各种鹿。管仲说服齐桓公装作喜欢狩猎的样子，以高价收购楚国的活鹿，然后告诉楚国商人卖活鹿到齐国可以挣高额差价。消息一出，楚国的老百姓都激动了起来，赶紧去山林野地里捕鹿，没人去种地了。这时候，管仲突然下令终止活鹿交易，结果楚国粮食价格大涨，不得不高价从齐国进口粮食。

第三条，通过买狐皮，压制代国。与前面两策相同，管仲又让齐桓公表演了一次，这次是为代国的狐皮做广告代言，最终搞得代国人仰马翻，乖乖臣服于齐国。

管仲三策是我国历史上最早的贸易战战术。

齐国通过这种高超的策略，不战而屈人之兵，制服了周边国家，为下一步齐国强盛奠定了坚实的经济基础。

助齐称霸

接下来的数十年中，管仲通过联盟、征战和经济战等多种方式，令齐国成为中原东部地区最为强大的诸侯国。公元前679年，管仲召集宋、陈、卫、郑四国在鄄（juàn）（今山东省菏泽市鄄城县）会盟，邀请了周王室列席参加。**齐桓公**打着"尊天子，攘四夷"的旗号，号令诸侯，**成为春秋时期第一个霸主**。

公元前651年，周惠王去世，齐桓公会同各诸侯国拥立周朝的太子郑为天子，是为周襄王。周襄王即位后，齐桓公召集各路诸侯大会于葵丘（今河南省商丘、开封一带）。在管仲的建议下，齐桓公先拜周襄王，然后登堂受天子的赏赐；他对天子的尊重和对礼仪的遵守赢得了各路诸侯的认可和好感。齐桓公重申盟好，订立新盟，这就是著名的"**葵丘之盟**"。

公元前645年，管仲去世。继任的公孙隰（xí）朋、鲍叔牙两位相国继续沿用管仲所留下的政治制度。管仲充满智慧的计谋为后世的国家治理方案打开了一扇全新的大门，"像管仲一样治理"慢慢地演变为了我们所熟知的"管理"。

【春秋五霸都是谁？】

"春秋五霸"是历史上对春秋时期，各诸侯国中能力最强、对历史的影响发展贡献最大的五位国君的称呼。但他们到底是指哪五位国君，却是一个有争议性的问题。目前，大家普遍认可的有这三种说法。分别是：

齐桓公、晋文公、秦穆公、楚庄王、越王勾践（《四子讲德论》，西汉文学家王褒）

齐桓公、晋文公、秦穆公、楚庄王、宋襄公（《史记索隐》，唐代司马贞）

齐桓公、晋文公、秦穆公、楚庄王、郑庄公（《辞通》，近代朱起凤）

这些君主中，齐桓公和晋文公是最没有争议的。争议最大的是郑庄公、宋襄公以及越王勾践。目前最为主流的说法是《四子讲德论》提到的春秋五霸：齐桓公、晋文公、秦穆公、楚庄王、越王勾践。

在春秋争霸过程中，强大的诸侯国疆域不断扩大，中原的华夏民族在同周边民族长期的交往和斗争中，出现了大规模的民族交融；争霸战争给社会带来种种灾难，但也推动了奴隶制向封建制的转变。

赵盾 7

（前655—前601）
晋国政治家

春秋时期的晋国，一个大家族300多口人一夜之间被屠戮殆尽，只剩一个襁褓里的婴儿。为了保存这个家族唯一的血脉，形形色色的义士历尽艰辛，以身犯险，甚至不惜牺牲生命，谱写了一曲散发着人性光辉的悲歌。

这就是著名的元杂剧《赵氏孤儿》的故事情节。

故事中所谓赵氏，即晋国大贵族赵盾的后代。赵盾，嬴（yíng）姓，赵氏，名盾，谥号赵宣子，春秋中前期晋国卿大夫。

晋国栋梁

晋国成立于西周初期的公元前1033年，晋国始祖为唐叔虞，也就是周成王的弟弟，晋国在晋献公时期开始崛起。

晋国的赵氏和秦国的秦氏都出自嬴姓，他们有一个共同的祖先，是大禹时期的伯益。周幽王时，朝政不稳，赵氏的先祖率领家族来到晋国投奔了晋文侯，逐渐在这里繁衍兴旺。

赵盾出生时，恰逢管仲辅佐齐桓公争霸中原的时期，他出生之后不久，晋国就陷入了长达十几年的内乱，直到公子重耳即位为**晋文公**，局势才稳定下来。

公子重耳的人生经历非常复杂，充满戏剧性，是后世文史学家津津乐道的话题。重耳性情豁达，自幼喜好结交士人，17岁时身边就有了好几个才华出众、忠心耿耿的朋友，其中一位朋友便是赵盾的父亲赵衰。在重耳出逃、流亡、复国的几十年间，赵衰一直陪伴在他的左右，为他出谋划策、排忧解难。

重耳逃到翟国的时候，翟君将一对姐妹分别许配给赵衰和重耳，因此两人还有姻亲关系。赵衰与翟国女子生下的孩子就是赵盾。

重耳登基之后，赵衰尽心辅佐，成为他处理朝政的左膀右臂。公元前632年，晋文公在**城濮之战**中以少胜多大败楚军。在此战中，重耳感念楚王当年对他的收留，兑现了当年在楚国许下的诺言，令晋军后退避开楚军锋芒，这就是成语"退避三舍"的来历。之后，晋文公召集齐、宋等国于践土会盟，成为继齐桓公之后第二位春秋时期的霸主，开创了晋国长达百年的霸业。

公元前622年，赵衰去世，他33岁的儿子赵盾任中军将，袭大夫职，开启了他的辅政生涯。

弑君辅贤

公元前621年，晋文公的儿子晋襄公去世，太子夷（yí）皋（gāo）年纪尚幼。赵盾与其他几位辅臣在继承人的问题上出现了分歧，他想立晋襄公的弟弟公子雍为君，中军佐贾季却认为不如立公子雍的弟弟公子乐。几方正在举棋不定，夷皋的母亲穆嬴抱着孩子在朝廷上日夜啼哭，向赵盾叩头，恳求他遵照晋襄公的遗愿立太子为王。赵盾被逼无奈，只得确立夷皋继位，是为晋灵公。

晋灵公即位后,拜赵盾为相国。同年秋天,赵盾作为晋灵公的全权代表,与一众诸侯在郑国的扈(hù)地(今河南省新乡市原阳县)结盟。之后,他清除了异己分子,重组了内阁,四处征战,建功立业,将国家大权牢牢地掌控在了自己的手中。

然而,长大后的晋灵公并不是个合格的君主。他不仅缺乏治国的才能,还十分贪图享乐,向民众课以重税来满足自己的个人享受,老百姓民怨沸腾,赵盾多次劝谏都没有效果。与此同时,晋灵公也日益厌恶、恐惧权倾天下的赵盾,准备找机会刺杀赵盾。但是几次刺杀都没有成功,赵盾被迫逃离了晋国国都。

刚逃走没多久,赵盾就听说自己的堂弟赵穿借着桃园宴饮的机会把晋灵公杀了。赵盾急忙回到都城,迎立公子黑臀为君,是为晋成公。

当时的太史董狐在史书上记载道:"赵盾弑其君夷皋。"赵盾辩解说自己并没有杀人,史狐回答:"你是国相,君王不听你意见;你逃出去没两天,王就被人杀了,你回来也不向凶手问罪。既然不问罪,你们肯定是一伙儿的。我写'赵盾弑其君夷皋'有什么问题?"赵盾哑口无言。

设立公族

春秋时期所谓"公族",即诸侯或者君王的同族。晋国在历史上曾经有过强大的公族机构,但是因为势力过大,引起了君主的警惕。在晋献公时期,公族遭到了大规模屠杀;晋文公也要求公族不得居住在国内,故《左传·宣公二年》中写道"自是晋无公族"。

晋成公即位后,赵盾提出要重新设立公族,目的是发展卿族势力。在赵盾的精心设计下,晋成公不得不将赵盾同父异母的所有兄弟都封了公族,让他们位列大夫、入朝为官。自此,赵氏一族的势力日益增强。晋国不再是晋宗的晋国，而变成了赵家的晋国。

赵盾把持朝政期间，对外恃强大国力四处挑衅、破坏秦晋联盟，对内权势熏天、打击君权、手染弑君的鲜血，为后代埋下了深重的祸根。

赵氏孤儿

公元前601年，赵盾去世，终年55岁。

他死后第二年，晋成公也去世了，晋景公即位。晋景公对赵氏一族长期把持朝政非常不满。

公元前583年，晋景公借机诛杀了赵盾的弟弟赵同和赵括，连同赵氏其他子弟一并杀掉。一时血染宗庙，赵氏惨遭灭门。在身边人以生命为代价的保护下，整个赵盾家族后人只有一位小婴儿得以活命，逃脱了被杀的命运。而赵氏的封地被剥夺，赐封给了其他贵族。这就是元杂剧《赵氏孤儿》故事的历史背景。

这时，重臣韩献子进宫强谏晋景公道："赵衰佐文公、赵盾佐襄公，皆社稷（jì）之臣，有大功于晋。奈何一朝获罪，而绝其嗣（sì）？"晋景公于是让赵盾家族唯一的一位后人，赵盾的孙子赵武续嬴姓之嗣，并将封地还予赵氏。

在赵氏孤儿赵武及后人的努力下，赵氏直到春秋末期都一直保留着晋国公卿的地位。韩、赵、魏<u>三家分晋</u>后进入战国时期，赵国开始作为独立国家崛起。

小论文
春秋时期各国君主为何有"王""公"之分？

大家会发现，春秋时期各国的统治者，有的称王，有的称公。这是怎么回事呢？

周朝建立之后，以周天子为核心的分封制之下，天下只有一个王，那就是周王，其余分封国的首领根据爵位的高低分为"公""侯""伯""子"等。爵位的高低也不是一成不变的，随着国家的强大，爵位还可以提升。例如远在中原西陲的秦国，最早就是一个小"伯"国，后来在数代君主的努力下，逐渐被周王提升为"公"。

近代介绍欧洲的爵位时，借鉴了东周时期的称谓，也翻译为"公爵、侯爵、伯爵"等，搞得很多人以为这是西方人的叫法。

在周天子势力较大的时候，大家还是遵守这一套规则的，给什么爵位就用什么称呼。后来周王室式微，但是中原地区的各诸侯一是害怕失礼，二则担心引起其他诸侯国的反对，因此一般不敢贸然称王。

然而，远离中原地区的各个诸侯国就比较喜欢挑战游戏规则了，如楚国、吴国和越国。

春秋时期，最早称王的便是楚国，楚国历史悠久，但由于长期远离中原文化群，既不是周朝宗亲，也没有在周朝建立时出过力，所以在周朝的地位一直很低。直到周成王时期，楚国的君主被授予的也只是最低等的子爵。后来，楚国逐渐强大，一直希望周天子能提升爵位，但是总被拒绝。

公元前704年，楚国国君熊通再次被拒绝后，大怒道："吾先鬻熊，文王之师也，蚤终。成王举我先公，乃以子男田令居楚，蛮夷皆率服，而王不加位，我自尊耳。"于是自立为楚武王，楚国国君自此代代称王。当然，楚国称王最重要的原因还是离中原远，不容易被讨伐。

然而到了战国时期，这些游戏规则基本都失效了。各大诸侯国已经强盛，周天子势力更为弱小，中原地区的诸侯国也纷纷改公称王了。

芈(mǐ)围 8

（约前580—前529）
楚灵王

正当晋国弑君诛卿之际，地处中原东南外围的楚国崛起了。

如果说晋国是"历代有强卿"，楚国则是"历代有名王"——有铁腕立国的楚武王、击败齐国的楚成王、一鸣惊人的楚庄王等。可是，这样一个名王辈出的国家，最后怎么走向了无可避免的灭亡呢？从楚灵王的身上，我们或许可以找到答案。

楚灵王，芈姓，熊氏，初名围，即位后改名虔(qián)。

荆楚崛起

无论"荆"还是"楚"，都是荆条灌木的意思，充分表明了楚国兴发之地的地理和气候条件。楚人活动于汉水和长江中游之间的草木茂盛、水泽覆被之地，早期发展十分艰难，总是被中原诸国视作蛮夷、排除在华夏之外。

所谓"华夏"的概念并不是一直都有的。春秋时期，中原各国在与周边民族的频繁往来中，才产生了<u>华夏认同</u>概念。到了战国时期，周边民族逐渐融入华夏，形成了相对统一的民族认同。

在周朝初期，楚国并不在华夏的核心圈内。虽然在周成王时期，楚人得到了周王室的承认，其首领熊绎（yì）被封为子爵，但与周王室分封的其他宗亲封国相比，楚国一直是个融不进圈子的外来户。

经过几百年发展，楚国在楚成王之时开始逐渐壮大，到楚庄王时到达了巅峰。**楚庄王**是继齐桓公、晋文公之后的春秋又一位霸主。公元前606年，楚庄王打着"勤王"的旗号，亲率大军攻打少数民族陆浑之戎。军队直抵周天子都城洛阳附近，"观兵于周疆"。当时的天子周定王吓得不轻，连忙派使者劳军。楚庄王在接见使者时，有意询问象征天子权力的"九鼎"大小轻重如何，显露出觊（jì）觎（yú）天下的勃勃野心。这就是"问鼎中原"一词的来历。

公元前591年，楚庄王去世，他死后的几十年间，楚国的国力直线下滑。有意思的是，在周代诸多的区域文化中，楚文化却后来居上，成了东周文化的翘楚，形成了物质与非物质文化共同发展的完备体系，特色鲜明、形态成熟、气派宏大。这是楚人几百年来立足江汉并反复与中原交流带来的结果，是将华夏南北文化熔于一炉淬炼出的结晶。

灵王篡位

楚庄王去世后，年仅十余岁的太子审被拥立为楚君，是为楚共王。在辅佐幼主的过程中，楚国的大贵族之间产生了激烈的矛盾。屈氏贵族在晋国的支持下流亡到长江下游的吴国，把排兵布阵和抵抗楚国的办法教给了吴人，促使了吴国的强大。

芈围是楚共王的第二个儿子，但不是嫡长子。等到楚共王死后，嫡长子楚康王即位，这个时候的王位还轮不到芈围。

不过不久芈围的机会来了，公元前545年，他的兄长楚康王去世，康王的儿子熊员继位，史称楚郏（jiá）敖。芈围是楚郏敖的叔叔，这个时候的芈围觉得侄子能力经验不足，于是动起了篡位的念头。

公元前541年，楚郏敖病重，芈围借口入宫探病接近郏敖，用束冠的长缨将亲侄儿勒死。这种令人发指的残暴行为在楚国已经不是第一次发生了，甚至可以说是楚国王室的一种传统：楚武王弑其侄夺位，楚成王弑其兄夺位，楚穆王逼迫其父楚成王自缢（yì）而亡夺位……楚国作为边陲之国对华夏礼仪的淡漠可见一斑。

第二年，芈围自立楚国国君，更名为虔，是为楚灵王。

众叛亲离

楚灵王即位后，一味好大喜功，无视国力衰退的事实，一方面对外扩张，另一方面大兴土木。连年的战争和工事大大消耗了国力，也令他丧失了人民的信任和支持。

公元前537年，楚灵王派人去邀请各国国君来楚国的申地会合，可是由于楚灵王声名太差，晋国、鲁国和卫国都没有派人来参加。楚灵王恼羞成怒，当场侮辱别国的使臣、滥杀无辜的下属，并且对来参会的国君毫无礼貌，令楚国在诸国心目中威严扫地。

公元前529年，楚国出兵伐徐。当时正值隆冬大雪，士兵们在风雪之中操练，寒冷难耐。灵王却穿得暖暖和和，站在中军帐前欣赏雪景，令士兵们非常愤怒。

灵王出征之际，灵王的弟弟蔡弃疾杀掉了灵王的儿子太子禄和公子罢敌，立自己的另外一个兄长公子比为王。灵王闻讯，试图率军返回，怎奈士兵们早已作鸟兽散。身边的大臣、各国的诸侯也早都被他得罪光了，众叛亲离的灵王走投无路，最终自杀身亡。楚灵王死后，死讯一时没有传开。蔡弃疾假称灵王正在返回，致使胆小的公子比畏罪自杀。蔡弃疾于是顺利登上王位，延续了楚王弑亲夺位的传统，是为楚平王。

楚王好细腰

楚灵王不仅是历史上臭名昭著的暴君，即使在同时代人的眼中，他留下的也是一个污浊的影子。

齐国的名相晏婴出使楚国，在处处刁难中应对有度，留下了《晏子使楚》的著名故事，"橘逾淮为枳（zhǐ）"的名言就出自这则故事。故事中那位刁难晏子反而自讨没趣的楚王便是楚灵王。

楚灵王的穷奢极欲、心理畸形都被同时代的知识分子记录在书里，用来警醒世人。《晏子春秋》中写道："楚灵王好细腰，其朝多饿死人。"墨子的《兼爱》中写道："昔者楚灵王好士细腰，故灵王之臣皆以一饭为节，胁（xié）息然后带，扶墙然后起。比期年，朝有黧（lí）黑之色。是其故何也？君说之，故臣能之也。"国君玩物丧志，臣子阿谀谄媚，国家衰落只是个时间问题。

楚国从楚武王的筚路蓝缕，一路走到楚灵王的钟鸣鼎食，导致这个国家走向灭亡的，何尝不是被忘掉的初心？

范蠡(lí) 9

（前536—前448）
春秋末期越国政治家

前些年，网上有人就"白日梦"打趣说：当代男人的最高理想是"当上CEO，迎娶白富美，走上人生巅峰"。

虽然是句玩笑话，我国历史上还真有这么一位完成了所谓"白日梦"的人生理想的人：

范蠡，字少伯，春秋末期越国政治家、军事家、谋略家、经济学家。

吴越争霸

公元前536年，范蠡出生于楚国宛地（今河南省南阳市），正值楚灵王末年。范蠡出身贫寒，但是非常聪明，20多岁就文韬武略，无所不精。但是在昏庸的楚平王治下的楚国，他的能力没有用武之地。

当时的楚国国力式微、政治黑暗，各诸侯纷纷背弃楚国归附晋国；太子太傅伍奢被冤杀，他的儿子伍子胥（xū）出逃吴国。这些都令范蠡心灰意冷，遂离楚奔越。

越国地处东南，历史悠久，始祖是华夏先祖大禹的直系后裔中的一支。越国与杞国、缯（zēng）国、褒国等都是大禹后裔子孙所分封，国君以姒为姓。范蠡投奔越国时，越国的统治者允常刚刚称王。

吴越两国地理位置相近，越国的日益崛起引起了吴国的注意。吴国是周朝的周王族诸侯国，始祖为周文王的伯父太伯，姬姓。吴王寿梦时期，吴国开始联晋反楚，国力日益强盛，到了吴王阖（hé）闾（lú）时期达到鼎盛。阖闾以楚国旧臣伍子胥为相、以齐人孙武为将军，决定先打败楚国，再制服越国。

公元前506年，吴军在孙武和伍子胥的率领下，从淮水流域西攻到汉水，五战五胜，攻克楚国都城郢（yǐng）都（今湖北省荆州市），迫使楚昭王（楚平王之子）出逃，伍子胥抓不到楚昭王，于是将楚平王的尸体从墓地里挖出来用鞭子抽打，这就是掘墓鞭尸的典故。

楚国大臣申包胥到秦国请求救援，在秦国朝廷上哭了七天七夜，才使秦出兵助楚复国。吴国在与楚国的争霸中占据上风后，把矛头指向了日益崛起的越国。

公元前496年，越王允常去世，太子勾践即位。阖闾认为这是发兵越国的好时机，趁丧起兵伐越，双方在槜（zuì）李（今浙江省嘉兴市）交锋。勾践用死士突袭吴国阵营，阖闾被越大夫灵姑浮挥戈斩落脚趾，重伤而死，后葬于苏州虎丘山，史称**槜李之战**。同年，阖闾之子夫差即位，他立志要报仇雪恨，孙武、伍子胥等大臣继续辅佐夫差，努力积蓄钱粮，充实府库，制造武器，扩充军队。三年之后，吴国国力得到恢复。

助越灭吴

自从打败阖闾之后，勾践逐渐滋长了自满情绪。

公元前493年，勾践打听到夫差正日夜练兵，要报杀父之仇，于是决定先发制人，主动进攻吴国。范蠡是勾践手下的谋士，他立即进谏："不到万不得已，不可轻易使用战争的手段，引火烧身，于长远不利。"勾践并没有听从范蠡的建议,领兵伐吴,大败于会稽山,只得向吴屈辱求和。

战败后,范蠡劝说勾践奉上重金厚礼以打动夫差,卖身为奴,再图大计。勾践采纳了范蠡的建议,拜范蠡为上大夫。两人辞别众臣,前往吴国都城姑苏(今江苏省苏州市)去给夫差当奴仆,范蠡的好友大臣文种则留在越国都城会(kuài)稽(jī)(今浙江省绍兴市)主持国政。

入吴为奴三年后,在范蠡和其他谋臣的努力下,勾践得到机会返回越国。回国后,勾践躺在粗糙的柴草上睡觉,每次吃饭之前都要尝一尝悬挂在房梁上的苦胆,激励自己不忘耻辱。这就是成语卧薪尝胆的由来。范蠡建议勾践重视农业、稳定社会、内亲群臣、下义百姓,通过一系列的措施,越国国力恢复,军事力量迅速增强。与此同时,为了迷惑敌人,范蠡投其所好向夫差进献美女,其中最有名的便是号称"古代四大美女"之一,有沉鱼落雁之貌的西施。

公元前484年,夫差听信谗言赐死了伍子胥,孙武非常悲痛,从此一蹶不振。两年后,吴王北会诸侯于黄池,精兵都随夫差出征了,只有太子带着老弱士兵留守国内。范蠡看出这是伐吴的绝佳机会,于是勾践紧急召集部队进攻吴国,吴国留守部队很快败退,太子被杀;正在与诸侯相会的夫差害怕他国知道这个消息,紧急派人向勾践送去厚礼请求退兵。勾践知道自己的实力还不能马上灭掉吴国,于是收礼退兵。此次突袭之后,吴国元气大伤。

之后的几年内,越国多次伐吴,终于在公元前473年灭掉了建国五百多年的吴国,夫差自杀。

鸱夷子皮

随后,范蠡助勾践进军中原,把越国版图扩张到了齐国和晋国边界。公元前468年,<u>越王勾践</u>成了春秋五霸的最后一位霸主。此时范蠡已经伴随勾践二十多年了，他深深感到勾践为人阴险、工于心计，可与之共患难，难与之同富贵。他上书勾践请辞，并在临行前告诫文种："飞鸟尽，良弓藏；狡兔死，走狗烹"，即与君主相伴十分凶险，他们往往会在事成之后尽快除掉重要的良将功臣。

文种听了范蠡的话，立即称病不朝，但是仍然没有免除被赐死的命运。范蠡则出海到了齐国，改名叫作"鸱（chī）夷子皮"。鸱夷指用牛皮做成的酒袋子，使用时腹大如鼓，不用时虚空无物，据说此名有体现"君子用行舍藏"的意思。

范蠡在海边耕作经营，积累了大量家产。齐王听说他在国内，便想拜他为相。范蠡谢绝了，并立即散尽财产离开齐国，几经辗转，最后在陶这个地

范蠡

方定居下来。从此之后，范蠡又得名陶朱公。

在长期的从政和经商实践中，范蠡不仅本人几次成为巨富，而且总结出了完整独到的经商理论。例如，他提出"欲长钱，取下谷"，即通过大量销售"下谷"之类的生活必需品来加速周转，达到薄利多销的效果。他还提出要结合天气条件来"时断"、选择贸易对象来"智断"，利用丰年与歉年之间的价格差异获取收益。他甚至提出了要由国家规定粮食价格的政策，以便稳定粮食价格，起到稳定社会的作用。他的经商思想不仅影响了春秋列国，而且一直延续到后世，许多政治家、经济家乃至国家统治者都运用他的理论获得了成功。

公元前448年，范蠡去世，享年80多岁。随着时间流逝，范蠡的人生经历在民间流传得愈发神奇，甚至编造出了他与西施泛舟远遁的故事。范蠡本人逐渐被后世奉为文财神，与武财神关羽共享民间祭祀。

范蠡的同时代人——老子和孔子

与范蠡同时期的著名思想家有老子和孔子。

老子姓李名耳，字聃，大约出生于公元前571年，楚国人，道家学派的创始人。他的学说集中在《老子》(又称《道德经》)这本书中。

老子的【核心思想】：万物运行有自然法则，人们应顺应自然；世间事物有其对立面，对立的双方可以相互转化；从正反两方面辩证地看待问题；在政治上主张"无为而治"。

孔子是鲁国人，孔氏，名丘，字仲尼，大约出生于公元前551年。儒家学派的创始人。他的思想主要由他的弟子整理收录于《论语》。

孔子的【核心思想】："仁"，提出"仁者爱人"，将"仁"作为处理人与人关系的最高行为准则和道德规范。

在政治上，推崇西周礼乐制度，在此基础上进行改良；主张统治者顺应民心，爱惜民力，"为政以德"，反对苛政。

在教育上，创办私学，打破贵族和王室垄断教育的局面；主张"有教无类"，促进教育在民间的发展；在教学中注重道德教育和文化知识教育并重，并总结出许多规律和方法。

在文化上，对传承我国古代文化经典和学术思想做出巨大贡献。

老子和孔子的学说对我国古代文化和社会的发展具有深远影响。

吴起

（前440—前381）
战国初期政治家、军事家

不知道大家有没有想过这个问题：同样是兵戈四起、诸侯争霸的年代，为什么要分为春秋与战国两个时期？春秋和战国又有什么不同？在<u>三家分晋、田氏代齐</u>、七雄争霸这些重大历史事件的背后，东周各国的面貌、各国之间的关系经历了怎样的变化呢？

在一个从山东曹县走出的名人身上，我们或许能够一窥以上问题的答案。

吴起，姜姓，吴氏，名起，卫国左氏（今山东省菏泽市曹县）人。

求仕于鲁

在范蠡死后八年的公元前440年，吴起出身于卫国一个富裕家庭。

卫国是春秋时期一个神奇的存在。作为国家，它处处受气、十分失败，却输出了李悝（kuī）、吴起、商鞅（yāng）这些战国时期的核心人才。卫国培养了人才，却留不住人才，难以实现自己政治抱负的千里马纷纷出奔，吴起便是其中的一个。

年少的吴起前往鲁国，拜曾申（孔子徒弟曾子的儿子）为师，求学儒道。后来，吴起的母亲去世，吴起没有按照儒家的要求回家奔丧守孝。曾申认为他不孝，不配作为儒家的门徒，与他断绝了师生关系。吴起于是改为研究学习自己感兴趣的兵法。

公元前412年，齐宣公发兵攻打鲁国。此时，吴起觉得自己已经学有所成，便求见鲁元公，希望自己能够领兵抵御齐国。然而，谨慎多疑的鲁元公认为吴起的妻子是齐国人，担心他对自己不能忠心。吴起知道他的担忧后，竟回家把妻子杀掉了。鲁元公见他如此狠绝，疑虑顿消，任命他为将军。吴起的这段经历也常常为后世所不齿。

吴起抓住这个机会大败齐军，军事才能崭露头角。他的胜利引起了齐国实际主政人田和（田氏代齐的主角）的注意，田和派人将两位齐国的美女和大量黄金送到吴起的府上，吴起没有拒绝；田和于是散布消息，说吴起受贿通齐。本来就排挤吴起的鲁国其他上卿借此机会一起劝说鲁元公，要治他的罪。

吴起闻风而逃，恰逢老乡李悝正在魏国为相实施变法，史称"<u>李悝变法</u>"，而魏文侯也求贤若渴，吴起就投奔了魏国。

建功于魏

公元前410年，曾经雄霸一方的晋国已是名存实亡，距离周威烈王将赵、魏、韩三家封为诸侯国还有七年时间。三地的主政者之中，尤属魏文侯最为礼贤下士，许多人慕名前去投靠，其中不乏法家的开创者李悝、著名水利家西门豹等。西门豹治邺的故事就是这时发生的，西门豹算起来是吴起的同事。

魏文侯看重吴起的军事才能，委以重任。公元前409年，吴起率军攻克秦国河西地区的重要城市，第二年再次攻打秦国，一直打到郑县（今陕西省渭南市华州区），令秦国只能退守至洛水，修建防御工事加以防守。魏国从而牢牢占据了本属于秦国的河西地区（今山西省、陕西省之间黄河南段以西地区），并在此设立西河郡，吴起担任郡守。

吴起带兵有方，肯与士兵同甘共苦。他的吃穿用度都与普通士兵一样，睡觉不铺席子，行军也不骑马。他担任西河郡守期间最为重要的一项成就是改革了魏国兵制，创立了武卒制。在此之前，春秋各国的士兵都是动员兵制，平时从事生产生活，战时临时动员。

吴起在魏国将动员兵制改革为**募兵制**，以专业士兵代替原来的雇佣兵及动员兵。所有的士兵都必须接受严格的军事考核，一旦通过考核，可以享受免除全家徭役的待遇，战斗中表现出色的能够很快晋级。士兵专业化之后，吴起又按照近战、攻城、弓箭对他们进行了分工。魏国的"**魏武卒**"从此成长为了"居有礼，动有威，进不可挡，退不可追"的无敌劲旅。

变法于楚

吴起在魏国前后效力了近20年，他将自己多年的经验结集成书，是为《吴子兵法》。公元前387年，由于魏国丞相公叔痤（cuó）的谗害，魏武侯开始猜忌吴起，不再信任重用他；吴起察觉之后，害怕被诛杀，逃往南边的楚国。

此时楚国的执政者楚悼王是位有抱负的君主，正为处于三晋压制下的窘境发愁。吴起的到来可谓喜从天降，悼王用最隆重的礼节接待了他，将他任命为令尹，开始了大刀阔斧的改革，史称吴起变法。

吴起变法深受李悝变法的影响。李悝变法是战国时期各国变法的首创，其改革要点有：主张废止世袭贵族特权，提出"食有劳而禄有功，使有能而赏必行，罚必当"；统一分配耕地，鼓励生产；建立国家收购粮食储备制度；推行法制，等等。

吴起在李悝变法的基础上，又结合了楚国的实际情况，很快就取得了明显的成效。前后不过八年时间，原来"贫国弱兵"的楚国迅速变成了一个富裕强盛的国家。吴起统率楚军，驰骋征战，首先征服了南方五岭一带的百越部落，使楚国的疆域扩展到今湖南和广西交界的一带；接着又在西面打败了秦国。公元前381年，楚军攻魏救赵，打败了多年的强敌魏国，并与赵结盟，瓦解了三晋联盟，收复了北方原陈、蔡被三晋占去的土地。

然而，正当楚军取得决定性的胜利，捷报向郢都传来的时候，悼王突然病逝。吴起只得从前线赶回都城，进宫料理悼王的后事。然而，由于吴起改革严重损害了旧贵族的利益，旧贵族在宫中向吴起发起突袭，乱箭射死了他。

吴起一生"与诸侯大战七十六，全胜六十四"，与兵家代表人物孙武并称"孙吴"，在政治改革的影响力方面与商鞅平起平坐。

战国开启

吴起死后4年，公元前376年，韩、赵、魏废晋静公，将晋公室剩余土地全部瓜分，晋国从我国版图上消失了。**三家分晋**是历史上具有划时代意义的重大事件，中原的地缘和国家关系从此出现了显著的变化。

西汉末年史学家刘向将自周元王元年（前475）至秦王政二十六年（前221）这255年间的历史编写成书，由于这期间大小征战230多次，遂命名此书《战国策》，后人也就将这段历史称为**战国时期**。而为战国拉开序幕的，正是一百年前的三家分晋。

李悝和吴起的变法使得当时我国的政治、法律、军事、经济和文化的革新逐渐进入更深入和广泛的层面。紧随他们的步伐，商鞅于公元前356年在

商鞅变法

公元前356年，秦孝公任用商鞅在秦国主持变法。

商鞅变法顺应了历史潮流，集列国变法之长，是战国时期持续时间最长、涉及面最广、改革最为彻底的一次变法。

【商鞅变法的主要内容】

政治上，确立县制，由国君直接派官员管理；废除贵族的世袭特权；改革户籍制度，加强对人民的管理；严明法度，禁止私斗。

经济上，"废井田，开阡陌"，授田于百姓，允许土地自由买卖；重农抑商，鼓励耕织，生产粮食、布帛的人可免除徭役；统一度量衡。

军事上，奖励军功，对有军功者授予爵位并赏赐土地。

【商鞅变法的影响】 使秦国国力大为增强，提高了军队的战斗力，一跃成为最强盛的诸侯国，为以后秦国统一全国奠定了基础。

同时，由于法律严苛，加重了对人民的压迫，容易造成统治者的暴政。

【商鞅变法成功的原因】 根本原因在于代表了新兴地主阶级的利益，顺应了历史发展潮流；加上秦孝公信任重用商鞅，给予极大的权力保障；最后是商鞅敢于和旧势力做坚决斗争。

秦国实施**商鞅变法**，申不害于公元前351年在韩国实施变法，赵武灵王于公元前307年开始**胡服骑射**改革……变革成为战国时代的主旋律。

这一系列的变法和改革背后原因是【**春秋战国时期的社会转型**】：

经济上，由于铁制农具和牛耕出现，生产力大幅提高，农业发展；手工业规模扩大；商业活动活跃。

政治上，残存的大奴隶主贵族世袭制度被颠覆，周朝的井田制被废除；新兴地主阶级势力增强，逐渐向封建管理政治演变，各诸侯国统治者确立新的政治经济秩序，以求富国强兵，在兼并战争中取胜。

文化上，周礼等制度逐渐失效，形成百家争鸣的局面。

正是因为生产力的大力发展，原有社会结构和制度的瓦解以及新的生产关系的产生——这些变化正是春秋与战国分野的真正意义之所在。

庄子 11

（约前369—约前286）
战国时期思想家

兵戈不断的战国时代也是思想百花齐放的年代。

儒家、道家、法家、墨家、兵家、名家、阴阳家等诸多流派你方唱罢我登场，新的理念、新的认识层出不穷，使得东周与古希腊一样成为人类思想史上值得铭记的黄金时期。

思想精英在同一时期集中涌现，互相学习和影响。有些人在人生道路上有交集，却在想法上分道扬镳（biāo）；有些人在对待世界的态度上截然不同，在生活中却成为至交好友。

庄子本人远离政治，潜心研究学问，却与名家代表人物结交，其思想不仅深刻影响了道家学派，还予儒家极大的启发。他就像战国思想界的一枚棱镜，折射出黄金时期的群星璀璨。

庄子，名周，战国时期宋国人，楚国后裔。

庄惠之交

在吴起死后的第12年，庄子出生于宋国，本名叫作庄周。庄周祖上是楚国贵族的后代，父辈为逃避楚国内乱，举家迁到宋国。

公元前333年，已经娶妻生子的庄周护送父母的灵柩（jiù）回楚国，见到了楚威王。楚威王非常欣赏他的学识，想要招他为相，但他拒绝了楚威王的邀请。这时候，他很有学问这件事已经被很多人知道了，大家都喜欢向他求教，但是庄周对做官没有兴趣。

庄周有个宋国同乡叫作惠施，两人年纪相仿，很早就相识了。与庄周相比，惠施堪称仕途坦荡。他一直在魏国做国相，是六国合纵抗秦方案最主要的组织人和支持者。我们都知道战国时期有"合纵连横"的说法，简称**纵横**：六国联合起来对付强秦，叫作合纵；秦国拉拢一些国家去进攻另一些国家，叫作连横。本质上是各国之间的外交和军事斗争。惠施就是主张合纵的政治家。

《庄子·秋水》里记载了一件趣事：庄周到魏国去探望惠施，惠施以为他要来抢夺自己的相位，吓得在国都里到处寻找庄周，连找了三日三夜。结果庄周自己溜达到惠施家里去了，顺便讲了个寓言故事："南方有鸟，其名为鹓（yuān），你知道吗？这只鹓鸟从南海飞到北海，不是梧桐树它根本不会停下来歇脚，不是竹子的果实它根本不吃，不是甘甜的泉水它根本不喝。结果这儿有只猫头鹰正准备吃腐烂的老鼠，仰头看到鹓鸟飞过，连忙抬头大喝一声，怕鸟抢食。你是想护着你的梁国，也向我大喝一声吗？"

别看庄周调侃起惠施来一点不留情面，两人其实是情谊深厚的好友，庄周许多的想法都是在一次次与惠施的辩论中提出并深化的。公元前323年，庄周拜见魏惠王，说服魏国放弃伐齐。第二年，迫于秦国的军事压力，魏惠王使连横家张仪为相，主张合纵抗秦的惠施被驱逐出境，失去了相位。庄周遂与失意的友人一起游于濠（háo）水之上，产生了"子非鱼，安知鱼之乐"的经典"濠梁之辩"。

惠施是名家"合同异"派的代表人物，主张抽象而辩证地看待客观事物，

庄周

对物质世界的本质和规律作出哲学的概括。在倾向于关注政治哲学和唯心理论的诸多战国时期思想流派之中，惠施对物质世界的关注和分析独树一帜。

庄子和惠子两位大师虽然政治和学术观点各异，却是最能互相理解、心意相通的朋友。公元前317年，惠子去世了。《说苑·说丛》记载："惠子卒而庄深瞑（míng）不言，见世莫可与语也。"自惠子去世之后，庄子就不大讲话了，因为这世间再没有可以理解他和与他对话的人。

庄周梦蝶

许多人误以为庄子的学问是超凡脱俗的，因此必定是脱离现实的。例如庄子的名篇《逍遥游》，开篇就是"北冥有鱼，其名为鲲。鲲之大，不知其几千里也；化而为鸟，其名为鹏。鹏之背，不知其几千里也；怒而飞，其翼若垂天之云。"想象力驰骋千里，似乎与现实生活没有关系的样子。

在极强的文学性遮盖下，庄子讲的道理其实十分深刻，归根结底是"人如何获得自由"的问题。庄子继承了老子认为天地万物都在共同的"道"中运行这一理论，提出了"**齐物我、齐是非、齐小大**"的观点，也就是说：外部世界与自我、是与非、大与小本质都是一样的，天地万物都是一体的。

庄子在《齐物论》中讲梦见自己变成了蝴蝶，随即发出了"不知周之梦为胡蝶与，胡蝶之梦为周与？"的疑问。到底是我梦见我变成蝴蝶了，还是蝴蝶梦见它变成庄周了呢？"天地与我并生，而万物与我为一。"从哲学上讲，主体和客体之间的对立就被打破了。

庄子认为，只有怀疑和动摇现实生活中各种欲望、错觉和规则对我们的束缚，真正地理解自然、顺应自然，才能够获得真正的自由。这是一种积极的人生态度，远远不是消极遁世的，与古希腊哲学家柏拉图对理念（idea）的追求相映成趣。

柏拉图的理念说

比庄周早一些的柏拉图提出理念说，认为"理念"（idea）是"心灵的眼睛看到的东西"，通过理性认识到的永恒不变的一般事物，这才是真实"绝对存在"。

据传庄子晚年隐居南华山,死后葬在那里。唐玄宗天宝初,庄子被诏封为南华真人,《庄子》一书亦被奉为《南华真经》。

庄子的思想不仅对道家产生了深刻的影响,还影响了许多其他思想流派。例如,他最早提出了"内圣外王"的思想,"内圣"即内有圣人之德,"外王"即外施王者之政,也就是人格理想和政治理想两者融为一体。儒家吸收了这一重要观念,形成了自己的政治理论。这说明,战国时期的各派思想并非互相排斥对立,而是相互学习吸收、共同成长的。

小论文
什么是百家争鸣？

庄子生活的年代，西周的礼制已经全面崩坏，各诸侯国之间连年战争，统治者野心膨胀，百姓流离失所，社会生产被严重破坏。这样的现实境况令知识分子痛心而焦虑，他们开始以自己的方式寻找让人民摆脱苦难困境的办法。

这一思想文化的繁荣局面，历史上称为"**百家争鸣**"。

【诸子百家中影响较大的学派】分别有：

儒家，以孟子和荀子为代表。孟子主张实行"仁政"，提出"民为贵，社稷次之，君为轻"的思想，反对非正义的战争；孟子"仁政"思想是对孔子"仁"思想的继承与发展。荀子主张实行"礼治"，明确尊卑等级，以维系社会秩序。

道家，以庄子为代表，强调治国要顺应自然和民心；人生应追求精神自由，要保持独立的人格。

墨家，以墨子为代表，主张"兼爱""非攻"；选贤能的人治国；提倡节俭。

法家，以韩非为代表，反对空谈仁义，强调依法治国，树立君王权威，建立中央集权专制统治。

总的来说，儒家认为"**仁爱**"是办法，希望恢复西周初年的礼仪教化；墨家认为"**兼爱**"是办法，希望消除社会等级，回到三皇五帝时期那样的平等社会；道家认为"**无为**"是办法，希望人们顺应天道自然，把欲望降到最低；法家认为"**霸道**"是办法，希望强有力的君主建立中央集权来整饬社会……

百家争鸣促进了思想和学术的繁荣，成为我国古代第一次思想文化发展的高峰，为我国古代文化的发展奠定了基础，对后世有十分重要而深远的影响。

在针锋相对的论战和政治角逐之中，这些观点互相影响、融合、渗透，最终都汇入了中国文化这条浩浩汤（shāng）汤（shāng）的宽广河流，共同形成了国人的思想基石。

12 吕不韦

（前290—前235）
战国末期秦国政治家

在前面的故事里，我们已经认识了两位商人，一位是用经商思维管理国家的管仲，另一位是告别政坛后经商致富的范蠡。下面的故事里，我们将认识一位风险投资人。他把人作为投资对象，把国家政治作为一门生意，造就了一段段传奇。

吕不韦，姜姓，吕氏，名不韦，卫国濮阳（今河南省濮阳市）人，姜子牙的23世孙。

投资异人

庄子去世的那年，吕不韦刚出生不久。

他生于一个珠宝商人家庭，父亲一直经商，从小耳濡目染的吕不韦很早就掌握了做生意的要领。他往来各地，以低价买进，高价卖出，积累起一大笔资产。

公元前267年，秦昭王的太子死在魏国，于是第二个儿子安国君被立为太子。安国君有20多个儿子，但最得宠的正夫人华阳夫人却没有子嗣。安国君有个排行居中的庶出儿子名叫异人，他母亲夏姬很不受宠，因此异人年纪轻轻就作为秦国的人质被派到赵国去了。由于秦国多次攻打赵国，两国常常关系紧张，赵国并不礼遇异人。异人待在赵国可谓是"里外不是人",生活十分困窘。

吕不韦有一次到赵国国都邯(hán)郸(dān)做生意,偶然认识了异人,他以敏锐的直觉认定这是件珍奇的商品,以后一定能够升值——"此奇货可居"。吕不韦于是前去拜访,开门见山地说:"吾能大子之门。"异人不以为然:"你姑且先光大自己的门庭,然后再来光大我的门庭吧!"吕不韦答道:"我的门庭要等待您的门庭光大了,才能光大。"异人马上领悟了吕不韦所言之意,与他深谈。

吕不韦首先指出异人夹在秦赵两国之间的尴尬境地,表示愿意助他脱身,然后献出了一个绝妙的计策:安国君最宠爱的华阳夫人没有子嗣,如果异人能够认她为母,将来就有成为秦国继承人的可能。这个计策极其冒险,

吕不韦

充满不确定因素，不啻于疯狂的赌博，但是对于困兽而言，这是他能抓住的最好的机会。

异人同意了。

吕不韦于是拿出五百金，支持异人在赵国的日常生活和社交；又拿出五百金购买珍奇玩物，亲自前往秦国游说。他先去拜访了华阳夫人的弟弟阳泉君，建议他说服华阳夫人认异人为养子。阳泉君被他说服，于是引荐吕不韦入宫。

吕不韦见到华阳夫人，首先大大夸赞了异人才能，然后表达了异人对华阳夫人的一片忠诚感念之心。他一针见血地指出华阳夫人无子这件事对其晚年地位的威胁，"以色事人者，色衰而爱弛"，如果能把异人过继给夫人，再说服安国君立他为继承人，夫人终身有靠。

创业成功

吕不韦的计划进行得非常顺利。

他到处宣扬异人的才能，令异人在诸侯中声名远播，众望所归；又想方设法游说赵王，让异人迅速安全地回到了秦国。异人回国后，吕不韦让他穿着楚国的服装去见在楚国出生的华阳夫人，后者大喜过望，立刻认他作儿子，给他改名为"楚"。所以历史上又把异人叫作公子楚。

吕不韦有一个绝美而善舞的姬妾，异人见了很是喜欢，吕不韦就把这位名叫赵姬的女子送给了他。之后，此女生下儿子，名政（也就是后世大名鼎鼎的秦始皇嬴政），异人就立赵姬为夫人。

公元前251年，秦昭王去世，安国君继位为王，是为秦孝文王，华阳夫人为王后。在孝文王面前，公子楚表现得有勇有谋、十分得力，孝文王于是在华阳夫人的劝说下将公子楚立为太子。孝文王守孝一年后才正式加冕，可是加冕三天后就突发疾病去世了。公子楚继位,为秦庄襄王。

公元前249年,秦庄襄王任命吕不韦为丞相,封文信侯,将洛阳十万户作为他的食邑。吕不韦带兵攻取周国、赵国、卫国的土地,分别设立三川郡、太原郡、东郡,为秦国之后兼并六国做好了准备。

庄襄王即位三年之后去世,秦王嬴政继位,他奉吕不韦为相国,称他为"仲父",自己的母亲赵姬则被封为赵太后。

《吕氏春秋》

吕不韦担任相国的时候,诸侯里有许多著名的公卿——魏国有信陵君,楚国有春申君,赵国有平原君,齐国有孟尝君,被称为"四公子"。他们都拥有大量的门客,礼贤下士的名声四处传扬。吕不韦认为自己是强秦的丞相,不甘于人后,所以也招来了多达3 000人的门客。他让门客各自将所见所闻记下,编纂成了一部包括八览、六论、十二纪共20余万字的文集,号称《吕氏春秋》。

吕不韦运用精明的商业头脑扩大了《吕氏春秋》的影响力,他命人把整部书的书稿悬挂在秦国都城咸阳城的城门上,声称普天之下谁能在书中挑出一个可改的字,就赏给他千金。消息一出,立刻吸引了诸侯各国大批游侠门客围观,结果没有一个人能挑出错误,这部书随即声名大噪。这就是成语"一字千金"的由来。这种通过有奖挑战来达到广告宣传效果的营销策略在现代社会仍被广泛使用。

吕不韦权倾朝野,嬴政深感不安,意欲除之而后快。公元前237年,嬴政免去了吕不韦相国的职务,把他发配回河南的封地。一年之后,嬴政听说吕不韦家中宾客盈门,各国的人物往来其中,唯恐他拥兵自重、发动叛乱,于是派人送信给他,准备发配他全家到蜀地去。吕不韦收信后,自知时日无多，喝下毒酒自杀了。

吕不韦自杀身亡的这一年，距离秦着手灭六国只有5年时间了。我国历史上首个中央封建帝国的缔造，有吕不韦的功劳。

【秦为什么能灭六国】

客观条件：经过了战国时期的连年战争，中原地区的经济发展和社会稳定受到了很大破坏，人们普遍希望能够过上安定的生活。和平和稳定是天下所向。

主观优势：秦国位于中原边缘，是与西部少数民族作战的前沿阵地，秦人具有坚韧强悍、吃苦耐劳、纪律严明等特点；地理位置优势，物质基础雄厚，经过商鞅变法和数代秦王的励精图治，尊奉法家，奖励耕战，秦国在经济和军事方面的实力迅速跃升，超过了东方六国，具备了统一六国的物质条件；策略得当，采取远交近攻的策略。

公元前230—前221年，秦先后攻灭韩、赵、魏、楚、燕、齐六国。

秦的统一结束了春秋战国以来长期战争混乱的局面，建立起我国历史上第一个统一的多民族的封建国家。

周勃

（前230—前169）
西汉初期军事家

《资治通鉴》里有这么一个小故事，汉文帝有一天问了他的右丞相两个问题：你一年判决的案件有多少？国家一年收支的钱粮有多少？结果这个右丞相一个也答不出，汗流浃背，羞愧难当。

这时候左丞相出来解围，说这些具体问题得问具体负责的人。汉文帝听完说了一句非常经典的话："苟各有主者，而君所主者何事也？"意思是，如果我事事都要问具体负责的人，那还要你这个丞相干吗？

小故事里这个一问三不知的右丞相，就是为汉朝开国和平乱立下汗马功劳的周勃，也是汉景帝时期名将周亚夫的父亲。

周勃，字号不详，泗水郡沛县（今江苏省徐州市沛县）。西汉初期军事家、政治家。

秦朝建立

周勃大约出生在公元前230年。在他出生后的几年里，秦国陆续吞并了其他国家。公元前221年，秦统一六国，**春秋战国时代结束**，我国大一统的中央集权王朝**秦朝建立**，嬴政称秦始皇。

这标志着我国奴隶社会瓦解,封建社会形成,社会性质发生根本性改变。

此时的周勃一直在老家,由于出身平民家庭,一直靠打杂谋生,由于武力不错,他后来参军入伍,成为能拉硬弓的预备兵。

如果秦朝能这么一直长期稳定统治,或许周勃这样的人到头也就是一个大头兵,然而命运却不这么安排。

【秦始皇都干了什么】

嬴政认为自己"德兼三皇,功过五帝",于是采用三皇之"皇"、五帝之"帝"构成"皇帝"的称号,这是我国历史上第一个使用"皇帝"称号的君主,所以自称"始皇帝",史称秦始皇。秦始皇确立的中央集权郡县制为之后2 000年奠定了基本政治格局。

在中央实行**三公九卿**,官员由皇帝直接任免,管理国家大事;

地方上废除分封制,代以**郡县制**;

书同文、**车同轨**,统一货币、度量衡;

对外**北击匈奴**、**南征百越**,快速扩大了领土;

修筑万里**长城**,修筑**灵渠**;

焚书坑儒,钳制思想,摧残文化。

如果说周朝的分封制奠定了华夏民族在中原地区的基本盘,建立了中国的雏形,那么秦始皇的一系列措施便是把这个基本盘扩大,并建立起一个庞大统一的中央集权王朝。

沛公灭秦

法家的治理方法让秦始皇在富国强兵和吞并六国的过程中无往不利，建立了秦朝之后，他看不出有什么理由不继续使用严刑峻法来管理国家。

"于是废先王之道，焚百家之言，以愚黔首；隳名城，杀豪杰，收天下之兵，聚之咸阳，销锋镝，铸以为金人十二，以弱天下之民。"（贾谊《过秦论》）法律严苛，刑罚残酷；百姓的赋税、徭役、兵役日益沉重。公元前210年，秦始皇驾崩。宦官赵高与丞相李斯为了确保自身利益，秘不发表，立公子胡亥为皇帝。赵高得以成为权臣，指鹿为马，人民陷入无法生活的境地【秦朝灭亡原因】。

公元前209年，为秦二世元年，大泽乡（今安徽省宿州市）爆发了**陈胜吴广农民起义**，随后起义之火烧遍全国，成了我国历史上第一次大规模、有巨大影响力的农民起义。

周勃的老乡、沛县泗水亭长刘邦响应陈胜吴广，在小沛起兵。周勃以近侍卫的身份跟随刘邦，打仗中非常勇猛，很能吃苦，总是冲在最前面，立下了累累战功。

公元前207年，楚国贵族项羽在**巨鹿之战**中以少胜多，歼灭秦军主力，刘邦抓住时机，进军咸阳，攻破秦国都城咸阳，仅仅建立14年时间的**秦朝灭亡**。

紧接着，项羽在消灭了秦军主力后，也率诸侯军向关中挺进。走到函谷关的时候，项羽听说刘邦已经攻破咸阳，大怒，遂破函谷关，将40万大军驻扎于新丰鸿门，请刘邦前来**鸿门赴宴**。项羽的谋士范增建议杀掉刘邦。大家都背诵过的名篇《史记·项羽本纪》中，范增说刘邦"今入关，财物无所取，妇女无所幸，此其志不在小。吾令人望其气，皆为龙虎，成五彩，此天子气也。急击勿失！"项羽却不以为然，并没有采纳他的意见。

项羽的不以为然是有原因的。刘邦和项羽起事时的身份和地位相当悬殊，项羽是毫无疑问的楚国贵族，而刘邦的亭长身份则是妥妥的布衣平民。秦朝的亭长在行政建制上比县长低两级，级别相当于现在的派出所所长，但是所管理的事务非常有限。项羽自然看不上刘邦这个土老帽。

随后，项羽入咸阳，杀秦王子婴，火烧阿房宫，自封为西楚霸王，分封了各路诸侯。刘邦被封为汉王，迫于项羽的强大实力，他只好忍气吞声接受了封号，穿过重重秦岭领兵入汉中，烧毁了关中入蜀的栈道，以示无意东出。同年五月，齐国贵族后裔田荣不满分封，自立为齐王。刘邦以讨乱为名趁机挥军出山，明修栈道，暗度陈仓，重返关中。公元前205年，刘邦平定三秦，开启<u>楚汉之争</u>。

回到关中后，刘邦赐给周勃大量土地，周勃在随后的战役中又屡立奇功。经过三年的战争，公元前202年，刘邦在<u>垓下一战</u>重创楚军，项羽自刎而死。

四处平叛

楚汉争霸取得胜利后，刘邦于公元前202年，在山东定陶（今山东省菏泽市曹县）举行登基大典，定国号为汉，是为汉高祖，<u>汉朝建立</u>。

周勃因功被赐予爵位，并获得了绛县（今山西省运城市绛县）作为食邑，号称绛侯。

汉高祖开启西汉王朝的时候，接手的可谓是个烂摊子，各个诸侯国占据了多半的疆土，异姓诸侯王在各自封国内部享有独立的军事和政治权力，仿佛又回到了先秦列国割据的状态。为了避免重蹈过去分裂的覆辙，汉高祖决定剪除异姓势力，加强中央集权。

公元前 200 年，镇守太原的韩王信本来就对刘邦剪除异姓的政策不满，加上他遭到汉高祖的怀疑，于是索性投降匈奴，并与匈奴联合南下。汉高祖亲率 30 万大军攻击韩王信，周勃以将军身份跟随，随后击败韩王信，周勃又立大功。之后，周勃被升为太尉。公元前 197 年，代丞相陈豨（xī）起兵造反，周勃率军平定了叛乱。之后周勃又以相国身份平定了一同造反的燕王卢绾（wǎn）。两年后，汉高祖为了彻底去除异姓王造反的威胁，杀白马为盟，与诸将订下誓约："非刘氏而王者，天下共击之。"史称"**白马之盟**"。

然而，由于汉高祖在地方实行"**郡国并行制**"，先后分封了大批刘姓诸侯王，而中央直接管辖的只有 15 个郡，这给汉王朝的统治和稳定埋下了隐患，为景帝时期的七国之乱埋下了伏笔。

汉高祖在平定叛乱的同时，采取了**休养生息政策**。由于秦朝的残暴统治和秦末战乱，社会生产遭到严重破坏。为巩固政权和稳定社会局势，汉高祖吸取了秦朝因暴政而快速灭亡的教训，采取了"兵皆罢归家"、释放大量奴婢为平民以增加农业劳动力、轻徭薄赋、鼓励农业生产等休养生息的政策。

迎立文帝

公元前 195 年，汉高祖驾崩，死前预言道："安刘氏天下者，必勃也。"之后，刘盈登基为汉惠帝。与他雄才大略的爹相比，他十分优柔懦弱，加之即位时年纪很轻，大权渐渐落在了母后吕雉（zhì）手中。刘盈 23 岁忧闷而死之后，吕后独揽朝政，给吕氏家族的人大量封王，破坏了刘邦"非刘不王"的规矩。

公元前 180 年，吕后去世，姓吕的王公贵族把持朝政，预谋夺取刘氏天下，史称"吕氏之乱"。周勃得到消息之后，与同为老臣的陈平谋划，终于诛灭了诸吕，拥立代王刘恒，是为汉文帝。

汉文帝即位后，任命周勃为右丞相。开篇那个小故事，就发生在周勃担任右丞相期间。周勃认为自己资历深厚，才干却不及老谋深算的左丞相陈平，深感恐惧，向文帝归还了相印。可是一年之后，陈平去世，周勃只能出来为相。过了不到一年，周勃又被免去了丞相职务，回到了自己的封国。

没过多久，有人上书告发周勃谋反。周勃被下了狱，文帝准备治他的罪。在紧要的关头，周勃重金贿赂狱卒，又拿出钱财土地送给汉文帝的舅舅薄昭。薄昭替他向薄太后求情，太后又劝说汉文帝，最终周勃被释放，爵位和封邑得以恢复。

公元前169年，周勃去世，谥号为武侯。无论是司马迁还是班固，对他的评价都是："虽为鄙朴庸人，然匡国家难"，如同汉朝的伊尹和周公。

周勃出身社会底层，没什么文化，却能够在战时冲锋陷阵、在平时审时度势，最终于政治的惊涛骇浪之中全身而退，并在历史上留下很高的评价，实在颇为难得。后来，周勃的儿子周亚夫继承了他治军领兵的才能，成了汉景帝时期的重臣。他在细柳练兵，平定了七国之乱，为**文景之治**铸造了坚强的后盾。

李广

14

（约前185—前119）
西汉名将

初唐大诗人王勃曾在他文采斐然的《滕王阁序》中感叹道："时运不齐，命途多舛。冯唐易老，李广难封。"

冯唐曾在汉景帝时期为官，但是官运很不顺；汉武帝即位后征求贤良之士，大家都举荐冯唐，可是冯唐这时已经九十多岁，没办法做官了。这便是"冯唐易老"典故的由来。"李广难封"说的又是什么故事呢？

李广，字号不详，陇西郡成纪县（今甘肃省天水市秦安县）人，西汉时期名将、民族英雄。

以战成名

李广出生在陇西，先祖李信就是秦朝名将，家里世代传习射箭，武功非凡。周勃去世的那一年，李广大约16岁。

公元前166年，匈奴又开始大举袭扰汉朝北部多地，震动关中。李广从军抗击匈奴，因为精通骑马射箭屡立奇功，被任命为汉中郎。

匈奴是公元前3世纪在蒙古高原上兴起的一个少数民族，战国时期他们先后与地处中原边陲的赵国和秦国交手，遭到了以李牧和蒙恬为代表的杰出将领的沉重打击，不得不退出了河套地区及河西走廊。然而，到了汉朝初年，中原地区刚刚从秦末的战乱中恢复过来，国力疲弱、百废待兴；匈奴部落恰好又遇上了一个强有力的首领冒（mò）顿（dú）单（chán）于（yú），于是开始大肆向南扩张。

公元前200年，汉高祖刘邦亲率大军征讨匈奴，结果被围困在白登山（位于今山西省大同市）七天七夜，史称白登之围，最后靠陈平出计谋，贿赂冒顿单于的宠妃才得以脱身，十分狼狈。此后，汉朝与匈奴议和，双方开启了长达30多年的相对和平时期。其间，汉朝基本采取的是和亲和通商等怀柔政策，以便休养生息。在这几十年间，匈奴的力量也得到了很大增长。

公元前157年，汉景帝即位，李广任陇西都尉。两年后，在晁错的建议下，景帝下达了削藩令，吴楚等七个诸侯国以"诛晁错、清君侧"为名联兵反叛，史称**七国之乱**。李广任骁骑都尉，跟随太尉周亚夫反击叛军，他在昌邑（今山东省潍坊市昌邑市）城下夺取了叛军军旗，从此声名显扬。

此后，李广历任陇西、北地、雁门、代郡、云中等北方边疆各郡的太守，镇守北疆，专门对付匈奴，以作战奋不顾身而出名。

龙城飞将

公元前141年，汉景帝驾崩，汉武帝即位。经过"文景之治"的国力积攒，武帝即位时汉朝的国力已经可以与匈奴一较高下了，于是决定消除这一心腹大患。

这一时期名臣名将辈出，卫青、霍去病、程不识等大将都青史留名，李广也迎来了属于自己的时代。李广带兵很有特点，他不喜欢设置严格的队列和阵势，总是从士兵的需求出发，在最便利的地方驻扎军队。他话不多，但是待人宽厚、爱兵如子，遇到断粮缺水的情况，他都会等所有士兵喝上水吃上饭才照顾自己，士兵们都愿意追随他。

公元前129年，李广从雁门出击匈奴，战败被俘。他用计夺了匈奴的马匹，杀死了追击他的敌兵，终于逃脱。但回到长安后，朝廷认为他此役损失重大，又被敌人活捉，理应斩首，最终被贬为庶人。第二年冬天，匈奴单于率几十万大军陈兵东北边郡，猛攻右北平郡，汉武帝不得不重新启用李广为右北平郡太守。不久，李广收拢残军败将数万人，在榆关（今河北省秦皇岛市山海关）阻击匈奴大军，以飞一样的速度追击匈奴单于，大破匈奴部队。匈奴都畏惧地称呼他为"飞将军"，以至于数年不敢入侵。

关于李广的神勇，有很多故事流传，其中最出名的一个是"李广射石"。相传一次李广醉酒，恍惚中看到草丛里似潜伏着一只猛虎，遂搭箭射去。第二天早上去找老虎的时候才发现原来是块大石头，而箭头已经深深地没入石

李广

头之中了。唐代诗人卢纶的《和张仆射塞下曲·其二》："林暗草惊风，将军夜引弓。平明寻白羽，没在石棱中。"讲的就是李广的神乎其技。

公元前123年，李广被调任为将军，跟随大将军卫青的军队出击匈奴。在集团协同作战的情况下，两位大将不可避免地会被加以比较。卫青是位天才型的统帅，他冷静理智、指挥若定，在远离中原的不毛之地搜寻围剿匈奴，一出手就取得了七战七捷的傲人成绩。而李广则颇为个人英雄主义，遇到敌人往往要等十步之内才射箭，以凸显自己神射手的身份；他亲民而自由的管理风格也常常让自己和部队陷入危险的境地，因此大战时几次全军覆没。

汉武帝时期大战频仍，几乎只要有胜仗，统率的将领就会获封领赏。卫青一路上升，最终官至大司马，"一人之下、万人之上"；而李广却几次濒临被处死的边缘，重金赎命才恢复庶人身份，一直到死都没有封侯。

尽管两人命运悬殊，但都是不可多得的杰出军事人才。唐代边塞诗人王昌龄在《出塞》中感叹："秦时明月汉时关，万里长征人未还。但使龙城飞将在，不教胡马度阴山。"这里的"龙城"代指在龙城战役中获得极高声誉的卫青，飞将自然指的就是李广了。可见在边患深重的中晚唐，人们是多么渴望能拥有汉武帝时期这些骁勇善战的将领呀！

悲情结局

公元前119年，汉武帝发动漠北之战，由卫青和霍去病各率五万骑兵跨大漠远征匈奴本部。

这一年，李广已经60多岁了。他几次请求随行，汉武帝考虑到他的糟糕运气，十分犹豫；起初以他年老为由拒绝了，后来经不住恳求，同意他出任前将军。

汉军出塞后,卫青进行了战略部署,命令李广从较为遥远的东路出击。李广请求卫青改调令,要当先锋,卫青不答应。李广非常恼火,没向卫青告辞就启程了。他领兵从东路出发,由于军队没有向导,结果就在大漠里迷了路,落在了卫青主力部队的后面。卫青与匈奴交战,没能活捉单于,只好收兵南行涉过沙漠,正好碰上了迷路的李广。

卫青要给汉武帝上书报告军情,李广默然无言。回到大将军幕府,李广对他的部下说:"广结发与匈奴大小七十余战,今幸从大将军出接单于兵,而大将军又徙广部行回远,而又迷失道,岂非天哉!且广年六十余矣,终不能复对刀笔之吏。"于是拔刀自刎。

司马迁非常欣赏李广的为人,他在《史记》里单独给李广作了列传,却把卫青和霍去病打包放在了一部列传里。司马迁认为,李广虽然出身低微、不善言辞,但是去世的时候天下尽哀,俗话讲"桃李不言,下自成蹊",就是李将军这样的人。

到了唐代,李广的声名有了进一步的提升,李渊和李世民都曾追其为先祖,唐德宗时,李广名列"武庙六十四将"之一。宋徽宗时,位列宋武庙七十二将之一。这位生前苦觅封侯的大将,终于在历史上得到了应有的尊重。

汉朝的封侯制度

按军功或重大贡献封侯,爵位可以分国侯、郡侯、乡侯、亭侯以及关内侯;由皇帝决定这个爵位是否可以世袭。

汉朝初期刘邦分封了不少国侯级别的"王",但随着韩王信、卢绾等王侯造反,刘邦遂以白马之盟废除了异姓王。在景帝时期,伴随着晁错削藩,吴国、楚国等刘姓王造反,国侯这一级基本没人再设置。因此,从待遇上来看,能被封为郡侯、乡侯,就有非常可观的封邑。

三国名将关羽的级别是汉寿亭侯。这是什么意思呢?十里为一亭,而亭侯就是说这一亭范围内就是你的封邑,实际是比较低的爵位了。更低的是关内侯,只有爵位,而没有封邑。

霍光 15

（约前135—前68）
西汉政治家

《汉书》记载，汉宣帝刘询与他的大将军一起坐车出门，身为一国之君，他不但没有泰然自若，反而感觉背上好像扎满了麦芒和荆刺一样别扭不安。这就是成语"芒刺在背"的由来。

什么样的大将军能让皇帝惶恐到坐立不安？

霍光，字子孟，河东郡平阳县（今山西省临汾市）人，西汉四朝重臣。

因兄得贵

霍光出生于汉武帝登基后十年左右，父亲名叫霍仲孺。

公元前141年，霍仲孺以县中小吏身份被派到平阳侯家服役，与府中侍女卫少儿私通生下了霍去病。服役结束后，霍仲孺回家另娶妻子生下了霍光。因此，霍光算是霍去病同父异母的弟弟。

两年后，卫少儿的妹妹卫子夫得幸于汉武帝，卫家全家因而得势。亲弟弟卫青官拜大将军，驰骋于漠北沙场。霍去病作为卫家的私生子，也得以跟随皇帝左右。他聪颖英俊，从小就善于骑马射箭，深得武帝喜爱，留作近臣。

公元前121年，霍去病拜骠骑将军，在出击匈奴的途中见到了从未谋面的亲生父亲霍仲孺，并在返程时将弟弟霍光带回长安照顾。霍光当时年仅十余岁，但聪明貌美丝毫不在哥哥之下，在朝中颇得喜爱。

李广羞愤自杀的公元前119年，正是霍去病最为风光的一年。他率军远征大败匈奴，斩获7万余人，登狼居胥山筑坛祭天以告成功。经此一战，匈奴远遁，再不敢南犯。"封狼居胥"也成了此后我国所有武将心目中的最高荣誉。在这样一位天神般哥哥的庇护下，霍光的前途似乎一片光明。

托孤忠臣

然而好景不长，公元前117年，霍去病去世，年仅24岁。

霍光失去了依靠，仕途变得艰难起来，此后20多年一直负责掌管武帝的车马，相当于专职司机。他谨小慎微，办事规矩，获得了武帝的深切信任。

汉武帝执政50多年，长年对外征战，财政逐渐空虚，国内矛盾也日益累积起来。公元前91年，太子刘据在"巫蛊（gǔ）之祸"中被逼自杀，对武帝造成了极大的打击。此后他更加多疑，失去了对成年皇子及重臣的信任。

公元前87年，汉武帝在临终前，苦心孤诣地将年仅8岁的幼子刘弗陵立为储君（即后来的汉昭帝），并赐死了刘弗陵之母钩弋（yì）夫人，以免太后及外戚专权。这本是一个保障幼子上位的惨痛个案，后来却被北魏皇帝拓跋珪（guī）借用，作为北魏立继承人的惯例，即当皇子被列为继承人后，其生母必被赐死。

霍光被任命为大司马和大将军，与金日磾（dī）、上官桀、桑弘羊等重臣一同辅佐年幼的汉昭帝。历史上对武帝为何向毫无政绩和执政经验的霍光委以托孤重任看法不一：有人认为是霍光数十年忠心耿耿的陪伴和规矩谨慎获得了武帝的信任;也有人认为是因为霍光出身低微,没有后台朋党,不会对年幼的皇帝形成威胁。

废立皇帝

霍光的辅政工作并非一帆风顺。由于他在四大辅臣中原官职最低、资历最浅,其他大臣颇瞧不起他,王公贵族们对武帝立幼的做法也很不认同,根本不支持他的工作。

汉武帝都干了什么?

政治上,采纳"推恩令",鼓励封地再次分封,从而减少诸侯封地势力,以免独大,加强了中央对地方的控制;

思想文化上,罢黜百家,独尊儒术,在长安兴办太学,发展儒学;

经济上,铸币权收归中央,统一铸造五铢钱,在全国各地设盐铁官,盐、铁经营收归国有,实行官营、专卖;全国范围内统一调配物价;

军事上,打击匈奴,导致匈奴开始西迁;

外交上,派张骞出使西域,加强汉朝与西域地区联系,开辟丝绸之路。

汉武帝通过一系列加强中央集权政策巩固了大一统局面,使西汉王朝进入鼎盛时期。

公元前81年，上官桀父子联合燕王刘旦以及辅政大臣桑弘羊等共同结成反对霍光的同盟，阴谋发动政变，计划废黜昭帝，立燕王为帝。但计划泄漏，霍光族灭上官桀父子和桑弘羊，燕王刘旦自杀。由于金日磾早在昭帝即位第二年就因病去世，四个辅政大臣仅剩霍光一个。他经此一役，也获得了汉昭帝的全面信任，成了实际上的朝政决策者。

霍光对内采取休养生息的措施，允许贫民耕种公田，免除部分赋税和徭役，降低盐价，减轻了底层百姓负担，使得汉朝国力得到一定的恢复；对外缓和了同匈奴的关系，恢复和亲政策，开启了"昭宣中兴"。

公元前74年，年仅21岁的汉昭帝驾崩，身后无子。霍光迎立汉武帝之孙昌邑王刘贺即位，但是没想到这个人刚愎自用、难堪重任；仅仅27天之后，霍光就以淫乱无道为由废了他的帝位。后来历史上就把刘贺称为海昏侯，他的墓葬位于现在的江西省南昌市，以出土了大量的金饼和金板等金器而闻名，足见此人生活的奢华无度。

废掉海昏侯这件事使得霍光成了我国历史上第一个废除皇帝的权臣，为天下所非议。殷商时代的伊尹也曾行过废立天子之事，因此后人常将两人合称为"伊霍"。之后，霍光从民间迎接武帝的曾孙刘病已（后改名刘询）继承帝位，这就是汉宣帝。

刘询是汉武帝时候废太子刘据的孙子，出生于巫蛊之祸那年，还在襁褓中其祖父母和父母尽皆遇害。之后汉武帝大赦，刘询才回到祖母史家被抚养长大。由于他早年流落民间，年少时又游历长安周边地区体察了解民情，深知百姓的疾苦，对人情世故也很有自己的体会。还是一介平民的时候，他就已经深深地感受到了霍光一族的权势熏天。

汉宣帝即位后，霍光表示归政于他，但是谨慎的宣帝并没有当即接受，而是要求其他大臣凡事先禀报霍光过问再向他汇报。此时，霍家连同其他亲戚臣属已经遍布朝廷内外的重要岗位，把控宫廷警卫、京师和边防军队，"党亲连体，根据于朝廷"。宣帝表面上对霍光很信任，但是内心十分忌惮，时刻以刘贺的命运作为自己的前车之鉴，每每与霍光同行总觉如芒刺在背。

在选择皇后的问题上，汉宣帝并没有同意立霍光之女霍成君为皇后，而是立了自己在民间的原配妻子许平君为皇后。霍光的夫人霍显对女儿没有成为皇后不满，趁许皇后生产的机会买通医生淳于衍毒死了她。许皇后死后，汉宣帝追究医生责任，淳于衍下狱受审，因为恐惧而向霍光坦白了此事。

霍光惊骇之余，想要追究夫人的责任，但最终还是碍于夫妻情分替她掩盖了罪行。霍成君最终被立为皇后，然而霍家的所作所为都在汉宣帝的心中牢记。

他在等待一个机会。

死后灭族

公元前68年，霍光去世。

汉宣帝与上官太后一同到场治丧，将之与萧何相比，以皇帝级别的葬仪葬于汉武帝茂陵，加之谥号"宣成"。

两年后，霍家谋划利用太后设宴的机会集结政敌，假太后之手将他们一网打尽，接着废掉汉宣帝。不料计划败露，霍光之子霍禹被腰斩，霍家被满门抄斩；皇后霍成君被废黜，之后被迫自杀；城中株连者数千人被杀。

公元前51年，汉宣帝命人在麒麟阁张挂十一名辅政功臣的图像以示纪念和表扬，霍光被列为第一。由于他死后家族谋反，故不书写霍光的全名，只尊称为"大司马、大将军、博陆侯，姓霍氏"。

霍光死后第二年，宣帝立许皇后的儿子刘奭（shì）为太子，是为汉元帝。元帝后期皇权式微，西汉由此走向衰落。

16 刘歆(xīn)

(前50—公元23)
西汉末期经学家

大家都知道,"经纬"最早是与纺织有关的概念——经指织布的纵线,纬指横线,经正而后纬成。正因为经线是前提,"经"这个字就引申出了"法则、原则"的意思,古人故而把社会所遵循的原则性、指导性的书籍称作"经书",或者"经典"。一般来说,这些书籍包括先秦诸子百家的学问和著作。汉武帝**独尊儒术**之后,经典主要指儒家经典。

两汉时期,儒家文献在流传的过程中出现了"**今文经学**"和"**古文经学**"两个流派,基本奠定了后世儒学研究的大致框架。想要搞清楚这两个流派是干什么的,必须从一位西汉贵族子弟讲起:

刘歆,字子骏,后改名刘秀,京兆郡长安(今陕西省西安市)人。西汉宗室大臣、经学家。

经学世家

汉宣帝末年,霍光死后十余年,刘歆出身于一个贵族世家。他是汉高祖刘邦异母弟楚元王刘交的五世孙,也是著名经学家刘向的儿子。

公元前48年，汉元帝即位，宠信宦官导致皇权式微、朝政混乱。刘向因反对宦官被免为了庶人，直到汉成帝即位后才又出来做官。刘向有很深的文学造诣，他撰写的《别录》是我国最早的图书公类目录，《新序》《说苑》《战国策》和《五经通义》也都是他的作品；他还联合儿子刘歆共同编辑修订了我国古代第一部志怪地理书《山海经》。

在父亲的影响下，刘歆少年时就饱读诗书、博闻强识。公元前26年，刘歆随父进入皇家图书馆整理校订藏书，他借此机会如饥似渴地钻研起来。

西汉流传的儒家经典有一段悲伤的历史。秦始皇建国后的"焚书坑儒"和项羽入咸阳后的一把大火，使得除《周易》这类卜筮之书之外的经典消失殆尽，儒家文化的传授出现了断层。儒生们只有靠师徒之间的口耳相传，查漏补缺，进行记录和整理来形成典籍。这些典籍以汉代通行的隶书记录下来，研究这些典籍的学问就被称作"今文经学"。

与此同时，一些在乱世之中流落民间的古代典籍逐渐被人发现。汉孝景帝年间，鲁恭王刘余想在孔子旧宅处修建自己的宫室，结果在墙壁夹层里发现了一批用小篆书写的古书。孝景帝之子河间王刘德也花重金从民间收购了不少用小篆写成的古书。这些古籍最终都被诸王献给了朝廷，藏在皇宫的密室中。研究这些用秦代的篆书写成的典籍的学问就被称作"古文经学"。

整个西汉时期，由于学校里主要讲授今文经，所以今文经学一直占据着学术界的统治地位。古文经学虽然也在民间流传，却没有什么大的发展，直到埋头于皇家密室的刘歆读到了大量的古文藏书……

结缘王莽

刘歆觉得这些古文书籍比口耳相传的今文经更加可信，于是要求朝廷也承认它们，将它们立于学官。可是，当时的学术界全都是研究今文经的，达官显贵们也都是通过学习今文经而做官的,刘歆的建议触犯了当时大多数人的利益,遭到了强烈的反对。

刘歆一气之下给持反对意见的儒生们写了一封公开信,指责他们思维僵化、因循守旧,学问毫无用处。由于言辞激烈,刘歆的这封信几乎得罪了朝廷里所有的人,很快他就在打击报复下离开了京师。这时候,刘歆生命中的大贵人开始发挥作用了。

王莽比刘歆小五岁,出身于西汉最显贵的外戚家族王家。王莽的姑姑是孝元皇后王政君,伯父王凤为大司马。由于王莽对伯父极为恭顺,王凤临死前嘱咐王皇后要好好照顾他。公元前22年,王莽入仕成为黄门郎(即供事于宫门之内的郎官,是皇帝近侍之臣,可传达诏令),跟刘歆做了同事。年轻时的王莽生活简朴、为人谦逊、勤奋好学,与刘歆意气相投,结下了很深的情谊。

此时,刘氏王朝已十分衰弱朽坏,国内矛盾丛生,从贵族到平民都渴望"贤德之人"的出现。王莽所表现出的清廉、孝顺、谦虚和勤奋等品质令他逐渐成为世人眼中的道德楷模、贵族里的一盏明灯,仕途扶摇直上。公元前7年,汉哀帝继位,统治大权逐渐落入王莽手中。王莽把持朝政后,立刻将刘歆召回京师重新为官。

公元前1年,汉哀帝去世,王莽在皇太后王政君支持下出任大司马,拥戴汉平帝登基,任命刘歆为京兆尹,"典儒林史卜之官"。王莽对刘歆的重用有他自己的政治考量:王莽自号"安汉公",把自己比作稳定周朝的周公,要恢复周礼和周制,那么他就必须有新的理论武器来支持变革——刘歆所提倡的古文经学恰好能够充当这一武器。

公元8年,王莽逼迫王政君交出传国玉玺,接受孺子婴禅让后称帝,<u>西汉灭亡</u>,王莽改国号为"<u>新</u>",史称<u>王莽新政</u>。刘歆一直提倡的古文经学在王莽篡位后第一次战胜了今文经学，成了显学。

科学成就

除了奠定古文经学研究基础之外，刘歆还在各个科学领域做出了卓越的贡献：

重新排列了儒家经典"《诗》《书》《礼》《乐》《易》《春秋》"这**六艺**的次序，把《易》经提到首要的地位。

按照《别录》的体例编纂了《六略》，又叙各家源流利弊汇总成为《七略》。这是我国第一部图书，其分类体系对后世影响极大。

编制了《三统历谱》，是世界上最早的天文年历的雏形，他也是我国古代第一个提出接近正确的交食周期的天文学家。在分析了《左传》等史书中关于岁星（即木星）位置的记载后，刘歆计算了岁星超辰的数值，虽然并不准确，却是我国历史上第一个以科学态度探索岁星超辰规律的。

此外，刘歆在圆周率的计算上也有贡献，他确定了重要常数为3.154 71，与实际数值只相差0.013 12，因此历史上又把圆周率称为"刘歆率"。

然而，在公元23年，刘歆被卷入政治旋涡，受到王莽的猜忌，因被王莽怀疑参与谋诛王莽的计划，被王莽逼迫自杀。一个埋头于计算木星位置和圆周率的学者，最终却因参与谋反的罪名被逼自杀，这是历史巨大的讽刺。

第二年，起义的绿林军攻破长安，王莽死于乱军之中。

谶(chèn)纬之学

大家会注意到,刘歆中年改名叫刘秀。这里面有个故事,与刘歆被卷入政治旋涡有重大关系。

汉哀帝继位后,由于汉哀帝名刘欣,刘歆为了避皇帝名讳,于是改名。但是当时很多人都对他改名持有阴谋论,认为他是故意的。这是为什么呢?

我们前面讲了"经"的概念,现在来讲讲"纬"。与经典相对应的"纬书"指非经典的、通过神话和演义等方式将经学宗教化的一类书籍。纬书把儒家思想宗教化,把孔子说成是超人的教主和真神。由于纬书具有浓厚的宗教色彩,其中往往包含一些预兆吉凶的谶语,所以后来往往把谶、纬混为一谈,通称为谶纬。

两汉之交有一部非常有名的谶纬学作品《河图赤伏符》,里面有一句预示未来的话,叫作"刘秀发兵捕不道,四夷云集龙斗野,四七之际火为主"。意思是:一个叫刘秀的人会领兵捉捕无道昏君,四方的人们纷纷揭竿而起、群雄争霸,原本衰败的汉朝将重新复兴。这句谶语当时流传甚广,人尽皆知。《汉书》就认为:"歆以建平元年改名……[因谶语]秀故改名,几以趣也。"《汉纪》也说:"先是歆依谶改名秀。"

这种阴谋论的后果是可怕的。刘歆是个文人,改名原因就是单纯的避讳,料无夺取天下的野心。可是,以不正当手段夺取天下的王莽并不一定这样认为,听多了这样刺耳的谶语,难免先下手为强,逼迫刘歆自杀。光武帝刘秀终成大业,是印证了这句谶语,还是受到了谶语的影响?其中的因果耐人寻味。

东汉初年儒家谶纬大盛,神化刘姓皇权,试图将儒学发展为儒教,成为东汉官方意识形态。然而,谶纬之学包含了大量的封建迷信,为理性的知识分子所不齿和批判,尤其以张衡和王充为代表的学者坚决反对。到南北朝时期,官方逐渐禁止图谶,谶纬之说的相关书籍也在禁止中被不断销毁,最终只留一段文化趣谈。

班超

(32—102)
东汉军事家、外交家

班超出身于一个知识分子家庭——

父亲班彪是享誉盛名的史学家,长兄班固著有《汉书》,妹妹班昭的《女诫》对后世影响也很大。而班超本人却弃文从武,走出了一条与家人截然不同的人生道路。

班超,字仲升,扶风郡平陵县(今陕西省咸阳市)人,东汉时期著名军事家、外交家。

弃笔从戎

公元25年,刘歆去世两年后,汉光武皇帝刘秀在众将拥戴下,于河北鄗(hào)城(今河北省邢台市柏乡县)即位,建立政权,重新恢复汉朝的统治,**定都洛阳**,史称**东汉**。

汉光武帝在政治上,加强皇权,增强尚书台的作用;控制外戚干政;裁并郡县,裁减冗余官吏,整顿吏治;经济上,清查全国垦田、户口数量;释放奴婢,与民生息;思想上重视儒学。他的这一系列措施,稳定了社会秩序,缓和社会矛盾,推动了经济发展。史称【光武中兴】。

7年后,班超出生了。他从小勤奋刻苦,虽然家境贫寒,但是有很大的志向和抱负。公元62年,哥哥班固被召入京任校书郎,班超与母亲一同迁居至洛阳,靠替官府抄写文书来维持生计。

王莽篡汉后,东汉和西域的关系变得紧张起来。

> **西域**是我国历史上对于汉朝中原以西地区的泛称,包括乌孙、大宛、月氏和楼兰等很多国家和部落。月氏和乌孙是较大的国家,其他大部分国家只是一个城市而已。

由于王莽错误的民族政策,西域的多个属国脱离了中央王朝管辖,为北匈奴所控制。北匈奴控制西域后实力大增,屡次进犯河西诸郡,边地人民苦不堪言。

《后汉书·班超传》记载,班超有一天照旧做文案工作的时候,忽然奋起,将笔掷于地下,大声说道:"大丈夫无他志略,犹当效傅介子、张骞立功异域,以取封侯,安能久事笔砚间乎?"于是从军。这就是"投笔从戎"的由来。

公元73年,奉车都尉窦固等人出兵攻打北匈奴,班超随从北征。他一进入部队,就显示了与众不同的才能。窦固很赏识他,便派他出使西域。第一站是鄯(shàn)善国(今新疆维吾尔自治区罗布泊西南)。一开始,鄯善王对班超等人礼仪备至,后来突然变得冷淡起来。班超敏锐地判断出这种态度的变化是由于北匈奴的使者也来访的缘故。他找来鄯善国的侍者,单刀直入地逼问出了实情,之后立即召集部下,鼓舞大家说:"不入虎穴,焉得虎子。我们现在处于危亡的境地,只有先发制人进攻北匈奴使者,才有活命的机会。"

当天晚上，班超率领仅仅36名部下直奔北匈奴使者驻地，趁着风势擂鼓纵火。匈奴人突遭袭击，乱作一团，几十人被杀，其余葬身火海。第二天，班超请来鄯善王，向他展示了匈奴使者的首级。鄯善王大惊失色，当即表示愿意归附汉朝。

班超凯旋，汉明帝（汉光武帝刘秀之子）大悦，再次派他出使西域。班超到了于阗（tián）国（今新疆和田地区）。于阗王早就听说了班超在鄯善国的事迹，非常惶恐，当即下令杀死北匈奴使者，重新归附汉朝。从此以后，西域各国全都派出王子入汉朝为人质，西域与汉朝中断了65年的关系终于恢复。

威震西域

然而，北匈奴并不甘心将西域拱手让与汉朝，与东汉政府展开了一场争夺西域的拉锯战。

公元75年，汉明帝驾崩。匈奴鼓动焉（yān）耆（qí）国（今新疆焉耆回族自治县）和龟兹国（今新疆阿克苏地区）趁汉朝大丧的机会，围攻西域都护，"悉灭其众"。此时西域的疏勒国已在班超的努力下成了东汉的属国，班超与疏勒王一起据守盘橐（tuó）城（今新疆喀什市），在势单力孤的情况下仍坚持了一年多。

汉章帝刘炟（dá）即位后，因恐班超独处边陲难以支持，下诏命其回国。听到消息，疏勒举国忧恐，另一属国于阗国的人民也苦苦挽留。班超担忧西域局势混乱，决定暂不归汉，重返疏勒。果然，疏勒有两座城在班超走后已经重新归降了龟兹，并与尉头国（今新疆阿合奇县）联合起来，意图造成大乱。班超再次平定了叛乱，又在两年后攻破姑墨国（今新疆阿克苏地区），令总在捣乱的龟兹成了西域的孤家寡人。

公元80年，班超上书章帝，分析西域各国形势及自己的处境，提出了平定西域各国的主张——"以夷制夷"。章帝赞同班超的策略，开始派人增援。

公元87年，班超调发于阗等属国士兵2万多人攻打莎车国，龟兹王合兵5万救援莎车。在敌强我弱的情况下，班超运用调虎离山之计转移龟兹主力，趁夜直扑莎车大本营，追斩5 000多人，莎车国不得不投降。

这时，从我国西迁的大月氏已经在阿富汗、印度建立起强大的贵霜帝国。公元90年，贵霜帝国派大军东越葱岭（位于今帕米尔高原）前来，企图征服西域各国，班超预估他们远军跋涉、粮草将尽，事先埋伏杀掉了使者，还未开战敌人就已经屈服了，贵霜帝国被迫退兵。之后，龟兹、姑墨等国相继投降，班超被任命为西域都护。

班超

封侯定远

公元88年,汉章帝逝世,汉和帝刘肇即位,养母窦太后临朝称制。4年后,刘肇联合宦官扫灭窦氏戚族,东汉国力达到鼎盛,史称"永元之隆"。

在之后的几年内,班超率西域诸国联军先后平定焉耆等国,使得西域50多个国家都重新归附了汉朝。汉和帝封他为定远侯,食邑千户,所以班超也被称为"班定远"。

公元97年,**班超派甘英出使大秦**(当时的罗马帝国)。甘英穿过今天的乌兹别克斯坦、伊朗和伊拉克等地,一直走到了西海(今波斯湾)边。当时这里属于安息国(今伊朗、伊拉克等地)的地界,安息国深恐大汉帝国与罗马帝国有所交流,自己夹在两个巨无霸帝国之间难以平衡,因此强烈劝说甘英打消了继续西进的念头。甘英返回了,中国与罗马帝国这两个当时世界上最为强大的国家失之交臂。

公元100年,68岁高龄的班超上书汉和帝请求返回故乡,妹妹班昭写了一封情深义重的奏章《为兄上书》,其中写道:"超以一身转侧绝域,晓譬诸国,因其兵众,每有攻战,辄为先登,身被金夷,不避死亡。赖蒙陛下神灵,且得延命沙漠,至积三十年。骨肉生离,不复相识……超年最长,今且七十。衰老被病,头发无黑,两手不仁,耳目不聪明,扶杖乃能行。"

汉和帝读毕非常感动,召班超回朝。自此,班超在西域已经待了31年。公元102年,班超在洛阳逝世,享年70岁。

18 蔡伦

（63—121）
东汉发明家

前面我们讲到今文经学和古文经学的时候，提到了汉代使用隶书而之前使用篆书。其实秦汉之间，汉字的书写经历了一个较大的变化，历史上称为"隶变"。

秦始皇统一了文字，让全国各地的人都使用秦国的小篆字体来书写。小篆虽然字形优美，但是书写起来十分烦琐。出于工作需要，官吏们要大量誊写材料，他们便在实践中对小篆进行了改造，变曲为直，改圆为方，篆书逐渐变成了隶书。

伴随着字体改变的，是书写方式的改变。从秦一直到两汉，虽然用动物的毛来制作笔的工艺已经产生，但是人们通常还是用刀一样的笔在削好的竹片上写字，这是性价比最高的方式。李广自刎前说他再也忍受不了"刀笔吏"的侮辱，就是因为当时的史官都是用刀笔在竹简上刻字来记录历史的。

除了这种方式之外，人们在养蚕缫丝的过程中使用漂絮法制取丝绵，漂絮之后篾席上的残絮可以累积成一层纤维薄片，晾干后剥离下来也可以用于书写，叫作方絮。至于直接在织好的缣（jiān）绢上用毛笔写字，那只能是王公贵族、大户人家才可以负担的奢侈行为。

书写材质的重大改良终于在东汉产生了，因为一个宦官：

蔡伦，字敬仲，东汉桂阳郡［今湖南省耒（léi）阳市］人。

卷入宫斗

蔡伦出生时恰逢班超弃笔从戎、准备出使西域的年代。蔡伦出身于一个铁匠世家，从小在乡学启蒙读书，熟读《周礼》和《论语》，少年时就满腹经纶。汉明帝末年，年仅十余岁的蔡伦入宫为太监。

> **乡学**：周代称王城和诸侯国都的近郊为乡，乡学指的是为乡国人子弟兴办的地方学校，后来泛指非贵族子弟学习的地方学校。

公元75年，汉明帝第五个儿子刘炟继位，是为汉章帝，并迎娶了大司空窦融的曾孙女窦氏为皇后。窦皇后出身名门，窦家与皇室有世代姻亲的关系。然而，这位容貌、才气和家世过人的窦皇后却一直没有孩子。她深感地位岌岌可危，于是把梁贵人的儿子刘肇认为养子，同时废了宋贵人的儿子皇太子刘庆，并逼迫宋贵人饮药自杀。

此时的蔡伦入宫已多年，赢得了窦皇后的青睐，成了传递诏令的小黄门宦官。他被卷入了逼迫宋贵人自杀的事件中，为自己后来的悲惨结局埋下了祸端。

章帝励精图治，与民休息，这一时期国家经济较为繁荣，与汉明帝统治时期合称"明章之治"。公元88年，33岁的章帝去世，年仅9岁的汉和帝刘肇继位，窦氏临朝称制，开始专权。蔡伦一跃升为中常侍，成了传达诏令、掌理文书、参与朝政的高等宦官。

窦太后对兄弟窦宪等人委以重任，窦氏外戚一时权倾朝野。蔡伦审时度势，并没有投靠窦氏，而是与其他高等宦官一起，在公元92年，帮助年仅13岁的汉和帝设计捕杀了窦氏及其党羽。经此一役，蔡伦获得了汉和帝的极大信任，被授以中常侍和尚方令的职位。

蔡侯造纸

尚方令是个什么职务呢？

大家听说过"尚方宝剑"，指的是皇家宝剑，代表最高权力。尚方指主管皇家制造的机构，通俗地说就是皇宫的作坊。这里集中了天下的能工巧匠，代表了当时制造业的最高水准。尚方令就是主管这个机构的官员。

西汉时期已经出现的方絮质地粗糙、表面不平，书写起来很不方便。尚方令蔡伦仔细研究，总结前人经验，改进了造纸技术与方法。

公元105年，蔡伦将造纸改进的方法写成奏折，连同纸张呈献皇帝，得到和帝的赞赏，诏令天下于朝廷内外使用并推广，人们便把这种纸称为"蔡侯纸"。

《后汉书·蔡伦传》如此记录这段历史："永兴九年，监作秘剑及诸器械，莫不精工坚密，为后世法。自古书契多编以竹简，其用缣帛者谓之为纸。缣贵而简重，并不便于人。伦乃造意用树肤、麻头及敝布、鱼网以为纸。元兴元年，奏上之。帝善其能，自是莫不从用焉，故天下咸称'蔡侯纸'。"

畏罪自杀

就在蔡伦献纸的第二年，汉和帝去世了，东汉开始进入下坡路。

【宦官和外戚交替专权】和帝依靠宦官势力对抗了外戚集团，在宫廷内设置了中常侍、黄门侍郎、大黄门、小黄门等各类职务，使得宦官集团进入了权力中枢。由于和帝本人执政严明、亲力亲为，虽然宦官手握大权，但并没有显现出大问题。然而，和帝之后的多位皇帝年幼继位或者早夭，致使东汉中后期**外戚与宦官专权**的问题此起彼伏。

和帝死后，儿子刘隆继位，成为我国历史上继位年龄最小的皇帝；他不满周岁便夭折，也是我国历史上寿命最短的皇帝，史称汉殇帝。邓太后无奈，将被废的皇太子刘庆的儿子，也就是被逼而死的宋贵人的孙子刘祜（hù）立为皇帝，是为汉安帝。

公元121年，邓太后死去，汉安帝执政，开始清算。蔡伦被人举报参与了逼死宋贵人并废太子的事件，被要求到法官那里认罪。蔡伦耻于受辱，整理衣冠后自饮毒药而死，享年58岁。他的一生可以被看作是东汉外戚与宦官争夺皇权的复杂斗争的缩影。

蔡伦是如何改进造纸技术的？

蔡伦尝试改进各种原材料，最终选择了用树皮、麻布、渔网等材料来造纸，扩展了造纸原料的来源。这样造出来的纸张质地平滑、轻薄柔韧，价格低廉，很快普及。

蔡伦造纸的程序分为四个步骤：

第一步是脱酸，通过蒸煮等方法让麻布、树皮等原料在碱液中脱酸，形成纤维状；

第二步是打浆，用切割或捶捣的方法切断纤维，使纤维成为纸浆；

第三步是抄造，把纸浆掺水制成浆液，捞浆后形成薄片状的湿纸；

第四步是干燥，把湿纸晒干。

蔡伦对纸张的改良，大大提高了书写的普及率。有了价廉物美的蔡侯纸，西汉就已经出现的松烟墨有了更广泛的用途。到了晋朝，印章出现，在印章的基础上，慢慢形成了拓印术乃至雕版印刷术。书写材料的不断改进和书写方式的不断平易化、流行化促进了知识的传播，为后世社会流动和文化繁荣奠定了物质基础。

蔡邕(yōng) 19

（133—192）
东汉末期文学家

元朝末年"南戏之祖"高明写过一部著名的剧作《琵琶记》，讲述了书生蔡伯喈（jiē）的故事。

蔡伯喈与赵五娘结婚后，其父蔡公逼迫他进京赶考，他满心不愿意地去考，结果中了状元。之后又被要求与牛丞相的女儿结婚，他不愿意，但拗不过牛丞相，只得结了婚。当官后他想念父母，想要辞官回家，朝廷不允许。这时候，他的原配妻子赵五娘熬过饥荒，一路行乞进京寻夫，最终两人破镜重圆。

《琵琶记》的主要戏剧冲突是蔡伯喈的"三辞三不从"，体现了封建知识分子在伦理道德责任上"忠孝难以两全"的现实困境。其实，历史上真的有过一位名叫蔡伯喈的知识分子，他的名气一点不亚于戏里的蔡书生。

蔡邕，字伯喈。陈留郡圉（yǔ）县（今河南省开封市尉氏县）人。东汉时期名臣，文学家、书法家。

少举孝廉

公元133年，蔡邕出身在书香门第，少年时即博学多闻、兴趣广泛，喜欢文学、数术、天文，还擅长音乐。蔡邕非常孝顺，他的母亲曾经卧病三年,他衣不解带精心伺候,母亲去世后,他就在墓旁盖了一间房子居住。乡里的人都称赞他品行好。由于良好的品行,蔡邕被举孝廉,推荐到地方任职,但蔡邕深感时局动荡,于是拒绝了推举。

拒绝了推举的蔡邕在家里潜心读书搞研究,在隶书书法方面达到了很高的造诣。他生平藏书多至万余卷,晚年仍存四千卷,这样的家风也熏陶了他的女儿蔡琰。

乱世为官

蔡邕拒绝做官也是受当时政治环境所迫,他生活的时代正值桓帝、灵帝宦官专权。桓帝末期,一些正直的官员不满宦官专权而抨击时政,被诬陷为"党人"。公元168年,汉灵帝即位时,外戚解除党禁,希望通过"党人"诛灭宦官,但是计划泄露失败。第二年,汉灵帝在宦官挟持下将"党人"及其

举孝廉是什么意思?

汉代选拔人才的制度叫作察举制,最早起源于汉高祖刘邦,后来被文帝和武帝以制度的方式确定下来,代替了先秦时期的世官制(世卿世禄制)。也就是说,一个人能不能被作为精英人才选拔出来做官,判断的标准不再是他的头衔和家世,而是周围的人对他的评价,尤其是对他在道德品行方面的评价,公认道德高尚、"贤良方正"的人才有资格被推举给朝廷。

亲属学生全部免官禁锢，史称"**党锢之祸**"。宦官集团在与外戚的斗争中占据上风，大批士人遭到残酷镇压。

党锢之祸以后，朝中几乎无人才可用。汉灵帝也意识到人才的缺乏，便于公元178年创立了鸿都门学。这是一所学习研究文学艺术的高等专科学校，也是我国最早的专科大学。然而，宦官集团借此机会打着学校的旗号培养自己的势力，召来了不少趋炎附势的小人。不满宦官干政的蔡邕直言进谏，又招致报复入狱并被流放。被赦免后仍然难以在朝中容身，于是远走江南，在吴地待了12年。

公元184年，<u>张角创立太平道</u>，率领众人掀起<u>黄巾军起义</u>，天下大乱，群雄并起，东汉政权风雨飘摇。

道教的产生

道教和道家思想有区别，但相互联系。

道家是"道教"的思想上游，道家是一种思想学派，而道教却是宗教，尽管它们都信仰"道"。

东汉时的公元142年，张道陵在蜀地创立了五斗米道，又称为天师道，成为道教最早期的一个宗教流派。公元184年，张角创立了太平道。这些流派以道家思想为大旗，声称能够给老百姓治病济困，实际上却用修道升仙、长生不死的说辞蛊惑人们，很快在社会的各个阶层都拥有了广泛的信众，之后经过数百年的改造发展，道教的经典教义和规范渐趋完备，新兴道派滋生繁衍，并得到统治者的承认，演变为成熟的正统宗教。

5年后，灵帝去世，地方大军阀董卓应召进京。董卓进入洛阳后，听说蔡邕很有名，就召他入朝为官，蔡邕推说有病不能去。董卓大怒，急令州郡征召，蔡邕不得已只好应命，被任命为代理祭酒。虽然董卓看重蔡邕的才学，但他性格暴躁、刚愎自用，很少采纳蔡邕的建议。

公元192年，董卓被司徒王允设连环计诛杀。董卓死后，蔡邕跟王允攀谈时不知不觉说起董卓来，因感其知遇之恩不由为之叹息。这个缺乏考虑的举动令王允勃然大怒，马上把蔡邕收押交给廷尉治罪。蔡邕立刻表示悔悟，请求受截断双脚的刑罚，只求继续完成汉史。当时很多士大夫都同情他，声援挽救，但是蔡邕最终还是死在了监狱里，死时60岁。

历史上真实的蔡伯喈远比戏里的蔡伯喈悲惨，但是他们作为知识分子被卷入政治斗争的旋涡所经受的巨大折磨和残酷命运是相似的。这也许是高明为《琵琶记》的主人公冠以蔡伯喈这个名字的缘故。

文姬归汉

蔡邕没有想到，他的女儿蔡琰比他的命运还要坎坷颠沛。

蔡琰，字文姬，是个神童，年少时在文学、音乐及书法方面的造诣已经令人惊叹。到了出嫁的年纪，蔡琰嫁给了一个叫卫道子的人，还没有生孩子丈夫就死了。不久，天下大乱，父亲被王允杀害，蔡琰跟随难民队伍流亡，却被劫掠到了匈奴。匈奴左贤王非常欣赏她的才貌，娶她为妻，她随即过上了草原民族的游牧生活。

尽管身为匈奴贵族之妻，蔡琰思念中原家乡的凄凉心境却弥久愈深，于是创作出了古琴名曲《胡笳十八拍》。胡笳是北部少数民族的一种气鸣乐器，此曲取名胡笳，是琴音融胡笳哀声的缘故。

蔡琰在匈奴待了12年，生下了两个儿子。与此同时，中原地区已然成

魏、蜀、吴三国鼎立之势，蔡邕的多年好友曹操称霸北方。后来，曹操的儿子魏文帝曹丕在《蔡伯喈女赋》序言中写道："家公与蔡伯喈有管鲍之好，乃命使者周近持玉璧与匈奴，赎其女还，以妻屯田郡都尉董祀。"蔡琰前有家乡、后有骨肉，在痛苦的两难选择中，最终告别孩子回到了中原。归汉时的蔡琰30多岁，在曹操的安排下嫁给了董祀。

蔡琰在乱世中三次嫁人，每一次婚姻都无法自己做主，这种被命运的巨浪不断甩掷却无能为力的情形，与《琵琶记》中的"三辞三不从"何其相似。

董祀中年以后因罪险些致死，在蔡琰的求情下得到了曹操的赦免，夫妻两人隐居起来安享晚年。蔡家本来有大量的藏书，但在乱世流离中毁坏殆尽，蔡琰凭记忆背诵出400多篇文章，并把这些文章誊写在纸上，终得保全一二。

20 司马懿

（179—251）
三国时期政治家

喜欢读《三国演义》的朋友都知道，三国时期的大文学家很多。诸葛亮的《出师表》彪炳千古，曹植的《洛神赋》翩若惊鸿，曹操更是留下了《龟虽寿》《观沧海》和《短歌行》等不少气象博大、文采斐然的诗歌。

大家可能不知道的是，"鹰视狼顾"的司马懿也写过诗。《晋书·宣帝纪》收录了他存世的唯一一首《燕饮歌》，写于魏明帝[即曹叡（ruì）]景初二年（238）：

"天地开辟，日月重光。遭遇际会，毕力遐方。将扫群秽，还过故乡。肃清万里，总齐八荒。告成归老，待罪舞阳。"

诗的前半部分纵横捭（bǎi）阖（hé），很有帝王的气象，也流露出了勃勃的野心；可是到了最后一句突然话锋一转，表明自己在大功告成之后一定会告老还乡、回到自己的封地舞阳等候皇帝的处置。文如其人，诗风的急转直下很能体现司马懿这个人的性格——有抱负、擅机谋、行事谨慎。正是这种性格，让他在东汉末年的乱世之中几经浮沉仍然笑到了最后，成了最后的大赢家。

司马懿，字仲达，河内郡温县（今河南省焦作市温县）人。三国时期曹魏政治家、军事家，西晋王朝的奠基人。

从汉到魏

司马氏的先祖在商朝以前袭承夏官这一职位，到了周朝，夏官改称为司马。周宣王时，司马先祖因为平定古国徐方（今江苏省徐州市）有功，被赐予司马为族姓。司马懿的十二世祖司马卬（áng）随项羽灭秦，受封殷王，建都河内，汉朝时成为河内郡，司马家族世代居住在此地。

司马懿的高祖父司马钧早在汉安帝时期就是征西将军，之后祖上一直为朝廷重臣，父亲司马防为京兆尹，可谓世代名门。

司马懿出生于东汉末年，董卓和蔡邕死去的那一年，司马懿13岁。北方群雄并起，军阀混战。公元200年，<u>官渡之战</u>爆发，曹操以少胜多战胜袁绍，为统一北方打下了基础。

公元208年，司马懿被曹操启用入仕，获得了文学掾（yuàn）的官职。就在这一年，曹操率军南下，与孙权、刘备联军发生了<u>赤壁之战</u>，曹军大败，为<u>三国鼎立</u>局面奠定了基础。

之后，曹操重心经营北方，由于曹操的封地邺城（今河北省邯郸市、河南省安阳市一带）属于魏郡，所以汉献帝封他为"魏公"。曹操封魏王后，以司马懿为太子中庶子以佐助曹丕，帮助曹丕在储位之争中获得胜利。

公元220年，曹丕登皇帝位，<u>建立魏朝</u>，定都洛阳，史称魏文帝，<u>汉朝灭亡</u>，进入<u>三国时代</u>。曹丕任命司马懿为尚书，不久转御史中丞，封安国乡侯。

司马懿辅佐曹丕进行了一系列的内政改革，其中最有名的便是人事制度改革——**九品中正制**。汉朝举孝廉为主的察举制在东汉末年已经难以为继，完全起不到选拔人才的作用。九品中正制在察举制基础上，明确了以中央为核心的人才选拔，由中央任命各州郡的中正官，再由中正官对其属地的贤能之人进行品评和考察，将人才按照德行能力分为九等。

九品中正制解决了原来选拔官吏无标准的问题，缓解了中央政府与世家大族的紧张关系，赢得了地方士族的支持，为魏晋实现全国统一打下了基础。但是这种制度执行到后来，慢慢演变成只从名门望族中选拔官吏，造成"上品无寒门，下品无士族"的情形，普通人家的子弟再也难以出头，影响了社会公平。

九品中正制是门阀制度的进一步加强，这种制度背景下，个人的出身背景对其仕途的影响远大于其本身的才能与专长。直到唐朝，这些门阀制度才逐渐被科举制度所替代。

公元226年，曹丕临终时，令司马懿与曹真等为辅政大臣，辅佐魏明帝曹叡。

交锋孔明

魏明帝即位后，司马懿并没有机会掌握军事大权，大权掌握在曹真手中。

公元228年，蜀汉丞相诸葛亮在平定了南方之后，决定北上伐魏。之前因关羽败走麦城被孙权杀掉，蜀将孟达被迫投降曹魏，但一直被曹魏的权贵排挤。诸葛亮于是请孟达的老朋友写信劝降，相约共同起事。

但是孟达做事松懈唐突，反叛的消息早早泄露了，司马懿听到消息后大吃一惊，情急之下没等明帝指示就带兵出发了。他领兵一路昼夜兼行，仅用了八天时间行 1 200 里，杀到了孟达驻守的房陵（今湖北省十堰市）城下。孟达仓促应战，十几天后他的手下便开城投降。孟达弃城而逃，死于魏军之手。

司马懿一战成名，尽管"将在外君令有所不受"，仍然得到了明帝的嘉奖。不久，大将军曹真去世，司马懿屡迁抚军大将军、大将军、太尉等重职，成了曹魏军政大权在握的重臣。他屡次挫败吴蜀的征伐，在关陇地区与诸葛亮对峙了多年。

《三国演义》中的"空城计"是孔明与司马懿之间直接交锋的精彩片段，历来为读者津津乐道。然而如前所述，诸葛亮第一次北伐的时候面对的魏军统帅是曹真，彼时司马懿还在新城平定孟达之乱，根本不在前线。"空城计"

司马懿

是罗贯中根据《三国志》的记载结合"三十六计"创作出来的故事,假作真时真亦假了。

由魏至晋

公元239年,魏明帝死后,托孤幼帝曹芳于司马懿和曹爽(大将军曹真的儿子)。曹芳继位后,司马懿遭到曹爽和何晏等人的排挤,做了无实权的太傅,无法参与政令决策。公元247年,长期受到排挤打压的司马懿称病回家,暗中却与儿子司马师、司马昭等人准备发动政变。

一直装病的司马家族长期等待的机会终于来了!

公元249年,少帝曹芳拜谒位于高平陵的魏明帝之墓,曹爽及大量亲信随同前往,洛阳防务空虚。司马懿率领私藏的死士部队迅速出动,以郭太后的名义下令关闭城门,率兵占据武库,并派兵出城据守洛水浮桥,控制了京都洛阳。

紧接着,司马懿派人向曹芳痛陈曹爽的罪行。曹爽大惊失色,竟不知如何应对,司马懿又派人敦促曹爽认罪,允诺为他保留爵位。这时候,曹爽的智囊桓范劝说曹爽挟天子以令天下,调兵围攻洛阳逼司马懿投降。曹爽等人却全无斗志,只想投降司马懿,以期保全性命和爵位。桓范痛哭道:"曹子丹(曹真)这样有才能的人,却生下你们这群猪牛一样的兄弟!"

果不其然,司马懿稳定了洛阳局势后立刻撕毁诺言,把曹爽兄弟、何晏及桓范等人都逮捕入狱,以大逆不道的罪名诛灭三族。自此,曹魏的军政权力落入司马氏手中,史称**高平陵事变**。

两年后,司马懿病逝,享年73岁。

由于司马懿的大儿子司马师的封地在太原、上党(今山西省长治市)一带,故称为晋王。司马师去世后,司马懿次子司马昭袭了哥哥的爵位,仍称晋王。公元260年，司马昭全面掌握中央权力，他在魏帝曹髦（máo）被弑后立曹奂为帝，"司马昭之心路人皆知"。公元263年，司马家族控制的**魏国灭蜀汉**。

公元265年，司马昭之子司马炎代魏称帝，国号晋，**以洛阳为都**，**史称西晋**，**魏国灭亡**。

司马昭被追封为晋文帝，庙号太祖。司马懿被追封为晋宣皇帝，庙号高祖。

21 刘渊

（约250—310）
西晋汉赵开国皇帝

公元264年，司马昭的家里来了一位匈奴人。

这个匈奴人是西汉时期匈奴首领冒顿单于的后代。大家如果还记得的话，这位冒顿单于曾经率军把汉高祖刘邦围困在白登山上，差点让西汉王朝还没有开始就宣告结束。解了白登山之围后的刘邦急忙采取和亲政策，把宗室之女作为公主嫁给了冒顿单于，并与他互称兄弟。从此以后，很多归附汉朝的匈奴贵族常常以刘氏为姓。

司马昭家里的这位匈奴人本姓挛（luán）鞮（dī），汉名叫刘渊，字元海，后来成为东晋十六国汉赵的开国皇帝。

入汉为质

早在东汉末年黄巾军起义时，南匈奴单于就派他的儿子于扶罗率兵援助东汉，驻扎在河内郡。于扶罗死后，他的弟弟继位，任命于扶罗之子刘豹为左贤王，刘豹就是刘渊的父亲。后来，曹操将南匈奴的兵众分为五部，任命刘豹为左部帅，其余部帅也都由刘姓担任。

司马懿病逝的时候，刘渊刚出生不久。他年幼时就非常聪慧好学，能文能武，尤其擅长射箭。公元264年，为了防止匈奴叛乱，曹魏政权要求匈奴派人质留在洛阳。年仅十余岁的刘渊与族人告别，住在了洛阳城。由于他仪表堂堂、才干出众，从小又深受儒家文化的影响，饱读诗书，因此得到了司马昭等权臣和众多贵族的赏识与厚待。

汉末晋初，由于常年征战，中原丧失了大量人口。曹操在《蒿里行》中描绘当时是"白骨露于野，千里无鸡鸣。生民百遗一，念之断人肠"。因此，这一时期边塞投降的胡人被吸纳进中原各郡来填充户口，增加劳动力。

西晋代魏之后，人们发现这些胡人与汉人矛盾摩擦不断，造成了很大的社会隐患。御史郭钦于是向晋武帝司马炎上书，建议将胡人迁往边地，"渐徙内郡杂胡于边地，峻四夷出入之防，明先王荒服之制，"以保障内地的安

刘渊

全。晋武帝没有采纳他的建议。

公元279年,刘豹去世,刘渊子承父业,代理左部帅。晋武帝准备对刘渊委以重任,让他去平定东吴。但朝中大臣孔恂(xún)激烈反对,认为"非我族类,其心必异。渊才器诚少比,然不可重任也"。晋武帝两次准备重用刘渊,都被阻止了,刘渊难免有些心灰意冷。

公元280年,晋武帝派八路大军南下进攻吴国,<u>吴国灭亡</u>,<u>三国归晋</u>,我国进入了短暂的统一格局。

公元289年,刘渊升任北部都尉,在任期间赏罚严明、管理有方,加之他慷慨大方、仗义疏财,各地的豪杰名士纷纷前来投奔,门下一时人才济济,开始积累自己的势力。第二年,晋武帝驾崩,他的儿子晋惠帝司马衷继位,刘渊被任命为建威将军,总领匈奴五部。

趁乱立国

晋武帝在世时,为了避免像魏国那样,出现因宗族势力不够强大皇帝被篡权的情况,开始大肆分封子嗣,各地司马氏的势力崛起。但是宗族势力强大后,如果皇帝没有雄才大略控制这些宗族,也会出现大麻烦。

晋武帝选的继承人晋惠帝实在是一个不称职的皇帝,智力低下、昏庸无能,竟然认真地询问饥荒中的百姓为什么不喝肉粥充饥("何不食肉糜")。皇后贾南风于是与楚王勾结发动政变,拉开了<u>"八王之乱"</u>的序幕。

从公元291—306年,西晋统治集团内部互相残杀了整整16年。天下大乱,经济崩溃,盗贼蜂起,隐藏的民族矛盾迅速爆发。

刘渊的机会来了!

这时候,匈奴贵族等人密谋自立,推举刘渊起事,复兴匈奴国。公元304年,当了人质40年的刘渊,终于找到机会回到匈奴领地。一回到自己的地盘，刘渊就称大单于，自称为汉朝宗亲，决定打着恢复汉室的旗号造反。刘渊定国号为汉，定都离石（今山西省吕梁市），史称汉赵。

刘渊追蜀汉后主刘禅为孝怀皇帝，建造汉高祖以下三祖五宗的神位进行祭祀，发文曰："昔我太祖高皇帝，以神武应期，廓开大业……司马氏父子兄弟，迭相残灭，黎庶涂炭，靡所控告。孤今猥为群公所推，绍修三祖之业……但以大耻未雪，社稷无主，衔胆栖冰，勉从群议，特此令知。"大概意思是："我的太祖刘邦开大汉基业，后来遭到曹魏篡汉，如今司马家族自相残杀、生灵涂炭，造成社稷无主，大家只得推选我刘渊来光复汉室。"

刘邦如果泉下有知，看到一个匈奴人奉自己为先祖，打着他的旗号光复汉室，不知道做何感想？

东晋十六国

公元308年，刘渊正式称帝，迁都平阳（今山西省临汾市）。数年内就将汉赵版图扩展到山西和陕西境内。两年后，刘渊去世。刘渊死后，太子刘和继位。不久之后，刘渊的另一个儿子刘聪杀掉了刘和，自立为皇帝。之后，刘聪葬刘渊于永光陵，上谥号为光文皇帝，庙号高祖。

尽管刘渊建立的汉赵政权只是一个地方政权，但是它打开了少数民族脱离中央建立政权的潘多拉之盒。此后短短的100年间，我国大地上先后出现了16个民族政权。

人们把这段历史时期称作"**五胡乱华**"。在北方各地，内迁的各族人口逐渐占据了当地总人口的很大一部分比例。这些政权的建立加速了我国北方的民族大融合，深刻影响了历史的进程。

五胡十六国

前赵（匈奴）、后赵［羯（jié）］、前燕（鲜卑）、前凉（汉）、前秦（氐）、后秦（羌）、后燕（鲜卑）、西秦（鲜卑）、后凉［氐（dī）］、南凉（鲜卑）、西凉（汉）、北凉（卢水胡）、南燕（鲜卑）、北燕（汉）、夏（匈奴）、成汉（巴氐），总称为"**十六国**"……

谢安

（320—385）
东晋政治家

大家对唐朝诗人刘禹锡的诗作《乌衣巷》应该比较熟悉了："朱雀桥边野草花，乌衣巷口夕阳斜。旧时王谢堂前燕，飞入寻常百姓家。"朱雀桥和乌衣巷都在现在的南京市，秦淮河边还有这两个地方的旧址。

诗中的"王谢"指的是东晋南北朝时期的两大家族——陈郡谢氏家族和琅（láng）琊（yá）王氏家族。王氏家族的著名人物有大书法家王羲之、王献之父子，而谢家的代表人物就是如下这位：

谢安，字安石，陈郡阳夏（今河南省周口市太康县）人。东晋时期政治家、名士。

衣冠南渡

公元306年，"何不食肉糜"的晋惠帝死了，晋怀帝司马炽嗣位，改元永嘉。汉王刘渊派遣大将军石勒（之后创立后赵政权）率军大举南侵，屡破晋军。公元311年，刘聪再次攻晋，趁洛阳空虚之际和兵攻破，杀害官员百姓3万余人，掳走晋怀帝，史称永嘉之祸。两年后，晋怀帝被刘聪杀死，其侄晋愍（mǐn）帝于长安继立帝位。公元316年，晋愍帝困于长安城内，弹尽粮绝之下只身出城请降，<u>西晋灭亡</u>。

早在中原王朝局势混乱的公元307年，琅琊王司马睿就与北方大士族领袖王导一起，带领士族渡过长江来到建业（今江苏省南京市），史称衣冠南渡。由于古代士以上戴冠，因此"衣冠"可以用来代指缙绅，即士族阶层。从此，晋室的政治中心逐渐南移到江东。

公元318年，晋愍帝的讣告传到江东，司马睿即皇帝位，改元太兴，是为晋元帝，<u>史称东晋</u>。司马睿即位后，由于自己声望不够，且到了南方自己根基并不深，只得依赖当时大士族琅琊王氏的王导、王敦兄弟的支持，司马氏通过王氏家族来平衡与南方大士族之间的关系，百姓称之为"王与马，共天下"，从而稳定了东晋政权，维持了偏安的局面。

然而这种治理方式有严重的弊端，司马氏中央权力旁落，大家族把持朝政，为东晋政治格局的动荡埋下了伏笔。

镇安朝野

衣冠南渡的队伍里也有谢氏家族。谢安出生的时候，晋元帝在建康（由建业改名为建康）立国不久，北方汉赵的大将石勒起兵，建立了后赵。

谢安童年时便神态沉着、思维敏捷，得到当时宰相王导的器重，在上层社会中享有较高的声誉。然而谢安对高官厚禄并不感兴趣，几次征召他做官，他都称病推辞了。后来他干脆隐居到会稽郡（今浙江省绍兴市）的东山，与王羲之、支道林等名士名僧交游，颇为怡然自得。

《世说新语·雅量》记载：谢安在东山居留期间，时常和王羲之等朋友一起坐船到海上游玩。有一次遇上风暴，海面波涛汹涌，友人皆惊恐失色，纷纷提议拨转船头返回，谢安却神情自若、纵声吟啸。过了一会儿风势更大了，众人都急得站起来喧哗，谢安慢条斯理地说："如此，将无归？"大家听了他的话才安静下来,最终安全返回。这件事之后,大家都认为谢安的气度能够"镇安朝野"。

公元359年,谢安的弟弟谢万北伐前燕时工作失误,被免为庶人,这让谢氏家族的声望受到了很大影响,此时已年届四十的谢安不得不考虑从隐居的东山出来做官,从此,人们就把再度出任重要职位或者掌握极大权力称作"东山再起"。

谢安在征西大将军桓温帐下担任司马一职,当时的朝政几乎由桓温一手把持,先后废立了几个皇帝。公元373年,桓温去世,谢安升任尚书仆射,总领吏部事务,开始执掌朝政。

与此同时,长江以北正在经历深刻的变化。氐人建立的**前秦政权**在第三任皇帝苻坚的治理下日益强盛。苻坚重用汉人丞相**王猛改革**,整顿吏治,厉行法治,加强集权,招抚流民,减赋降税,大力兴办学校,提倡儒学。这些汉化政策的推行减缓了前秦境内胡汉之间矛盾,促进了社会稳定与经济繁荣。公元357—376年,前秦先后消灭了前燕、前仇池、前凉、代国等国,统一了北方。实现北方统一之后,苻坚开始对长江南岸的东晋政权动起了心思。

淝水之战

苻坚不听前丞相王猛死前的嘱托,于公元383年率领着号称百万的大军南下,志在吞灭东晋、统一天下。大军压境,建康震恐。谢安任征讨大都督,派本家族的谢石、谢玄、谢琰等子侄后辈率兵前去抵御。

前丞相王猛对前秦的巨大贡献令苻坚对自己重用汉人的政策充满了信心,于是派出另一位汉人官僚朱序前去劝降晋军大都督谢石。

朱序本是晋将,在公元379年的一次对秦战争中兵败被俘,苻坚欣赏他的气度，不但没有惩罚他，反而任用他做官。在淝水之战以前，朱序已经做到了前秦尚书的高位。哪知道，朱序一回到江南，就一心归晋，他见到谢石后，披露了前秦的作战方案，建议东晋军队先发制人。

谢石听从了他的建议，领精兵渡过淝水（位于今安徽省淮南市寿县与合肥市肥西县之间）突击。正当前秦军队战术性后撤时，朱序突然在后方大呼："秦军败了！"前秦军队瞬间大乱，士气瓦解，晋军趁机发起了攻击，以7万战胜了前秦15万大军，在阵前斩杀了苻坚的弟弟、前秦大将苻融。<u>淝水之战</u>是历史上又一起"以少胜多"的著名战役，也是三国两晋南北朝时期三大以少胜多的战役（官渡之战、赤壁之战、淝水之战）之一；在对这场战争的描述中，诞生了"投鞭断流""风声鹤唳""草木皆兵"等流传至今的成语。

谢安

淝水之战的捷报送到都城时，谢安正在与客人下棋。"看书既竟，便摄放床上，了无喜色，棋如故。"客人十分好奇，询问信上写了什么，谢安淡淡地说："小儿辈遂已破贼。"下完了棋，客人走了，谢安这才收起淡定的姿态，高兴地快步走进房间，木屐的屐齿在门槛上碰断了都毫无察觉。

公元384年，谢安乘胜起兵北伐。侄子谢玄负责东路，率领北府兵自广陵（今江苏省扬州市）北上，一路收复了兖（yǎn）州、青州、司州、豫州，桓氏则从中路和西路出兵攻克了洛阳等地，收复了梁州和益州。至此，前秦和东晋两个政权之间淮河—汉水—长江一线的界线被大大北推，改成了以黄河为界；整个黄河以南地区重新归入了东晋的版图。前秦政权由于淝水战败而崩溃，北方又陷入新一轮的分裂，无暇南顾，晋室得以喘息存续。

谢安因功名太盛被晋孝武帝猜忌，被迫前往广陵避祸。公元385年，谢安病逝，享年66岁。获封太傅、庐陵郡公，谥号"文靖"。

小论文 什么是魏晋风度？

典籍文献中的谢安总是表现出泰然潇洒、镇定自若的样子，这种气度是魏晋时期士大夫阶层极为推崇的精神面貌，或曰"魏晋风度"。

鲁迅先生在《魏晋风度及文章与药及酒之关系》中指出，魏晋时期的文学经历了从汉末魏初的"清峻、通脱、华丽、壮大"到东晋以后流为清谈的转变。

这与魏晋时期的政治黑暗有很大的关系。三国以后，中原大地陷入长期动荡——大一统消解，北方少数民族林立，南方司马家族偏安一隅，斗争频仍，门阀世家大族成为政治生活的主导力量。

信仰儒家思想的传统知识分子精英空怀报国之心，既无法打破贵族对权力的垄断，又不能完全地退隐遁世，因此陷入精神上的极度苦闷，只能空谈玄学，在服药饮酒中放浪形骸。

汤用彤先生的《魏晋玄学论稿》这样描述："汉末以后，中国政治混乱，国家衰颓，但思想则甚得自由解放。此思想之自由解放本基于人们逃避苦难之要求。故混乱衰颓实与自由解放具因果之关系。"

有意思的是，尽管对于魏晋时期的士大夫本人而言，他们的人生充满无奈和不堪，相当黑暗；但是他们为了"苟全性命于乱世"而表现出的与政治保持距离、旷达放浪、不拘小节的态度反而成为后世文人的楷模，魏晋"风流名士"也成为我国知识分子心心念念的理想人格。

刘裕

（363—422）
东晋末期政治家、南朝宋武帝

公元1205年，大诗人辛弃疾站在京口（今江苏省镇江市）北固山上眺望着滚滚长江，忧心忡忡。这一年，他已经66岁了，刚刚被重新起用，担任镇江知府，戍守京口。宰相韩侂（tuō）胄（zhòu）准备发动北伐，然而朝廷内部政治斗争复杂险恶，金人兵强马壮、虎视眈眈，这一切都让北伐的决定显得前途莫测、吉凶未卜。辛弃疾怀着复杂的心情提笔写下《永遇乐·京口北固亭怀古》，词曰：

"千古江山，英雄无觅，孙仲谋处。舞榭歌台，风流总被，雨打风吹去。斜阳草树，寻常巷陌，人道寄奴曾住。想当年，金戈铁马，气吞万里如虎。

元嘉草草，封狼居胥，赢得仓皇北顾。四十三年，望中犹记，烽火扬州路。可堪回首，佛（bì）狸（lí）祠下，一片神鸦社鼓。凭谁问：廉颇老矣，尚能饭否？"

这首传世佳作以丰富的典故而闻名，涉及从两汉三国到两晋南北朝时期的众多历史人物。其中，上阕里辛弃疾赞为"气吞万里如虎"的"寄奴"便是南朝刘宋开国君主刘裕。

刘裕，字德舆，小名寄奴，彭城郡彭城县人（今江苏省徐州市）。东晋至南北朝时期杰出的政治家、改革家、军事家，刘宋武帝。

入伍北府

公元363年，伴随刘裕出生的是他母亲的难产去世。父亲刘翘收入微薄、家境贫寒，觉得养不起这孩子，准备把他卖掉。好心的姨娘收养了刘裕，给他起了个小名叫"寄奴"。

刘裕生性顽劣，从小就爱打打闹闹，一有机会就报名参军，加入了东晋刘牢之为帅的北府兵。北府兵为了抵御前秦而设，由谢安的侄子谢玄招募组建，是东晋用来征讨各方的一支精锐部队。公元385年，谢安去世的时候，刘裕刚刚入伍不久。

公元396年，沉溺于酒色的晋孝武帝司马曜（yào）突然驾崩，他的儿子司马德宗即位，是为晋安帝。晋安帝的叔叔司马道子把持朝政，道子的儿子司马元显穷奢极欲、横征暴敛，激起了各地的强烈反对。此时，刘裕凭借自身的聪明勇猛，被北府军首领刘牢之赏识，提拔为将。

匡扶晋室

公元399年，五斗米道士孙恩趁东晋朝野混乱，在会稽起兵造反，东南八郡纷起响应。东晋朝廷派出谢安的次子谢琰与刘牢之一同前往镇压，刘裕一马当先，击溃了起义军，并乘胜收复了会稽。两年后，孙恩卷土重来，攻克会稽，杀死谢琰，刘牢之再次领兵东征。刘裕将孙恩一直追赶到海边，迫其投海而死，最终平定了孙恩起义。几番征战中，刘裕屡充先锋，不仅作战勇猛，而且指挥有方；他领导的军队军容整肃、法纪严明。凸显的军事才能令他很快进入了北府军高级将领的队伍。

公元403年，东晋权臣桓温之子桓玄篡位，逼迫晋安帝禅让帝位，改国号为楚，史称桓楚。第二年，刘裕以打猎为名聚集北府兵残兵在京口举兵起义，众人推刘裕为盟主，传檄四方。两年后，刘裕率领北府兵与桓玄做斗争，最终桓楚被灭。刘裕迎回了晋安帝，恢复了晋朝统治。

严格来说，从公元403—405年这两年，晋朝的统治是被推翻了，取而代之的是桓楚政权，由于这个政权实在是过于短暂，且毫无建树，因此不被承认。有拥立之功的刘裕受封为豫章郡公，后获授侍中、车骑将军等官位，逐渐掌握朝政大权。

气吞万里

不断加官晋爵的刘裕在战场上高歌猛进。公元409年灭南燕；公元416年灭后秦，降服仇池。

在灭南燕的战斗过程中，刘裕深感南人面对北方铁骑的无能为力。此时，马镫已经发明，正在逐渐普及，北方少数民族战斗力因此成级数增长。南方不但缺少马匹，地理条件也不适合骑兵作战。在与北方铁骑的反复交战中，刘裕自创了新颖的布阵方法"却月阵"。该阵法依托河流为月弦，呈弧形摆布战车，步兵骑兵结合。

依靠攻守兼备的却月阵，刘裕大破北魏铁骑，收复淮北、山东、河南、关中等地，光复洛阳、长安两都；凭借着巨大的军功总揽东晋军政大权，官拜相国，封宋王。公元419年，刘裕派人令晋安帝自缢，立安帝同母弟弟司马德文为帝，是为晋恭帝。第二年，晋恭帝将帝位禅让于刘裕。刘裕代晋自立，定都建康，国号为"宋"，<u>东晋灭亡</u>，我国进入了<u>南北朝时期</u>。

魏晋以来，权力为豪强大族把持，皇室贵族奢华之风极盛。刘裕出身贫寒，很了解老百姓的生活，自己生活得十分简朴。他整顿户籍制度，厉行"土断之法"，抑制土地兼并，轻徭薄赋，废除苛捐杂税，与民休息。

> 土断：即"以土著为断"，是一种户籍管理办法。这种办法划定州、郡、县等不同领域，按居民的实际居住地编定他们的户籍，控制人口流动。

以前中央和地方的大权都掌握在王、谢、庾、桓这些世族手中，许多无德无能的人只依靠门第也能忝居高位。刘裕以寒门庶族的身份，靠自己的智慧和勇气打天下，他执政后要求按照九品中正制最初设置时的精神选拔人才，使许多平民家庭的孩子也能够出头，出现了"寒人掌机要"的政治格局。刘裕的文治武功开创了江左六朝疆域最辽阔的时期，为后来的繁荣打下了坚实的基础。

刘裕统一南方的同时，北方的劲敌北魏正值魏明元帝拓跋嗣治下。北魏是鲜卑人的政权，由道武帝拓跋珪在公元386年建立。公元409年，拓跋珪的儿子拓跋嗣登基为帝，他北伐柔然取得胜利，向南将实力范围拓展到河南，与东晋及刘宋接壤。深感威胁的刘裕计划先发制人，北伐北魏，然而尚未出师却因病逝世，享年60岁。

拓跋嗣趁机亲率大军南征，连续攻克虎牢等黄河南岸要地以及青州、兖州等地，辟地300里，进逼刘宋领土。亲征中的拓跋嗣积劳成疾，旧病复发，返回平城不久就去世了。其长子拓跋焘（tāo）即位，是为北魏太武帝。

刘裕终止了东晋后期的政治乱局，与北部的北魏共同开启了南北朝的序幕，南北两大政权接下来对峙了100余年。

元嘉草草

刘裕死后,太子刘义符继位为宋少帝。公元424年,辅政大臣发动政变将其废黜并杀害,百官上表迎刘裕的第三子刘义隆为帝,改元"元嘉"。刘义隆即位后剪除权臣、抑制豪强、鼓励农桑,开创了和平繁荣的时代,史称"元嘉之治"。

然而,刘裕未能实现的北伐梦想仍然在他儿子的心中激荡着。待国内稳定之后,刘义隆毅然决定北伐北魏,试图重现霍去病在狼居胥山筑坛祭天的无上荣光。但由于轻敌冒进,三次北伐不但没有成功,反而让北魏抓住了机会接连进攻,把刘宋打得惨败。

当辛弃疾站在南宋回望刘宋的历史时,他多么希望自己所服务的皇帝像刘裕啊!然世事不能如人所愿,南宋终究输掉了北伐金国的战争,难逃仓皇北顾的命运。

南朝国号的来源

宋,宋朝开国皇帝刘裕家族世居彭城,是春秋时期宋国的旧地,所以刘裕建国号为宋。

齐,国号来源于谶纬之说,《谶书》云:"金刀利刃齐刘之",意即"齐"将取代"宋"。

梁,以梁朝开国皇帝萧衍封地在古梁郡,故定国号为梁。因皇室姓萧,又称萧梁。

陈,陈朝开国皇帝陈霸先废帝自立,定国号为陈,以陈代梁,建立陈朝。这是直接以自己的姓氏为国号。

24 冯太后

（441—490）
北魏政治家、改革家

位于山西省大同市以西16千米处的云冈石窟是我国著名的世界文化遗产。石窟规模宏大、气势雄浑，造像和绘画艺术水平极高。在45个主要洞窟里，第五窟和第六窟颇为特别，是毗连双窟。第五窟里供奉着云冈石窟中最为高大的石佛，而第六窟却是一座华丽的佛母塔洞。

第六窟所敬献的便是北魏王朝杰出的女政治家和改革家冯太后。她祖籍长乐郡信都县（今河北省衡水市冀州区），是文成帝拓跋濬（jùn）的皇后、献文帝拓跋弘嫡母、孝文帝元宏嫡祖母，却没有在历史上留下名字。

北魏崛起

北魏于公元386年由鲜卑族首领拓跋珪建立，早期称代国，不久拓跋珪称魏王。鲜卑族拓跋部原本居住在大兴安岭附近，班超经营西域后，北匈奴被迫西迁，拓跋部借此机会逐渐西移，进入了原本由匈奴占据的漠北地区。在西晋末年的混乱中，拓跋氏还曾经襄助西晋抗击过刘聪和石勒的大军，被西晋封过王。

公元398年，拓跋珪正式定国号为"魏"，史称"北魏"。

第二年，拓跋珪将国都从盛乐（今内蒙古呼和浩特市）迁到平城（今山西省大同市）。经过明元帝拓跋嗣、太武帝拓跋焘的励精图治，北魏领土不断扩展。

在统一北方的过程中，北魏消灭了很多地方政权，其中最晚被消灭的政权叫作北燕。北燕原由鲜卑族慕容氏建立，后被汉人冯跋（bá）篡位；冯跋的弟弟冯弘继位后，册立后燕皇族之女慕容氏为后。由于畏惧宫廷斗争，冯弘的儿子冯朗逃到了北魏，之后北燕被北魏所灭。公元439年，<u>北魏统一北方</u>，结束了十六国以来的分裂格局。

就在南朝宋开国皇帝刘裕死后19年的公元441年，冯朗家出生了一个小女孩。历史上没有记载她的名字，只以姓呼之，叫作冯氏。几年后，冯朗因罪被杀，年幼的孤女冯氏就被送到北魏太武帝拓跋焘的掖（yè）庭充为奴婢。在这里，这个女孩子开启了自己坎坷而光辉的人生。

太后临朝

公元452年，太武帝拓跋焘的孙子文成帝拓跋濬即位，即位时只有13岁。12岁的冯氏被选为文成帝的贵人，4年后，被文成帝册封为皇后。

拓跋濬聪慧敏达、少年老成，被《魏书》等史书评价为"机悟深裕、矜济为心……有君人之度"。他不拘民族成分，重用汉族官僚；废除了太武帝拓跋焘对佛教的禁令，准许各州县立佛寺。他请来原本在凉州修禅的昙曜法师，尊为帝师，在京师平城西北的武州山南麓开凿五所石窟，每窟中雕凿石佛像一座，这便是云冈石窟的雏形。在他的统治下，北魏国内矛盾缓解、经济平稳，为后来的改革和发展打下了基础。

早在拓跋珪建立北魏后，为了防止外戚专权，他学习汉武帝赐死钩弋夫人的旧例，规定了北魏凡后妃所生之子册立为储君，生母皆要赐死，以防重蹈汉朝外戚专权的覆辙，被称为"子贵母死"。太子拓跋弘是拓跋濬与李氏所生之子，李氏被赐死之后，冯皇后便担当起了养育之责，将拓跋弘视若己出。公元465年，拓跋濬突然病逝，年仅25岁。冯皇后悲痛欲绝，甚至在葬礼后的"烧三"仪式上扑入火堆赴死，最终被抢救了过来。

文成帝死后，年仅12岁的皇太子拓跋弘即位，是为献文帝，冯皇后被尊为皇太后。这时候，车骑大将军乙浑密谋篡位。冯太后不动声色，调遣军队迅速捕杀乙浑，夷其三族，随后宣布临朝称制，自己掌握了实权。

公元467年，皇太孙拓跋宏出生，冯太后决定停止临朝，让14岁的献文帝亲政，自己则担负起了抚养皇孙拓跋宏的责任。献文帝亲政后大展拳脚、颇有作为，对内稳定社会、发展经济，对外亲征柔然，打了很多胜仗。但是他提拔了许多冯太后不喜欢的人，还杀掉了她的男宠，与养母产生了重大矛盾。

公元471年，献文帝被迫禅位给不满5岁的儿子拓跋宏，做了太上皇。这一年，拓跋弘只有18岁，也成为我国历史上最年轻的太上皇。五年之后，拓跋弘驾崩于永安殿，年仅23岁。冯太后以太皇太后的身份再度临朝听政，与孙子孝文帝拓跋宏一起携手开启了北魏历史上最繁盛的时代。

汉化改革

第二次执政的冯太后36岁了，过去20年间的惊涛骇浪已经将她历练成了经验丰富的政治家，足以支持她进行大刀阔斧的改革。

当年道武帝拓跋珪初入中原时，拓跋鲜卑为了缓解鲜卑与汉族的矛盾，实施胡汉分治：朝廷任用汉族官员，形成了鲜卑贵族和汉族共同执政的局面。然而，拓跋珪死后，鲜卑贵族常常掠夺和欺压汉人来获取财物，民族矛盾日益尖锐,农民起义不断爆发。

孝文帝登基以后,面对尖锐的民族问题,兼有胡汉两族血统的冯太后终于找到了破解民族矛盾的办法——汉化改革,史称"**太和改制**"。

> 【太和改制】首先,改变过去鲜卑贵族靠军功获得大量封赏的规则,恢复中原实行的百官俸禄制,从农民上缴的税收中产生官员的俸禄,提高汉族官员的待遇,并促使贵族和官员更加重视农业生产。其次,实行均田制,把国家名下的无主荒地分给农民耕种,并且承诺耕地越多赋税越低,极大地提高了农民的生产积极性。再次,对农业人口实施三长制的监管办法,依次以邻里乡党作为单位管理人口。

太和改制使得北魏王朝的汉化改革走上了快车道,不再仅仅是使用汉人官僚,而是从制度到文化全面地与中原融合,其生产方式也因此由农牧混合转变为农业,从而完全成了封建帝国。

公元490年,冯太后病逝,享年50岁,安葬于永固陵,谥号文明,史称"文成文明太后"。在祖母的教导和垂范下长大的孝文帝正式亲政,继续推进改革。公元494年,孝文帝以南伐为名**迁都洛阳**,全面推行汉化措施,改革鲜卑旧俗:规定朝廷必须使用汉语,禁用鲜卑语;以汉服代替鲜卑服;读汉书;改汉姓,自己改拓跋为元;鼓励鲜卑贵族与汉人士族联姻,史称【**孝文帝汉化改革**】。

【北魏孝文帝改革成功的原因】顺应了生产力发展的趋势；符合民族交融的趋势和各族人民的愿望；内容全面，措施得当；以冯太后太和改制为基础，以孝文帝的胆略和强权为保障。

【北魏孝文帝改革的隐患】在这个改革过程中，大量鲜卑贵族的实力遭到了削弱，而鲜卑族的底层军官和士兵本来就不是改革的受益者，尤其是北方军镇的少数民族将士生活日益窘迫。这也为孝文帝迁都洛阳之后，北方边防重地的动乱埋下了伏笔。

在政治上，孝文帝是冯太后忠实的继承者和学生。但是从亲情的角度来看，孝文帝眼睁睁看着父亲与祖母水火不容，最终父亲离奇英年早逝，祖母呕心沥血将自己抚养长大，他对祖母的感情是非常复杂的。在痛苦而矛盾的心情驱使下，孝文帝选择以在云冈修建毗连双窟的方式，同时向父亲和祖母致敬以及祈福——第五窟的大像献给父亲献文帝，第六窟的佛塔则献给祖母冯太后。

小论文
佛教传入我国的历史与趣事

公元前6世纪，佛教由乔达摩·悉达多创立于印度。公元前3世纪，印度孔雀王朝的阿育王大力普及佛教，并派遣高僧去世界各地进行传教，佛教逐渐成了世界性宗教。

公元1世纪中叶，东汉汉明帝时期，佛教在西域流传起来，并沿着丝绸之路向东传入内地。汉明帝闻西方有异神，于是派遣使者赶赴天竺求法，归来后专门在洛阳建立佛寺，命名"白马寺"。洛阳白马寺成了我国汉地最早的佛寺，这里随后诞生了我国第一部汉译佛典《四十二章经》。

公元250年，从印度来了一位高僧，名叫昙河迦罗，他来到当时魏国管辖的洛阳翻译经书，并在洛阳的白马寺设戒坛，欢迎汉人登坛受戒。

谁是第一个登坛受戒的人呢？此人名叫：朱八戒。

朱八戒，原名叫朱士行，出身在河南颍川的一个贫民家庭。"八戒"是他出家受戒之后的法号，他于是成了我国历史上第一位汉族僧人，也是第一位西行取经求法的僧人，后来也成长为了一位高僧。《西游记》设置猪八戒这个人物，其实是有历史渊源的。

佛教作为舶来品，一开始并没有许多信众。东汉末年，打着道教旗号的黄巾军起义席卷全国后遭到激烈镇压。直到魏晋，社会持续动乱，贫富差距极大；统治阶级一直打压道教，以免其为起义所利用。在这种情况下，佛教宣传的"业报"和"轮回"等观念成为乱世中底层百姓的重要精神寄托,也为在黑暗政治中难有作为的士大夫提供了心灵上的避难所。

于是,佛教在东晋后期迎来了快速发展的机会。大量外国僧侣来往于洛阳和建业。这个时候,从西域来了一位高僧,叫鸠摩罗什。

鸠摩罗什祖籍印度,在西域的龟兹国长大,7岁出家,年轻的时候就已经是西域有名的高僧。前秦苻坚的手下攻打西域时,把鸠摩罗什劫到了关内,他就一直滞留在凉州(今甘肃省武威市)着手翻译经书。他翻译了包括《大品般若经》《妙法莲华经》《阿弥陀经》《金刚经》在内的大量佛教经典著作,为汉语注入了大量新词。我们现在经常使用的词语,例如:世界、烦恼、苦海、心田、未来、魔鬼、一尘不染、天花乱坠、想入非非、粉身碎骨……都是鸠摩罗什的创造。

鸠摩罗什被尊为我国四大佛经翻译家之一,也是最早的一位翻译家。其余三位中,真谛和不空是从外国来到我国的翻译家,还有一位从我国远赴天竺取经的翻译家,那就是大家都熟悉的唐僧——玄奘法师。

大量高僧积极翻译介绍佛教经典,为佛教的大繁荣打下了坚实的理论基础。到了战乱频仍的南北朝,南北两方的统治者都深切感受到佛教具有深厚的群众基础、对统治也有一定的帮助,于是不约而同地支持佛教的发展。【佛教在我国的发展】只是发展的形式不同,有"北像南寺"一说。

北朝重视佛像的塑造,**云冈石窟**和**龙门石窟**均始建于这一时期。南朝则重视寺庙的建设,特别是梁朝达到了南北朝时期南朝佛教发展的顶峰,有寺院2 800多所,僧尼8万多人。庞大的寺庙群占用大量土地,僧侣在宗教活动中既能获取大量经济收益,又能逃避征税和徭役,寺庙因而成了权贵阶层聚敛财富的重要来源。

萧衍

(464—549)
南朝梁武帝

唐代诗人杜牧曾经写过一首名为《江南春》的七绝。诗曰:"千里莺啼绿映红,水村山郭酒旗风。南朝四百八十寺,多少楼台烟雨中。"

"南朝四百八十寺"讲的正是南北朝时期长江以南地区佛教兴盛的状况,尤其在南朝的梁朝,竟然有位皇帝四次换上僧衣、离开皇宫,舍身出家——这就是梁武帝萧衍。

萧衍,字叔达,南兰陵郡(今江苏省镇江市、常州市)人,南朝梁开国皇帝。

废齐兴梁

兰陵萧氏是古代的顶级门阀之一,号称汉朝开国相国萧何的后代,开基于东海郡兰陵县(今山东省临沂市),衣冠南渡之后被安置在太湖平原附近,设南兰陵郡。萧氏家族在北方时不算显贵,无法与琅琊王氏和陈郡谢氏相比;但是到了南朝,家族中出现了不少骁勇善战的将军,凭借军功逐渐掌握了权力。

公元479年,萧氏家族的萧道成接受了刘宋末代皇帝刘准的禅让,**刘宋灭亡**,改国号大齐,**史称南齐**。萧道成是南朝齐的开国皇帝，史称齐高帝。

与萧道成同为萧氏子孙的萧衍出生于公元464年，比北魏孝文帝拓跋宏年长三岁。萧衍的父亲萧顺之在南齐朝廷做官，官至领军将军。萧衍受了父亲的门荫，也开始做官，因为支持萧鸾，在萧鸾登基为齐明帝之后，官位得到了极大的提升。

公元495年到498年间，北魏孝文帝拓跋宏两次进攻南齐，萧衍因战功升任太子中庶子，后担任雍州刺史。公元500年，齐明帝萧鸾崩，儿子东昏侯萧宝卷即位。萧宝卷残暴，被萧衍联合群臣起兵攻讨并杀死，后拥戴南康王萧宝融称帝，萧衍掌握了军政大权。两年后，齐和帝萧宝融被迫禅位于萧衍，短暂的<u>南齐灭亡</u>；萧衍<u>建立梁朝</u>，是为梁武帝。

菩萨皇帝

萧衍执政初期很是做了一番事业，广开言路，选拔贤良，改革了南齐过于苛刻的弊政。他本人非常勤奋，在辛劳地处理政务之余，对文学艺术也有极高的鉴赏能力，梁朝的文化水平因此得到长足的发展，形成了独树一帜的风格。

唐代名相魏徵在《梁书》中评价梁武帝是"允文允武，多艺多才"的帝王，令长江以南地区"魏晋以来，未有若斯之盛也"。然而，这一切都在萧衍统治后期崇尚佛教之后发生了改变。

如前所述，佛教的发扬光大在当时有着重要的政治、经济与文化意义。在这种背景下，萧衍在位后期怠于政事、笃信佛法就有了精神和物质的双重动力。公元527年，萧衍第一次亲往同泰寺（今南京市鸡鸣寺）舍身出家，三日后返回，大赦天下；两年后，他第二次至同泰寺舍身出家，群臣捐一亿钱赎回后还俗；公元546年第三次出家，群臣捐两亿钱后赎回，一年后他第四次出家，群臣复捐一亿钱后赎回。

几次遁入空门，萧衍不仅在寺庙内大开讲坛，而且对佛经进行了深入的研究。他把儒家的"礼"、道家的"无"和佛教的涅槃、"因果报应"等思想糅合在一起，创立了"三教同源说"，对我国思想史产生了深远的影响。

侯景之乱

梁帝讲经同泰寺的同时，北方的北魏政权发生了巨大变化。

公元499年，北魏孝文帝元弘驾崩，年仅33岁。即位的宣武帝元恪年幼，权臣当道，社会矛盾由原来的民族矛盾逐渐转为阶级矛盾。

孝文帝迁都洛阳30年之后的公元523年，北方爆发了六镇起义，随后陷入了长期的分裂和动乱。底层农民起义不断，在平乱的过程中，国家军政大权逐渐落入少数权臣手中。

公元534年，鲜卑化的汉人、北魏权臣高欢所立的皇帝孝武帝元修不愿做傀儡皇帝，被迫投奔关陇军阀宇文泰。高欢遂立元亶的世子、年仅11岁的元善见为帝，即魏孝静帝，史称<u>东魏</u>。宇文泰则弑杀投奔自己的元修，拥立南阳王元宝炬为帝，建立了<u>西魏</u>，定都长安。自此，<u>北魏政权分裂，东西两魏并立</u>。

从公元534—546年，以宇文泰为首的西魏政权与以高欢为首的东魏多次相互征伐，北方地区乱作一团，各路枭雄互相残杀、无暇南顾，萧衍坐收渔翁之利，不时接受北方的降将和投奔而来的各种资源，长江以南地区意外地享受了一段较为平静的时光，这也是萧衍能安心研究佛教的外部条件。

然而，长达40多年的江南安逸时光，很快被一个突发事件打破了。

公元547年，高欢去世，他帐下大将侯景声名赫赫，令高欢的儿子高澄深感不安，想夺了他的兵权。侯景被迫出奔西魏，但宇文泰对他有戒心，并不倾心接纳，侯景于是转而归顺萧衍。萧衍很高兴，给他封了河南王。后来，东魏与南梁议和，侯景深恐自己会被当作政治筹码交换回东魏，故而以清君侧为名在寿阳（今安徽省寿县）起兵叛乱，兵临建康。

公元549年，侯景围困建康城数月之后，内城终于沦陷，萧衍被活活饿死。

萧衍享年86岁，在南朝诸帝中位列第一，谥号武皇帝，庙号高祖，葬于修陵。历代对他的评价毁誉参半，正如魏徵所言："然不能息末敦本，斫雕为朴，慕名好事，崇尚浮华。"中晚年以后的萧衍逐渐虚荣，忘掉了作为执政者的根本任务，最终导致"衅起萧墙"。

侯景起兵后相继拥立又废黜萧正德、萧纲和萧栋三个傀儡皇帝，最后于公元551年自立为帝，国号汉。梁湘东王萧绎在肃清其他宗室势力后，派徐文盛、王僧辩讨伐侯景，战局逐渐扭转；驻守岭南的陈霸先北上与王僧辩会师，于公元552年收复建康。侯景乘船出逃，被部下杀死，叛乱终于平息。

侯景之乱对江南经济造成了极大的破坏，加剧了南弱北强的形势，南朝无论在政治、军事还是经济上都无法与北朝抗衡。动乱之中，士族门阀不仅充分暴露了自身的腐朽无能，而且受到了沉重的打击，加速了衰亡。南朝的四百八十寺，终将消失在历史的烟雨中。

庾信

(513—581)

南北朝后期、隋朝初期文学家

大家都知道,在唐代诗歌界,李白是很多人的偶像,杜甫就非常崇拜他。在杜甫写给偶像的多首诗歌当中,《春日忆李白》这样写道:"白也诗无敌,飘然思不群。清新庾开府,俊逸鲍参军。渭北春天树,江东日暮云。何时一樽(zūn)酒,重与细论文。"

诗中的第三、四句把李白比作两位前朝诗人,夸奖他风格之清新好比庾信庾开府、笔法之俊逸犹如鲍照鲍参军。为什么杜甫要选择这两个人作为比照,来赞美李白呢?因为这两个人不单是李白的偶像,而且是唐代诸多诗人的偶像。两人当中,庾信尤其著名,他一生历经南北王朝的更迭,在两朝均受到权贵拥戴,官至高位,是南北民族大融合的见证人。

庾信,字子山,小字兰成。南阳郡新野县(今河南省南阳市)人。南北朝后期、隋朝初期文学家。

南人入北

庾信出生于南朝梁武帝在位时期,是东晋文学家庾阐的后人。庾家书香门第,号称"七世举秀才""五代有文集";庾信的父亲庾肩吾为南梁中书令,是当时著名的文学家。

公元527年,14岁的庾信入宫为南梁太子萧统讲读。萧统去世后,晋安王萧纲(梁简文帝)被立为太子,庾肩吾任太子中庶子,庾信也在东宫任职。父子均在东宫,一时被传为佳话。

当时的庾信人生顺遂、春风得意,文风绮靡浮艳,现存作品有《春赋》《对烛赋》《荡子赋》等赋七篇,内容多反映美好的景色、美貌的女子或相思别离等主题,属于华丽的宫体文学。

后来,庾信出任湘东王萧绎的常侍,之后多次升迁。公元548年,侯景之乱爆发,庾信随萧绎逃往江陵(今湖北省荆州市)。4年后,萧绎即位为梁元帝,庾信担任右卫将军。

公元554年,庾信奉梁元帝之命出使西魏。就在这一年,西魏大军围困江陵,梁元帝被杀,史称江陵之祸。庾信出差途中国破主亡,从此滞留西魏,这成了他人生的重大转折点。

《哀江南赋》

梁元帝死后,梁朝重臣陈霸先与王僧辩迎接梁元帝的儿子萧方智到建康,预备称帝,北齐则同时派兵护送贞阳侯萧渊明即位。公元555年,陈霸先在京口举兵驱逐萧渊明,辅佐萧方智登基称帝。此后,陈霸先总摄梁朝实权。

公元557年,萧方智禅位于陈霸先,<u>南梁灭亡</u>。陈霸先称帝,是为陈武帝。南朝第四个也是最后一个王朝——<u>陈朝建立</u>。

南朝巨变,庾信不得不长期羁留北方。他既有南方士大夫的贵族背景,本人又是饱学之士、风度翩翩,在北方受到了很高的礼遇,"高官美宦,有逾旧国"。他在西魏官至车骑大将军,这是从一品的高位,比他在南朝的地位还要高很多。

公元557年，南梁灭亡的同一年，西魏宇文泰之子宇文觉在权臣拥立下于长安正式建立北周，取代了西魏。北周代魏后，庾信没有受到丝毫影响，升迁骠骑大将军、开府仪同三司，从此获得"庾开府"的称号。同时期的北齐建立于公元550年，取代了东魏。

陈朝与北周这两个新建立的王朝为了表示和平友好，同意滞留在对方土地上的人士自由流动、还归故国。陈朝请求放还庾信等十余人，北周武帝宇文邕却舍不得庾信，留住他不放。

庾信身在羁旅，虽然被尊为文坛宗师，但是举动不得自由，一边深切思念故国，一边为自己身仕敌国而羞愧，心情可谓是"涸鲋常思水，惊飞每失

庾信

林"。国家不幸诗家幸,庾信的文风在这一时期开始转型了。在早年雍容的宫体诗风格基础上,庾信吸收了北朝文学旷达辽阔的特点,以自身复杂的感情和深刻的思考入诗文,写下了他一生文学的巅峰之作《哀江南赋》。

此赋回溯了侯景之乱和江陵之祸的前因后果,对梁朝的兴灭做出了鞭辟入里的梳理和分析,对部分关键人物的评判却使用春秋笔法,隐晦曲折、引人遐想,故有"赋史"之称。全赋格律严整、文辞流丽沉雄,是意蕴美与形式美结合的绝佳典范。正如杜甫在《咏怀古迹》一诗中所赞:"庾信平生最萧瑟,暮年诗赋动江关。"

此赋问世后,"**江南**"这一概念逐渐开始流行,成为我国文化地理上一个著名的指代词。

平生萧瑟

历史的车轮并没有因个人的情感而停下。公元577年,庾信所居留的北周攻灭北齐,统一了北方。

为何原本积弱的北周能灭掉在人口和经济上都占据优势的北齐?其原因简单概括来说,是汉化程度高的政权压倒了汉化程度低的。

早在西魏时期,掌权的王公权贵主要是汉化的鲜卑人,权臣宇文泰虽然是鲜卑人,但是他所依靠的势力多数是汉化的鲜卑人与关中汉人,他对政权进行了全方位的深度汉化改革。到了北周时期,武帝宇文邕进一步推进改革,推崇儒教,打击豪门士族,进一步改革由宇文泰设立的府兵制,大量吸收汉族农民充当府兵,免除府兵本人**租调和徭役**。汉化制度的推行消弭了民族矛盾,控制了由土地兼并造成的贫富差距的扩大,使得北周逐渐富庶起来。与北周相比,北齐却是个鲜卑化的汉人政权,在高欢死后,北齐诸帝大多昏庸无耻、专幸佞臣,其荒淫暴虐令北齐有禽兽王朝之称。

北周武帝宇文邕死后第三年，公元581年，北周八柱国之一的外戚杨坚受让，**建立隋朝，以长安为都城，取代北周**。

> **八柱国**：西魏时期受封的八位柱国大将军，他们和他们的子嗣成为我国封建社会著名的贵族集团"关陇贵族"的主要力量，其影响一直延续到唐朝。

隋文帝邀请庾信出来为官，但此时的庾信早已看淡政权迭代与时代的潮起潮落，拒绝了隋文帝的邀请。同年，庾信老死北方，享年69岁。庾信死后，隋文帝深为哀悼，赠以本职，并加赠荆、淮二州刺史，由其子庾立世袭爵位。

庾信的后半生先后经历了梁灭国、陈代梁、北周代西魏、北周灭北齐、隋代北周的王朝更替，在南北朝均官至高位。作为由南入北的著名诗人，他饱尝分裂时代特有的人生辛酸，却结出"穷南北之胜"的文学硕果，"启唐之先鞭"，为即将到来的文学黄金时代吹响了号角。

伴随着庾信的去世，我国近400年的南北方内战和民族大融合进入尾声，大一统的王朝到来了。

27 魏徵

（580—643）
隋末唐初政治家

如果一个人在职场上不断跳槽，连续换了5家公司，这个人会有什么样的结局？又会得到人们怎样的评价呢？大家一定会想，这种人在职场上绝对不受欢迎，下场必然很惨。

然而，历史上就有这么一个人，他先后五易其主，却一次比一次更获重用，最终成为盛唐"一代名相"，名列"凌烟阁二十四功臣"第四位。

魏徵，字玄成，巨鹿郡下曲阳县（今河北省石家庄市晋州市）人。唐朝开国功勋，杰出的政治家、思想家、文学家和史学家。

潜龙在渊

公元580年，庾信去世的前一年，魏徵出生了。

魏徵曾祖父和祖父都在北魏做了高官。高欢辅佐元善见建立东魏以后，迁都邺城（今河北省邯郸市临漳县），魏徵的父亲魏长贤亦随朝廷迁居，后来在北齐做官，因为讥刺朝政，被贬到上党县任县令。

不久之后，他辞去县令，在内黄（今河南省安阳市内黄县）

的黄河岸边隐居了起来。北齐灭亡后，北周和之后的隋朝都曾慕名请魏长贤出来当官，但都被他谢绝了。他安然教书授徒，研读经史，不问世事。魏徵就出身在这样一个远离朝廷的隐士寒门之中。在魏徵的少年时期，门阀士族仍占社会的统治地位。

隋文帝杨坚建立隋朝后，在军事、政治、经济上实现了诸多举措，史称"开皇之治"。

其中最有名的制度改革便是<u>开科举取士制度</u>。隋文帝时，<u>**废除九品中正制**</u>，初步<u>建立起通过考试选拔人才的制度</u>。隋炀帝时，创立进士科，标志着科举制的正式确立。

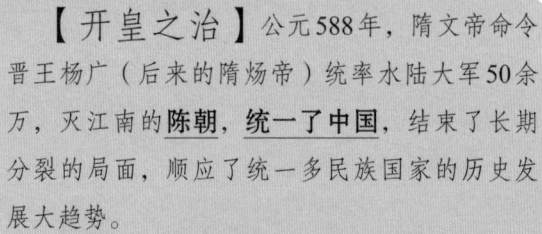

【开皇之治】公元588年，隋文帝命令晋王杨广（后来的隋炀帝）统率水陆大军50余万，灭江南的<u>陈朝</u>，<u>统一了中国</u>，结束了长期分裂的局面，顺应了统一多民族国家的历史发展大趋势。

隋文帝大力发展经济，编订户籍，统一南北币制和度量衡；加强中央集权，提高行政效率。促进了<u>社会经济的快速恢复</u>，使人口和农田数量大幅增长。<u>创立三省六部制</u>，三省指中书省、门下省、尚书省，六部指<u>尚书省下属的吏部</u>、<u>户部</u>、<u>礼部</u>、<u>兵部</u>、<u>刑部</u>、<u>工部</u>。

科举制并非凭空而起，而是察举制的延伸，其核心思想是"分科目而举士人"。隋代的科举仍然沿袭汉朝的办法，由各州按科推荐人才，人才选拔的范围依然有限，像魏徵这样家道中落的寒门很难获得推荐机会。

这种状况直到唐朝建立之后的公元622年，才得到改变——那一年，唐高祖李渊诏书明确发布，士人可以不用举荐，自己报名（"投碟自应"）参加考试。废除推荐，自愿报名，参加标准化考试，根据考试成绩区分人才……具备了这些条件，我们所熟悉的科举制度才真正诞生了。此后，科举制成为历朝选拔官吏的主要制度，一直维持了大约1 300年。

然而在魏徵的时代，他虽然才高八斗，却因为没有家族的扶持、父辈的荫蔽，只能在家中闲居，研读父亲收藏的典籍。

几番易主

公元611年，31岁的魏徵苦于没有出路，决定离开家乡去当道士。同年，由于**隋炀帝残暴统治**，开凿大运河，多次巡游，三征辽东，这一系列激进政策使得大量百姓无法从事生产劳动，民不聊生，导致大规模的农民起义。其中，**瓦岗寨**（今河南省安阳市滑县）率先爆发的反隋起义最具影响力。

魏徵在武阳郡丞元宝藏帐下为官，元宝藏起兵响应瓦岗军领袖李密。元宝藏给李密的奏疏都由魏徵撰写，李密十分欣赏魏徵的文才，召他密谈，魏徵献上壮大瓦岗军的十条计策，却没有得到重视。

公元618年，隋炀帝在江都（今江苏省扬州市）被叛军杀死。之后，与李密同为西魏八柱国后代的李渊在长安接受了隋恭帝的禅让，立国号唐，是为唐高祖，**唐朝建立**，**隋朝灭亡**。此时的魏徵跟随李密被隋朝大将王世充打败，后跟随李密一起投降了唐朝。瓦岗军的著名大将如秦叔宝、徐世勣、罗士信和程咬金等人也都先后投降了唐朝。清代白话小说《隋唐演义》的前半部分讲的就是这些人物的故事。

在瓦岗军的诸多大将之中，徐世勣是个很有意思的人。李密投降唐朝之后，他仍然占据着原来李密辖下的大片领土，不知如何是好。魏徵毛遂自荐修书给他，劝他投降后将土地交给李密，徐世勣听从了魏徵的建议，派遣使者到长安，把献城的功劳都归了李密。李渊了解到这件事，大悦于徐世勣对旧主的忠心，连连加封，还赐姓李氏，从此徐世勣即改名为李世勣（后因避李世民名讳，改名李勣）。

公元619年，另一位反隋起义军领袖窦建德率军与李唐交战，窦建德勇猛过人，魏徵及李勣等人都被俘虏。不过，窦建德同样厚待魏徵，启用他为起居舍人。公元621年，李世民率军攻打王世充，窦建德率军来支援王世充。不久之后，李世民击败窦建德，并将其生擒，就这样魏徵二次入唐，做了太子李建成的太子洗马，李建成对他很是礼遇。

公元626年，李世民发动**玄武门之变**，诛杀兄弟李建成、李元吉，迫使李渊让位。李世民即位，是为唐太宗。唐太宗听说魏徵以前经常劝谏李建成把他安排到别的地方去，就派人把魏徵带到面前，质问他为什么要离间他们兄弟的感情？魏徵坦然答道："太子要是按照我说的去做，就没有今日之祸了。"唐太宗十分欣赏魏徵的直爽，不仅赦免了他，还让他升了官。

太宗明镜

公元627年（贞观元年），唐太宗任命魏徵为尚书左丞，他吸取隋朝的历史教训，勤于政事，从善如流，推行了一系列改革措施，实施开明的民族政策和开放的对外政策。

唐太宗虚心纳谏，特别重用敢于直言的魏徵，多次召见魏徵询问治国良策。魏徵直言不讳，前后上谏两百多事，均被采纳。除了上谏以外，魏徵还编著了大量著作，包括《群书治要》《隋书》《魏郑公文集》等。魏徵先后任秘书监、侍中、太子太师，深得太宗信任。在他一生谏言的数十余万谏诤之中，留下了诸多名言："兼听则明，偏信则暗""源不深而望流之远，根不固而求木之长，德不厚而思国之安""怨不在大，可畏惟人，载舟覆舟，所宜深慎"等。

《资治通鉴》曾经记载过一个著名的故事：唐太宗得到一只很漂亮的鹞鹰，就把鸟儿停在手臂上把玩，远远望见魏徵来了，吓得忙把鹞鹰藏在怀里，怕魏徵批评他玩物丧志，结果魏徵"奏事固久不已，鹞竟死怀中"。

唐太宗非常在意魏徵的看法和批评，因为他知道魏徵心怀国家的长治久安；魏徵敢于犯颜直谏，因为他知道唐太宗是胸怀宽广的千古一帝。魏徵心胸坦荡、直言不讳，唐太宗雄才伟略、从谏如流，两人深刻地互相理解，造就了我国历史上理想的明君贤臣典范。

大家耳熟能详的小说《西游记》中，"唐僧取经"这项任务的布置跟魏徵很有关系。据传，魏徵梦中灵魂出窍斩了泾河龙王，导致龙王冤魂在宫中久久不散，唐太宗于是"出榜招僧，修建水陆大会，超度冥府孤魂"。为了给唐太宗保驾，魏徵派秦琼和尉迟恭两位将军守在皇宫前门，自己抱剑守住皇宫后门。后来，民间就把三人视为门神——双扇门左右贴秦琼和尉迟恭的画像，单门可以悬挂魏徵的画像。从这些传说和民俗中，我们可以看出老百姓对魏徵的崇拜和喜爱。

唐太宗治下，唐朝政通人和，经济迅速恢复，疆域不断扩大，超过了汉武帝全盛时期，史称【贞观之治】。

公元643年，魏徵病死，唐太宗伤心欲绝，废朝五天，追赠魏徵为司空，谥号"文贞"。魏徵死后，唐太宗经常对身边的侍臣说："夫以铜为镜，可以正衣冠；以史为镜，可以知兴替；以人为镜，可以明得失。朕常保此三镜，以防己过。今魏徵殂逝，遂亡一镜矣！"

关陇贵族集团

公元528年，匈奴人万（mò）俟（qí）丑奴攻打北魏王朝，在关中称帝，北魏将领贺拔岳前去征讨。在这次战争中涌现出的宇文泰等人后来成为关陇贵族集团的中坚。贺拔岳死后，宇文泰掌握了西魏的军政大权，模仿鲜卑族的八部制度设置了"八柱国"，也就是辅佐朝政的八大将军。

八大柱国分别为：

（先说4个影响力不那么大，武力值突出的）

元欣：北魏皇族，人缘很好，没有实权，在八柱国里属于仪式性存在。

赵贵：随贺拔岳平定关中有功，北周建立后做到太傅，被宇文护诛杀。

侯莫陈崇：一员猛将，16岁时单骑生擒关陇皇帝万俟丑奴。

于谨：一直伴随在宇文泰左右，善始善终。

（其他4个人才是真正左右历史走向的）

宇文泰：鲜卑宇文部后裔，西魏的实际掌权者，北周政权奠基者。

李弼（bì）：北魏、西魏、北周时期的大将，曾孙李密是隋末瓦岗寨起义军领袖，六世孙李泌是唐肃宗、代宗、德宗三朝宰相。

李虎：贺拔岳的旧部，北周建立后，被追封为唐国公。他的孙子李渊是唐朝开国皇帝。

独孤信：西魏元勋宿将，北周建立后被封为卫国公，容仪俊美，生的女儿也都很好看。长女独孤氏，北周明帝宇文毓（yù）皇后。四女独孤氏，唐高祖李渊之母。七女独孤伽罗，隋文帝杨坚皇后。独孤家在北周、隋、唐三朝都为外戚，前无古人，后无来者。按亲戚关系来算，杨坚的皇后和李渊的母亲是亲姐妹，李渊叫杨坚姨夫。

这8位柱国将军的亲属子孙中又涌现出诸如宇文宪（宇文泰第五子）、尉迟迥（宇文泰外甥）、长孙晟（隋朝名将，唐长孙皇后之父、贞观名相长孙无忌的父亲）、贺若弼、韩擒虎、李靖、侯君集等一干赫赫有名的将才。由于八柱国及其家族成员主要来源于关中、陇西、天水一带，他们所形成的庞大的贵族集团就被称为关陇贵族。

武 曌（zhào）

28

（624—705）
唐朝政治家、武周皇帝

近年来出现了很多以"大女主"为招牌的电视剧或网络电影。这一类的剧作往往以一位女性为主人公：她聪明貌美却出身低微，机缘巧合得以靠近帝国的权力中心，经过九死一生的斗争终于手握重权，杀伐决断的快意却无法掩盖内心的孤独。

当下女性消费力量逐渐增长，"大女主"题材十分受欢迎，每年有数部花样翻新的作品。然而，这些形形色色的大女主其实有一个共同的原型，那就是我国历史上唯一的正统女皇帝——武曌。

武曌，即武则天，并州文水（今山西省吕梁市文水县）人。唐朝至武周时期政治家，武周开国君主。

入宫为妃

武则天的父亲武士彟（yuē）曾是个精明成功的木材商人，他敏锐地觉察到了李渊的才能，成为他的幕僚，在唐朝开国后一跃成为功勋，被封为荆州都督。武则天是武士彟与隋炀帝时左光禄大夫杨达的女儿杨氏所生之女，论出身算不得寒门。

武则天13岁时应召入宫，为唐太宗才人，获赐号"武媚"。

在魏徵死去的那年,武则天进宫已经五年了,但是一直没有得到唐太宗的宠爱,地位始终没有提高。

公元643年,太子李承乾以谋反之罪被废,唐太宗将第九子、同是长孙皇后所生的晋王李治立为太子。这时的唐太宗已垂垂老矣,开始着手安排接班事务。几年后,唐太宗病重,武则天服侍左右,并在出入宫禁的过程中与太子李治建立了感情。

公元649年,唐太宗驾崩。李治即位,是为唐高宗。武则天因为没有生子,依例与其他嫔妃入长安感业寺为尼。第二年,一直思念武则天的李治将她重新纳入宫中。她入宫后便生下儿子李弘,母凭子贵,力压萧淑妃,很快获封二品昭仪。至此,武则天走的还是一条普通的妃子争宠之路。但是事情很快就要变化了。

君权神授

唐代初年的朝廷里,关陇贵族集团这一群在南北朝战乱中崛起的精英力量的权力仍不可小觑。

唐高宗李治即位后,关陇贵族集团的实际掌权代表是"凌烟阁十二功臣"排名第一的长孙无忌,他也是李治的舅舅。作为太宗临终前托孤的元老,长孙无忌虽不见得有篡权之心,但李治不能没有提防之意。在此背景下,武则天成了李治政治上的盟友,李治决定借将武则天立为皇后的机会重振皇权,打击元老权臣的势力,这就是"废王立武"事件。

公元655年,李治颁下诏书,将王皇后和萧淑妃废为庶人,将武则天立为皇后;同时将反对此事的长孙无忌和褚遂良等人削职免官,贬出京师。"废王立武"事件沉重打击了关陇集团,自魏晋南北朝以来皇权不振的情况被改变了。

公元660年，李治风疾发作，头晕目眩，不能处理国家大事，武则天代为处理朝政。公元674年武则天加号"天后"，与高宗并称"二圣"。武则天的建言献策几乎都被李治悉数采纳，下诏颁布施行。

公元683年，李治驾崩。太子李显即位，是为唐中宗，尊武则天为皇太后。第二年，武则天将李显废黜为庐陵王，立第四子豫王李旦为帝，是为唐睿宗。同年九月，武则天改元光宅，改东都洛阳为神都，意为"君权神授"。

武周女皇

唐睿宗登基后的数年中，武则天仍为皇权的实际掌控人。

唐朝开国以来，几位皇帝向来推崇道教，唐高祖李渊就声称自己是老子李耳的后代，太宗也下诏指示斋供时"道士女冠可在僧尼之前"。武则天手握大权后，她逐渐将佛教的地位提升到了道教之前，一是为了显示与李唐的区别，二是因为大乘佛教经典中有以女身成佛的教义，武则天想用来证明自己掌权的合法性。

公元688年，琅琊王李冲和越王李贞分别起兵造反，均被武则天扑杀，一干李唐贵族也纷纷被逼自杀。同年，武则天命人拆掉洛阳城宫城正殿乾元殿，就地建造明堂，并在明堂的北面修建通天浮屠安放巨大佛像。明堂这座我国历史上体量最大的木结构建筑与佛教一起，成了武则天证明自己女皇身份的象征。

第二年冬至，武则天发布诏书，宣称"朕宜以曌为名"。她凭空发明了"曌"这个汉字，描绘了日月当空交相辉映的景象，暗喻无论男女都可以手握大权、执掌天下。

公元690年，在众人的一致请求下，武则天**改唐为周**，定都洛阳，以长安为陪都；上尊号曰圣神皇帝，以李旦为皇嗣，赐姓武氏。

　　武曌在政治上打击敌对官僚贵族，大力发展科举制，开创殿试、武举及试官制度，改革吏治，重用了一批以狄仁杰为代表的贤臣；经济上继续推行贞观以来减轻人民负担的政策和措施，奖励农桑，重视发展生产；军事上对外出兵攻打突厥、契丹、吐蕃以及西域等地，对安西四镇增兵，使安西四镇此后保持了长达几十年的安定，并一度使突厥归降；但同时也大肆杀害李唐宗室，重用酷吏，形成了相互检举、告密成风的"酷吏政治"。【**武周统治措施**】

　　整体而言，武周的统治延续了贞观之治的强盛国力，有"贞观遗风"的称号，也为后面的"开元盛世"奠定了基础。

武则天

神龙革命

公元698年,武则天的侄子武承嗣和武三思谋求成为太子。武则天犹豫未决,宰相狄仁杰劝谏道:立儿子做天子,陛下千秋万岁后,会作为祖先在太庙中接受祭拜;可是如果侄子做了天子,还从未听说过有把姑母供奉在太庙的事情。武则天听后坚定了决心,将李显秘密接回洛阳。不久后,皇嗣李旦亦请求逊位于李显。在各方压力之下,武则天意识到李唐宗室是人心所向,权衡之后最终决定立李显为皇太子。

公元705年,武则天病重。宰相张柬之等发动"**神龙革命**",拥立唐中宗李显复辟,迫使她退位。中宗复唐后,为母亲上尊号"则天大圣皇帝"。同年11月,武则天于上阳宫崩逝,时年82岁。中宗遵其遗命,改称"则天大圣皇后",将其以皇后身份入葬唐高宗李治的陵墓乾陵,并在陵墓前竖立了一块装饰精美但不着一字的石碑。

这块著名的无字碑犹如这位我国唯一女皇帝远去的背影,是非恩怨留待后人评说。

29 郭子仪

（697—781）
唐朝中期名将、军事家

《醉打金枝》这个故事在我国戏曲界非常受欢迎，先后被改编为徽剧、汉剧、川剧、湘剧等多个剧种，在20世纪90年代还被香港TVB电视台改编成了电视剧，收视率很高。有趣的是，这个故事并不来自民间传说，而是取材于《资治通鉴·唐纪四十》。

故事的内容是这样的：郭子仪的儿子郭暧（ài）娶了唐代宗的女儿升平公主。公主嫁到郭家以后，仍然保持自己在皇宫中的做派，颐指气使，一点也不把丈夫和公婆放在眼里。郭暧十分不满，一次趁着酒劲儿说道："你无非依仗你爸是天子，可我爸那是看不起天子才懒得当！"

升平公主哪儿能忍得了这个气，立刻跑回娘家向唐代宗哭诉。代宗说道："他这是实话，如果郭子仪真想当皇帝，天下岂汝家所有耶？"就劝说公主回家了。郭子仪听说这事之后，赶紧把郭暧绑了起来，带到代宗面前请罪。代宗笑眯眯地说："民间有句俗话，不痴不聋，不作家翁。小两口吵架，不能当真。"郭子仪回到家中，"杖暧数十"。

这个故事里最有意思的，不是飞扬跋扈的公主，也不是愣头青郭暧，而是忙前忙后救火的郭子仪。从这个著名的故事里，我们可以一窥郭子仪的为人，也就能够明白他为什么功勋赫赫仍能善始善终地走完一生。

郭子仪，华州郑县（今陕西省渭南市华州区）人。唐代中兴名将、政治家、军事家。

开元盛世

郭子仪出生于公元697年，正是武则天统治的后期。在他8岁那年，武则天驾崩。

郭子仪出身太原郭氏，是寿州刺史郭敬之的儿子，自幼喜欢习武。公元702年，武则天"诏天下诸州宣教武艺"，令兵部开设"武举"考试，选拔考试合格的人才进入朝廷担任武将职责。郭子仪正是通过参加武举考试，以"异等"（相当于武状元）的成绩补任左卫长史（从九品下）。

郭子仪入仕的时间正值唐玄宗李隆基统治前期的**开元盛世**。此时的唐玄宗励精图治、重用贤能，唐朝国力达到鼎盛，形成了"三年一上计，万国趋河洛"的盛世局面。社会经济空前繁荣，人口大幅增长。商业发达，城市繁华，对外贸易活跃，外国商人纷至沓来，长安城成了名副其实的世界中心城市。社会风气开放包容，文化兴盛；唐诗成就达到了巅峰，书法绘画亦各领风骚；遣唐使来华，鉴真东渡，一片"盛唐气象"。

在这一片盛世气象之中，郭子仪踏踏实实从基层武职干起，最后一直做到九原太守。由于在工作中与上司关系不太好，他一直没有机会进入中央政府，在边疆做武将做到快60岁，一直未获封节度使。

什么是节度使

唐王朝全盘继承了"西魏—北周—隋"三代关陇帝国持续不断对外扩张的战略。唐的版图疆域达到极盛,然而人口规模和生产力水平却远远没有跟上。与此同时,土地兼并日益严重,"均田制"被破坏,大量田地集中到皇室贵族和富商地主的手中,国家控制的土地大量减少。

唐朝初年实行的是宇文泰发明的"府兵制",府兵即兵农合一,平时种田、战时打仗,国家授予他们一定的土地,并免除租庸调(即赋税和徭役)。唐朝的对外扩张和对内土地兼并的结果使得国家无田可授,府兵制无法支撑了,"募兵制"产生了。募兵就是由政府雇佣的职业化军人。

唐玄宗开元十年(722)设置节度使来管理藩镇,让他们雇佣士兵,随着军力的增强,节度使的权力越来越大。他们掌握着士兵的生杀大权,士兵们"唯知其将之恩威,而不知有天子"。节度使权力不断增长,中央政府的权力一再削弱,自然埋下了祸根。

安史之乱

"盛唐气象"伴随着唐玄宗晚年的昏庸而快速凋零。天宝年间,朝政日趋腐败,社会矛盾尖锐,边疆形势严峻;节度使逐渐集军权、行政权和财权于一身,中央与地方力量对比失衡,形成外重内轻的局面,后称天宝危机。

公元755年,两个胡人藩镇节度使安禄山、史思明起兵反唐,安史之乱爆发。这个时候郭子仪母亲刚去世不久,郭子仪还在家守孝,被朝廷"夺情"复用,率朔方军东讨安禄山。这个时候,郭子仪方有机会展现他的军事才能。

郭子仪

郭子仪被夺情复用上任之后，斩杀多名叛将，收复云中（今山西省大同市）、马邑（今山西省朔州市）等重要边防城市，开通了东陉关（今山西省忻州市代县），因功加封御史大夫。

公元756年，安史叛军攻破潼关。随后，唐玄宗李隆基带领少数妃嫔、随臣逃出长安，途经**马嵬驿**（今陕西省咸阳市兴平市）时，发生了兵变，杨贵妃被赐死，杨国忠被杀。白居易在《长恨歌》中写道："九重城阙烟尘生，千乘万骑西南行。翠华摇摇行复止，西出都门百余里。六军不发无奈何，宛转蛾眉马前死。"玄宗因此入蜀，太子李亨赶到朔方军的基地灵武（今宁夏灵武市），并在那里登基，是为唐肃宗。

代国平乱

唐肃宗继位不久便任命郭子仪为兵部尚书，仍兼任朔方节度使。由于叛军流动作战，长安、洛阳两京相继沦陷。公元757年，郭子仪升任天下兵马副元帅，以兵部尚书、平章事兼朔方、陇右、河西三镇节度使。同年九月，郭子仪收复长安，然后继续东征收复了洛阳。之后，河东、河西、河南的大部分失地被收复，郭子仪因功加封代国公。

郭子仪战功赫赫、威震八方，自然颇受嫉恨。公元759年，郭子仪在相州（今河南省安阳市）苦战安庆绪时，权臣宦官鱼朝恩作为宣慰使拒不发兵支援，导致唐军兵败。鱼朝恩把兵败的责任推到郭子仪身上，郭子仪就被召回了京师，夺了兵权。后来架不住百官一再请求，肃宗才又起用郭子仪带兵出征。

公元762年，唐代宗即位，由于受到身边宦官的影响，他对郭子仪的态度十分犹疑，不愿轻易委以重任。代宗即位后第二年，吐蕃乘中原大乱，深入内地大举攻唐，一直打到奉天（今陕西省咸阳市乾县），兵临长安城下，代宗被迫逃出长安避难。吐蕃占领长安后，立唐宗室广武王李承宏为傀儡皇帝，将长安城劫掠一空。

生死存亡之际，郭子仪被再度启用，他率领精骑白天击鼓扬旗、晚上四处点火，虚张声势，又派人潜入长安城散布大军就要到来的消息。吐蕃军队听闻之后十分惊恐，不战而走，长安被收复。

公元765年，名将仆固怀恩遭宦官诬陷叛国，无法自证清白，一怒之下骗回纥（hé）人说唐代宗与郭子仪都去世了，唐朝无主。回纥于是联合吐蕃一起入侵唐朝，大军来到长安附近的泾阳城，郭子仪亲率两千骑兵前去游说。自己则孤身一人进中军大帐见回纥首领，说服回纥退兵。失去了回纥支持的吐蕃军队很快也被郭子仪击败，唐王朝又一次转危为安了，这就是著名的郭子仪"**单骑退回纥**"的故事。

五福老人

从郭子仪和仆固怀恩的遭遇，大家会发现中晚唐有个很大的问题：安史之乱之后，皇帝"一朝被蛇咬，十年怕井绳"，再也无法信任武将。从开头《醉打金枝》的故事便可以看出，皇帝对待战功赫赫的武将，态度是既忌惮又无奈的。这样一来，总是伴随在皇帝身边的宦官反而受到了信任，宦官擅权的情况愈演愈烈。

公元767年，郭子仪父亲的坟墓被人盗挖，罪犯一直没有抓到，当时不少人怀疑是宦官鱼朝恩指使人干的。由于挖祖坟这种事情实在过于缺德，朝廷上下都担心郭子仪会一怒之下叛变。郭子仪打仗回来听到消息，觐见代宗时流着眼泪说："我带兵打仗时间很久，不能管好自己的手下，士兵经常靠盗挖坟墓增加收入。今天在我自己身上发生了这样的事情，是老天对我的报应，不用追究了。"

郭子仪戎马一生，几起几落，最终能够功成身退，与他为人稳重低调、正直无私，能够忍气吞声、顾全大局不无关系。

公元779年，唐德宗即位后，郭子仪被尊为"尚父"。

> 唐德宗的【两税法】：当均田制和租庸调制度难以为继时，两税法应运而生。每户按人丁和资产缴纳户税，按田亩缴纳地税；取消租庸调和其他杂税；一年两次纳税。这种制度改变了自战国以来以人丁为主的赋税制度，减轻了政府对农民的人身控制；同时扩大了税收对象，保证了国家财政收入。

公元781年，郭子仪病逝，获赠太师，谥号忠武，配飨唐代宗庙廷，陪葬于建陵。后世称郭子仪为"五福老人"，指的是长寿（85岁高龄）、富贵（被皇帝尊为"尚父"）、安乐（四朝元老）、善终（寿终正寝）、子孙多（四世同堂）。

丁忧和夺情

夺情来源于"丁忧"。

"丁忧"指按照儒家传统,父母去世后,子女要守丧三年。虽然孔子在他的年代就已经提倡要这么做,可是丁忧真正形成制度要到东汉,并且在宋朝以后才在文官当中得到了大规模的遵守。

大家可能要问:儒家作为官方意识形态那么多年,为什么这个鲜明体现孝道的丁忧制度直到宋朝才得到普遍遵守呢?原因很简单:当政府部门规模较小,比较缺人的时候,很难进行丁忧的实际操作。如果赶上政局动荡,国家更不能允许正在重要岗位上任职的官员回家休息3年了。只有到了宋朝这样官僚机构冗余、人员大量超编的时期,丁忧才被固定成了一种常规操作,以便定期给得不到晋升的官员"腾位子"。

而所谓"夺情",则指由于当事人工作过于重要,可以在守丧未满3年,甚至没有返乡守丧的情况下继续工作,也就是说"忠孝难以两全,以忠为重"。历史上,权臣经常会采用夺情这一手段保持自己的权力地位,例如明朝的张居正就被夺过情,但是夺情之后往往会被士人们骂个半死。一般来说,文官夺情的比较少,而武将则经常夺情,有的朝代甚至不允许武将丁忧,担心他们会以守丧为借口逃避兵役。

30 白居易

（772—846）
唐朝后期文学家

日本文学史上有一部非常重要的作品，它诞生于11世纪日本平安时代的宫廷，全书共54卷，洋洋洒洒约百万字，是物语文学的代表和巅峰，被誉为日本的《红楼梦》——这就是《源氏物语》。《源氏物语》的作者是一位女性，人们都叫她紫式部，她的职位是宫廷侍读女官，也就是皇后的文学教师。那么，紫式部给皇后教什么呢？

她的主要教材是一本《白氏文集》，她不仅给皇后教这本文集，还将文集中的大量诗歌以直接引用或者隐喻转用的方式写在了《源氏物语》中。在当时的日本皇族和贵族中，《白氏文集》的作者影响力大极了！紫式部可不是唯一的狂热粉丝，嵯峨天皇也对他崇拜得不得了，专门在宫廷设置了《白氏文集》的侍读官，学习其中的诗文同学习我国儒家经典一起，被定为天皇修身养性的必修课程。

《白氏文集》的作者到底是谁呢？他就是与李白、杜甫齐名的唐代大诗人：白居易。

白居易，字乐天，号香山居士，生于河南道郑州新郑，唐代伟大的现实主义诗人。

居大不易

白居易于公元772年出生于郑州新郑,此时距离安史之乱已经过去了17年。虽然战乱结束,但是社会经济遭受了极大的破坏,尤其是北方地区遭到浩劫。唐朝国势由盛转衰,社会矛盾尖锐;中央权力衰落,形成唐朝后期的**藩镇割据**局面。

白居易的祖父和父亲都当过县令、县尉这样的小官,白居易算是出身在地方的小官僚家庭。郭子仪死去的那一年,白居易刚刚9岁。

白居易从小聪颖过人,读书十分刻苦。16岁那年便写出了"离离原上草,一岁一枯荣。野火烧不尽,春风吹又生"这样的名篇。

公元800年,白居易考上了进士。他带着自己的作品去拜访另一位年长的诗人。老诗人先看到"居易"这个名字,就开玩笑说:"长安米贵,居大不易",意思是"帝都物价高,生活不容易呢"。接着翻开诗集,一眼看到了《赋得古原草送别》,立即赞叹道:能写出这个水平,生活就容易了啊!

两年后,白居易又参加了一次考试,考中了"书判拔萃科"。"书判拔萃科"指的是吏部的科目选。在白居易生活的年代,科举制度已经日臻成熟完善,选拔人才的程序也比前朝更加复杂。考中进士只能取得做官的资格,想要真的做上官,还需要经过吏部的选试。在这次考试中,白居易因为文章写得太好而拔得头筹,考中第四等的是一个名叫元稹(zhěn)的才俊,后来也成了大文学家。元白二人不仅在文坛上齐名,也成了终身至交好友。

公元806年,白居易去长安旁边的盩(zhōu)厔(zhì)(今陕西省周至县)做县尉。县尉是个基层干部官职,平时主要负责在村县里缉捕盗贼、征收捐税这样的事情,每天都跟老百姓打交道。在关中农村的工作和生活让白居易写下了《观刈(yì)麦》这样扎根人民生活的诗歌,他在诗中深深地愧疚："今我何功德，曾不事农桑。吏禄三百石，岁晏有馀粮。念此私自愧，尽日不能忘。"

就在写下《观刈麦》的同一年，白居易最著名的作品《长恨歌》也诞生了。

江州司马

公元814年，白居易回到长安，得到了一个五品的官职，正式穿上了红色的朝服。但是因为在任时过于心直口快、犯颜直谏，搞得唐宪宗非常不高兴。第二年，白居易就因为越职言事，被贬为了江州（今江西省九江市）司马。

同一年，白居易给元稹写了一封信，即《与元九书》。白居易在这封信中把自己的诗文分为了"讽喻诗、闲适诗、感伤诗、杂律诗"四类。我们刚才读到的《观刈麦》直视社会问题，"为君、为臣、为民、为物、为事而作"，就是典型的讽喻诗；而《长恨歌》则在闲适诗的表皮之下暗含讽喻之意，不过这层内在含义传到日本之后完全被日本读者给抛弃了。

被贬江州对白居易是个沉重的打击。我们从《琵琶行》中可以读出："同是天涯沦落人，相逢何必曾相识……座中泣下谁最多，江州司马青衫湿。"

走过十几年的科举之路和近十年的艰难仕途，人到中年的白居易深刻地体会到了政治的黑暗和个人的无能为力，他转变了思想，从"兼济天下"转向了"独善其身"。"面上灭除忧喜色，胸中消尽是非心"，他佛系了。从此之后，白居易开始更多地描写恬淡的心境、抒发个人情感，青年时期战斗性强烈的讽喻诗就越来越少了。

香山居士

然而讽刺的是，一个人对待工作的态度越佛系，他在职场被提拔的速度越快。公元820年，白居易重新被提拔为五品官员，两年后被任命为杭州刺史,在杭州这几年为官从政也是白居易仕途中最为顺畅的几年,他也努力为百姓做了不少实事,任内在钱塘门外修筑了堤防,后来被人们称为"白堤"。

公元827年,白居易回到长安任秘书监,脱下哭湿的青衫,换上了三品官员的紫色朝服。3年后,任河南尹,此后就在洛阳定居了。公元842年,以刑部尚书致仕退休,领取半俸,也就是说退休工资是原工资的一半,是十分优渥的报酬了。

白居易做太子宾客的时候写过一首诗,很能反映他晚年的工作心态:"大隐住朝市,小隐入丘樊。丘樊太冷落,朝市太嚣喧。不如作中隐,隐在留司官。似出复似处,非忙亦非闲。不劳心与力,又免饥与寒。终岁无公事,随月有俸钱。"这首名为《中隐》的诗完美地体现了老年白居易工作划水的悠游态度,与青年时面对百姓疾苦"念此私自愧,尽日不能忘"的心态判若两人。

退休后的白居易在洛阳过着饮酒、弹琴、赋诗、游山玩水的生活,常与另一位名诗人刘禹锡唱和,时称"刘白"。他晚年笃信佛教,因为家住洛阳香山寺附近,自号香山居士。

物哀文学

李白的诗以奇绝的想象力和精湛的技巧著称,杜甫的诗拓宽了诗歌的题材、准确而轻盈地深化了诗歌主题,而白居易的诗歌则大量吸收民间语言,通俗浅显、平易近人,"上自王公,下至野老村妪,莫不玩诵之"。这种诗歌风格加速了白诗的向外流转,在整个东亚文化圈产生了很大的影响。白居易本人也知道自己在外国有不少粉丝,《白氏文集》中记载着他在公元845年左右的话:《集》有五本……其日本、新罗诸国及两京人家传写者,不在此记。"

日本读者对白居易诗歌的接受主要集中在他的闲适诗和感伤诗，这与日本文化中的"物哀"观念有着密切的关系。"物哀"（もののあわれ），物指认识感知的对象，哀指感情的主体；物哀就是主体感知对象时产生的和谐美感，也就是人们用情感去感受外界事物时，自然而然产生的情致。

白居易的闲适诗和感伤诗中流露出的情感教养和风流雅趣，正好符合日本文化的物哀标准，引起了审美共鸣。而白诗传播到日本时正值平安时代，政治上动荡不安，经济上由盛而衰，知识分子从白居易的"吏隐"状态中获取了力量，十分羡慕他既入世又出世的生活态度，并将这种状态视为可以追求的理想境界。

公元846年，白居易逝于洛阳，享年75岁，赠尚书右仆射，谥号"文"，葬于洛阳香山。伴随着白居易的死去，大唐王朝也渐入末路。

白居易的弟弟白行简也是唐代文学家。白行简于公元805年中进士，授秘书省校书郎，累迁司门员外郎等职。他文笔优美，著有《李娃传》《三梦记》等唐人传奇。唐传奇，指唐代的文言短篇小说，内容以记述奇闻异事为主，是对魏晋南北朝时期志怪小说的延续，对后来的明清长篇小说有一定的影响。

朱温

(852—912)
唐朝末期军阀、后梁太祖

31

唐懿宗末年，一位从山东曹县来长安参加进士科考试的汉子发现自己又一次名落孙山了。他看着繁华的长安城，愤愤地大声说道："待到秋来九月八，我花开后百花杀。冲天香阵透长安，满城尽带黄金甲。"这就是唐末著名的农民起义军领袖黄巢。

多年之后，黄巢又一次回到了长安。这次，他是率领军队打进来的。黄巢来到大明宫含元殿，踢开自己曾经不敢企望进入的大门，准备亲手终结唐王朝。可是还没等黄巢坐稳，他的命运却被另一个人终结了。长安果然满城尽带黄金甲，不过新的王朝却姓朱不姓黄。

终结黄巢命运的，是他最为看重的手下大将——朱温。

我国历史上所有开国皇帝加起来不足百人，朱温可以说是名声最差的一个。然而，正是这样的一位草莽英雄，却成了黄巢起义和大唐王朝的双料终结者。

朱温，宋州砀山（今安徽省宿州市砀山县）人，后梁开国皇帝。

黄巢起义

公元852年,也就是白居易死后的6年,朱温出生。他家本是书香世家,父亲和祖父都是当地颇有名望的学者。但朱温幼年丧父,家道中落,不得不随母亲帮佣为生。家里没有父亲,又寄人篱下得不到良好的教育,这种生活环境让朱温长大之后变成了远近闻名的无赖霸王,乡亲们对他又讨厌又害怕。

公元875年,濮州(今山东省菏泽市鄄城)私盐贩子王仙芝起义,曹州(今山东省菏泽市曹县)的另一个私盐贩子黄巢马上响应王仙芝,唐朝末年的**黄巢起义**爆发,追随他们的饥民和流民有数万人之多。

为什么领头的都是私盐贩子呢?唐朝后期,政府对食盐销售管控非常严格,各地只能食用政府规定的盐种,一旦越界就会遭到严厉的处罚。可是,食盐是必需品,需求量很大,常常供不应求,这就造成了官盐的市场价格不断升高,而与此同时,政府向盐农收购食盐的价格却一直没变,只向政府卖盐,盐农就会亏损。这些因素都导致唐朝末年食盐走私猖獗,屡禁不止,私盐贩子勾结本地豪强势力,成为武装力量。

公元877年,朱温投入了黄巢起义军中,他生性好勇斗狠,在战争中很能发挥自己的天赋。公元880年,黄巢起义军攻陷唐都长安,唐僖宗逃往成都。黄巢宣布即位,国号"大齐"。第二年,朱温被黄巢重用,受命攻占邓州(今河南省南阳市邓州市),抵挡唐军,稳定了"大齐"政权东南面的局势。

两年后,黄巢任命朱温为同州(今陕西省渭南市大荔县)防御使,让朱温自攻取。为什么叫"自攻取"呢?意思就是:我看你能力非常强,你就自己去打,打下来就是自己的,打不下来我也没法给你帮忙。

黄巢派朱温自行攻取河中和河东（这里指的是黄河，河中、河东位于今山西境内）之地，很重要的原因是长安此时非常缺粮，急需朱温向东南开拓粮道。

黄巢派朱温去抢粮食，可是朱温自己也没粮食。他与河中节度使王重荣交战，几次去抢劫对方的粮草都失败了，被打败之后向黄巢请求支援，也没有得到黄巢的回应。窘迫之极的朱温于是率领全同州军民投降了唐朝，并认王重荣为舅父。

不久之后，唐僖宗下诏授给朱温左金吾卫大将军的官职，赐名"全忠"，所以后来人们又称他为朱全忠。从此，朱温从叛军大将变成了平乱先锋，所到之处攻无不克、战无不胜，和河东节度使李克用一起把黄巢打得节节败退。公元884年，黄巢战死，黄巢起义失败。

缺粮的唐都长安

早在武则天时期，长安城粮食匮乏就已经成为相当棘手的问题，正因为皇室吃粮都紧张，才在洛阳设置了都城，便于直接取用通过运河运来的粮食，好几任皇帝都长期住在洛阳而不是长安。到了唐晚期，长安周围林木尽毁、水土流失严重、地下水位降低、耕地盐碱化，生态环境恶化到了难以供大量人口居住的程度，粮食就更加金贵了。

灭唐建梁

朱温与李克用都在帮唐朝平叛,却在共事过程中产生了巨大的矛盾,朱温也看出了李克用的实力,一直寻找机会除掉对方。公元884年,朱温邀请李克用到汴州(今河南省开封市)的上源驿赴宴,为他庆功。酒宴结束后,李克用与随从醉酒未醒,朱温派人在上源驿周围点燃柴火,想要烧死李克用。但是朱温万万没想到,那天晚上突然雷雨交加,放的火被暴雨浇熄,李克用也因此逃了出来,并与朱温结下了不共戴天之仇,为后来后唐灭后晋埋下了伏笔。

公元901年,朱温率军进入关中,控制了唐王朝的中央政权。几年后,他杀死唐昭宗,立昭宗儿子为唐哀帝。公元907年,朱温通过禅让的形式夺取了唐哀帝的帝位,代唐称帝,近300年历史的**唐朝灭亡**。朱温建国号梁,史称"**后梁**"。

在灭唐建梁的过程中,朱温以血腥手段同时消灭了伴随中央政权数百年的几大群体:第一,几乎将唐宫廷中的宦官屠戮殆尽,困扰中晚唐的宦官擅权问题此后很长时间没有再发生。第二,朱温在滑州(今河南省安阳市滑县)的白马驿杀害出身权贵的"衣冠清流"30多人,并将他们的尸体投入黄河,意思是要将清流变为浊流,史称"白马之祸",这一残暴的举动彻底清除了豪门士族。第三,在将近20年的时间里,朱温不断向外扩张地盘,称帝时已经控制了几十个藩镇,虽然并没有根本地改变藩镇割据的状况,但是奠定了后来五代政权的基本版图。

五代十国

公元908年,与朱温缠斗一生的李克用病逝,其子李存勖(xù)继位。

朱温一听说李克用的死讯，马上出兵攻打，却在战场上发现李存勖用兵如神，不由感叹道："生子当如李亚子（李存勖小名），李克用虽死犹生！我的儿子与他相比，简直就像猪狗一样！"

公元912年，朱温在洛阳被亲儿子朱友珪弑杀。朱温在位6年，享年61岁，庙号太祖，称为后梁太祖。朱温死后，几个儿子相互残杀，最后朱友贞稳住局势，自立为帝，也就是后梁末代皇帝。

朱温篡唐建梁，生性残暴的他能破却不能立，并没有留下稳定的局势，继承人也难堪大用。在他的影响下，唐朝末年的各地军阀纷纷称帝称王。

【五代十国】地处华北、军力强盛的政权控制中原，形成五代（后梁、后唐、后晋、后汉、后周），而其他割据一方的藩镇，有些自立为帝，有些奉五代为正朔而称王称藩，其中吴、吴越、前蜀、后蜀、闽、南汉、南平、楚、南唐、北汉存在时间较长，被称为十国。

从此，我国进入了长达数十年的五代十国乱局，这段时间也是我国历史上最为悲惨黑暗的时代之一。

32 冯道

(882—954)
五代十国政治家

宋代大文学家欧阳修曾在他编写的《新五代史》中痛心疾首地说道:"礼义廉耻,国之四维;四维不张,国乃灭亡……盖不廉,则无所不取;不耻,则无所不为。人而如此,则祸乱败亡,亦无所不至,况为大臣而无所不取不为,则天下其有不乱,国家其有不亡者乎!"

意思是:"礼义廉耻,是国家的四个重要法度;这四个法度没有确立,国家就会灭亡……如果没有廉洁之德,人们就没什么不索取的;没有羞耻之心,就没什么不敢做的。人如果到了这种地步,那么灾祸、逆乱、失败、灭亡,也就都随之而来了,何况身为大臣却无所不取、无所不为,那天下哪有不乱、国家哪有不亡的呢?"

欧阳修虽然本人脾气比较暴躁,但是他能气成这样的情况也并不多见。究竟是谁让欧阳修送出了"毫无廉耻"这样的评语呢?他就是先后效力于十个皇帝、始终位极人臣的"十朝元老"冯道。

冯道,字可道,号长乐老,瀛州景城(今河北省沧州市)人,著名宰相,历经五代十国十代君王,世称"十朝元老"。

狼虎丛中也立身

公元882年，也就是黄巢让朱温自攻取河东、反而把朱温逼急了投敌的那一年，冯道出身于瀛州景城的一个耕读之家。冯道起先在幽州节度使手下做谋士，这人兵败之后，冯道就逃往太原，投奔了晋王李存勖。

公元923年，李存勖称帝，**建立后唐**，就是后唐庄宗。同年，李存勖一举**消灭后梁**，替父亲报了仇，然后迁都洛阳。冯道很受李存勖的重用，做官一直做到户部侍郎。后来，冯道因为父亲去世离职丁忧，返回景城守孝。当时兵荒马乱、年景又不好，冯道将自己剩余的俸禄全部用于赈济乡民，自己却住在破旧的茅草棚里；对地方官吏为了逢迎他而赠送的财物，冯道分毫不受，两袖清风。

公元926年，冯道守丧期满，准备返回京师洛阳赴任。这时，李克用的养子李嗣源在邺都被叛军拥立为帝，突然反攻京师洛阳。冯道赶紧奔赴洛阳，等来的却是李存勖遇害、李嗣源继位的消息。李嗣源即位后，成为后唐的第二位皇帝，也就是后唐明宗。

明宗很早就听说了冯道的大名，拜他为宰相。冯道在任期间，大力提拔任用有才识的寒门学子，明宗的重要文件、批示都由冯道起草。明宗死后，他的儿子即位，皇位还没焐热，明宗李嗣源的养子李从珂就起兵造反了。

李从珂围住洛阳城，正准备大开杀戒，却看见冯道率领百官打开城门出来迎接他。李从珂被拥立为帝，也就是后唐末帝。唐末帝一登基，有个人就不开心了——李嗣源的女婿、河东节度使石敬瑭。

唐末帝也看出来他心怀不满，于是刚刚登基没多久，就马上出兵讨伐。兵临石敬瑭所在的晋阳城下，他慌了，派出使者向隔壁辽国求救，表示愿意割地称臣，只求辽国能帮他打败后唐。

辽太宗耶律德光闻言大喜，亲率五万兵马支援石敬瑭，后唐军被辽晋联军打败，死伤惨重。末帝登上玄武楼自焚而死，<u>后唐灭亡</u>。公元936年末，石敬瑭<u>建立后晋</u>，是为后晋高祖，冯道再次被拜为宰相。第二年，辽太宗派使者来汴梁给晋高祖加徽号，晋高祖也派冯道出使辽国，为辽太宗献徽号，称臣纳贡，"以父事契丹"，同时根据之前与辽国的协议，割让了燕云十六州。

冯道从辽国回来以后就上表高祖，请求退隐。石敬瑭连奏章都没有打开，就让侄子石重贵前去探视冯道，对他说："您明天要是不上朝，皇上就亲自来请。"冯道没办法，只能继续上班。公元942年，石敬瑭病重，在病榻前希望冯道能辅佐他的小儿子即位。石敬瑭病逝后，冯道却与众大臣商议，以"国家多难，宜立长君"为由，拥立了石重贵为帝，这就是后晋出帝。当然出帝继位后，冯道还是继续做官。

前程往往有期因

石重贵比他叔叔要出息一些，不愿向辽国俯首称臣，但是没有实力支撑的硬气会导致严重的后果。

公元947年，因出帝不愿向辽称臣，辽太宗耶律德光亲率大军攻入晋都汴梁，<u>后晋灭亡</u>。冯道前去朝见辽太宗，辽太宗问他："天下百姓，如何可救？"冯道答道："此时的百姓，佛祖再世也救不得，只有皇帝您救得了。"耶律德光听后笑而不言。后晋灭亡以后，中原无主，民心涣散，石敬瑭原来的下属、河东节度使刘知远于太原称帝，<u>建立后汉</u>，是为后汉高祖。

这时候，辽国政权也发生了突变。同年4月，辽太宗准备回契丹，带着冯道等一众后晋降臣随行，不料却在途中病逝。永康王接掌兵马，返回辽国争夺皇位，冯道等人都被留在镇州（今河北省石家庄市）。8月，后汉军队收复了镇州，冯道于是跟着其他大臣一起归附了后汉。

第二年，冯道被后汉高祖授为太师。后来，高祖病逝后太子继位，是为后汉隐帝。后汉隐帝执政期间，东南西北各地的节度使纷纷造反，隐帝就命令手下的大将郭威前去讨伐叛乱诸军。郭威平定了叛乱之后，功高盖主，权倾一时，在公元950年起兵攻入汴梁。

公元951年，郭威正式继位，**建立后周**，是为后周太祖。冯道继续被后周太祖拜为太师，郭威对冯道非常敬重，每逢冯道觐见，从不敢直呼其名。不久，河东节度使刘崇在太原称帝，**建立北汉**。

公元954年，郭威病逝，郭威的养子柴荣继位，这就是后周世宗。北汉刘崇趁后周混乱前来攻打，柴荣御驾亲征。由于冯道对柴荣亲征持反对意见，柴荣就没让他跟着去，而是命令他留在京师主持太祖的丧事。

在主持太祖丧事的过程中，冯道再也无力支撑，溘（kè）然长逝，终年73岁。柴荣听到消息后废朝三日，册赠冯道为尚书令，追封瀛王，赐谥文懿。

十朝元老名声急转

冯道在历史上的评价可谓经历了大大的急转弯。

从五代十国的不断更替中我们能够看出，那是个皇帝换得像走马灯、视人命如草芥的时代。在那样一个混乱而黑暗的时代中，冯道为官清廉、事亲济民、提携贤良，竭尽所能地保护人民的安危。别人都想着怎么保命，他甚至还花了22年时间主持编订了《九经》，在纷飞的战火中为中原文化事业做出了巨大的贡献。因此，他在五代时期有"当世之士无贤愚，皆仰道为元老，而喜为之称誉"的声望。

然而，北宋以后，受到理学思想兴起的影响，冯道开始被作为反面典型批判。北宋的史学家出于忠君观念，对冯道非常不齿。我们开篇讲到，欧阳修骂冯道"不知廉耻"。司马光更斥其为"奸臣之尤"，并且在《资治通鉴》里狠狠地批判了冯道的自我辩解"事当务实"，也就是"识时务者为俊杰"。司马光认为这太油滑了！

这种评价实际上犯了一个"以今度古"的毛病：在北宋这样的大一统王朝的和平时期，谈谈忠君死节尚有道理；在五代十国的兵荒马乱里，"皇帝轮流做，明天到我家"，皇位都不稳定，何以要求大臣死节呢？黄仁宇就认为，冯道在非常时期能够替普通百姓请命，保存了传统政府的统一行政逻辑，是很了不起的。

最后，让我们以冯道传世最有名的一首诗《偶作》作为对他一生的总结：

莫为危时便怆神，前程往往有期因。
须知海岳归明主，未必乾坤陷吉人。
道德几时曾去世，身车何处不通津。
但教方寸无诸恶，狼虎丛中也立身。

"长乐老"冯道去世后第6年，后周世宗柴荣手下大将赵匡胤发动"**陈桥兵变**"，被下属以黄袍加身，开启了北宋王朝，终结了这近百年的乱世。

萧绰

（953—1009）
辽朝政治家

金庸的武侠小说《天龙八部》中有一位大英雄叫乔峰，真名萧峰。萧峰武功盖世、义薄云天，在北宋当上了丐帮的帮主，却在追寻身世的过程中发现自己竟然是一名契丹人。萧峰在宋辽两国夹缝中苦苦挣扎、进退两难，最后只能选择在雁门关以断箭自杀身亡。

小说情节引人入胜，萧峰这个人物也令人同情。其实在小说描述的北宋这一时期，境内居住着很多像萧峰这样具有契丹血统的居民，宋朝对待这部分居民很友好，还经常提供便利和优待的政策。

谈到北宋与辽国的关系，我们就不得不来认识一位辽国的杰出女性，她与萧峰同姓，也姓萧，名叫萧绰，史称萧太后，小字燕燕，契丹族，辽朝政治家、改革家。

契丹建国

在讲萧太后之前，我们得先花点时间了解一下契丹这个民族。

契丹这个民族有多么大名鼎鼎呢？俄语、蒙古语、阿拉伯-波斯语乃至整个斯拉夫语世界中，称呼中国时使用的词都非常相像，不是Kitay就是Khitai或者Kital。《剑桥中国辽西夏金元史》

指出,"这就是中国在整个欧亚大陆的代称",翻译过来就是"契丹"。

早在唐朝初年,契丹就出现在唐的东北方向了,只是那时还比较弱小,与东突厥比邻而居,唐强盛的时候契丹就来依附唐朝,唐衰微的时候契丹就倒向东突厥。唐朝末年,中原衰落,契丹趁机发展,成了唐朝东北部的严重边患。

唐朝灭亡的公元907年,契丹族首领耶律阿保机成为可汗。在中原五代更替的乱局中,耶律阿保机于公元916年<u>建立辽国</u>。他重用有才学的汉人为谋士,在政治、经济、文化上进行了一定程度的汉化,使得辽逐渐成为能与南部抗衡的有力政权。

耶律阿保机的儿子辽太宗耶律德光即位后,趁后晋乱局,一度占领了汴梁,并通过与后晋开国皇帝石敬瑭的约定,相继<u>占领燕云十六州</u>,使得辽国的疆域扩展到长城沿线。丧失燕云十六州是我国历史上一个具有划时代意义的历史事件,也将石敬瑭永远地钉在了历史的耻辱柱上。往后中原数个朝代都没有能够完全收复这块地方,一度影响了我国乃至世界的政治格局。

临危执政

公元953年,冯道去世的前一年,萧绰出生于辽南京析津府(今北京市平谷区)。萧绰的父亲萧思温是辽国重臣,萧家世代与耶律皇室结为姻亲。萧绰从小就聪明伶俐,有股不达目的不罢休的精神,深得父亲宠爱。

萧绰童年时辽国很平静,倒是南边动荡不安。公元960年,后周诸将发动陈桥兵变,拥立赵匡胤为帝,<u>建立宋朝</u>,北宋取代了后周。

公元969年,辽穆宗耶律璟带着萧思温等亲信大臣前往黑山打猎。晚上,醉酒的耶律璟被近侍刺杀,萧思温迅速封锁消息,密令耶律璟的侄子耶律贤赶来。耶律贤赶到黑山，在灵前继位，是为辽景宗。

辽景宗回到上京（今内蒙古自治区巴林左旗）后，封萧思温为宰相，立萧绰为皇后。由于耶律贤身体多病，国事常常由萧绰执掌。第二年，辽景宗出门打猎，萧思温随行，在山里突遇政敌埋伏，萧思温遇刺身亡。公元972年，萧绰生下皇子耶律隆绪。辽景宗为了安抚萧绰以及萧氏后族，给萧家的众多亲族都赐了封号。

公元976年，辽景宗召集史馆学士，命此后凡记录皇后之言，"亦称'朕'暨'予'"，并"着为定式"，将妻子的地位升到与自己同等的程度。随着时间的推移，在辽景宗的默许下，辽国的一切日常政务都由萧绰独立裁决。如果有重要的军国大事，萧绰便召集大臣共同商量，最后综合各方意见再做出决定。她所做的决定，辽景宗最多只是听听通报，不会做任何干预。在萧绰的努力下，辽国日渐强盛。

公元982年，35岁的辽景宗在出猎途中病死。临终之时他留下遗诏，让皇子耶律隆绪继位，军国大事听皇后命。

耶律隆绪于灵前继位，年仅12岁，是为辽圣宗，萧绰自此成为萧太后。萧绰首先想到的是主少国疑，宗室亲王200余人拥兵自重、势力雄厚，局势易变。

辽圣宗即位后，萧绰进行了一系列的部署，将自己信任的重臣安排在南京留守，总管南面军事，加强边防。同时对宗室亲王颁布命令"诸王归第，不得私相燕会"，一面慢慢取消他们的兵权，一面将他们的亲属召到王宫中作为人质，解决了内部夺位的隐忧。

此时，南边的北宋政权已经分别**消灭南唐和北汉**，并于公元979年基本统一了中原与南方各地。由于辽国是北汉的宗主国，宋太宗挥师北伐北汉的时候，就与辽国正面交锋了。

澶渊之盟

公元986年，宋太宗赵光义乘辽国新君初立之机，对辽发动"**雍熙北伐**"，力图收复被石敬瑭割让的燕云十六州。宋军兵分三路，其中云州观察使杨业作为副帅，从雁门关出发进军，后世杨家将的故事就起源于这里。

一开始，三路大军进军顺利，收复了不少失地。可是，萧绰与辽圣宗宣布亲征后，北宋西北路军及东路军先后被辽军击败。宋太宗急令宋军三路大军撤退，并命西路军护送百姓内迁。然而，西路军主帅潘美指挥失误，怯阵先退，致使断后的杨业陷入重围，杨业最后负伤被俘，绝食三日牺牲。辽军士气大振，而宋朝守军则大受打击，未曾战斗便已经失了信心，无法守住已经夺得的土地，使得辽国顺利地收回了所有的疆土。

雍熙北伐是宋辽战争过程中宋对辽的第二次战略进攻。这次战略进攻的成败，不仅在军事上使得宋辽双方的位置产生重大变化，而且对宋的内政也产生了重大影响。此战的失利，使宋对辽的战略关系由进攻转为防御。从此之后，自公元986—1004年，辽宋之间用兵多次，宋朝一直处于防守状态。

公元1004年，萧绰与辽圣宗率辽军大举攻宋，意图收复关南十县（今河北省保定市及周边），宋真宗在寇准等人力谏下御驾亲征；与此同时，两国又在私底下通过使臣不断地进行外交斡旋和试探。

第二年，萧绰与辽圣宗在澶渊（今河南省濮阳县）驻扎军队，宋真宗也来到了澶渊北城。最后，辽宋达成**澶渊之盟**，约为兄弟之国，辽圣宗称宋真宗为兄，宋真宗则称太后萧绰为叔母；宋朝每年向辽国提供纳银10万两、绢20万匹；以白沟河为界，双方撤兵，此后凡有越界盗贼逃犯，彼此不得停匿，两朝沿边城池，一切如常，不得建筑城墙堡垒；双方于边境设置贸易市场，开展互市贸易。

澶渊之盟维持宋辽之间旧有的疆界，双方结束了多年不息的争战，进入了长达百余年的相对和平时期。

公元1009年，萧绰为辽圣宗举行了契丹传统的"柴册礼"，将皇权交还给辽圣宗，结束了她在辽景宗、辽圣宗年间40年的摄政生涯。萧绰回到南京安享晚年，并于同年年底病逝于行宫，终年57岁，谥圣神宣献皇后。

我们再回到《天龙八部》：小说《天龙八部》的背景是澶渊之盟之后数

燕云十六州

我们先来看看燕云十六州是哪十六州——

幽州（今北京市市区）、顺州（今北京市顺义区）、儒州（今北京市延庆区）、檀州（今北京市密云区）、蓟州（今天津市蓟州区）、涿州（今河北省涿州市）、瀛州（今河北省河间市）、鄚（mào）州（今河北省任丘市北）、新州（今河北省张家口市涿鹿县）、妫（guī）州（今河北省张家口市怀来县）、武州（今河北省张家口市宣化区）、蔚州（今河北省张家口市蔚县）、应州（今山西省应县）、寰州（今山西省朔州市东）、朔州（今山西省朔州市区）、云州（今山西省大同市云州区）。

总体而言，是以今天的北京（燕）和大同（云）为中心，涵盖北京、天津、河北和山西北部的一大片地区。幽、蓟、瀛、鄚、涿、檀、顺七州位于太行山北支的东南方，其余九州在山的西北。这一片地区是蒙古高原和华北平原的天然分界线，易守难攻，因此自春秋时起中原王

十年的辽宋,当时辽国君主是辽道宗耶律洪基,也就是辽圣宗耶律隆绪的孙子。小说中的他个性鲜明、勇武好战,时刻想要吞并北宋、统一中国。然而,历史上真正的耶律洪基却是位十分亲宋的皇帝,汉化程度极高,跟宋仁宗关系很好,从没有入侵大宋的想法。

总体来说,在萧太后以及宋朝王室两边的努力下,辽宋两边在接下来的百年内,进入了各自繁荣稳定的发展,北宋也逐步走向兴盛。

朝就在这里修筑长城,抵御北部少数民族的入侵。大家只要观察古代长城的地图,就能清晰地看到燕云十六州的北部边缘。

除此之外,燕云十六州还是北方重要的农牧混合区,屯田、牧马兼可。对于中原王朝而言,是不可多得的养马之地,也能给不少人口提供耕地。

自从石敬瑭将幽云十六州割让给契丹后,从后周开始的数百年间中原王朝不断试图收复这块宝贵的土地。周世宗柴荣于公元959年率军攻辽,收复了大量关南之地,但是后来由于病重,功败垂成。20年之后,宋太宗赵光义继续尝试收复,但在关键性的高梁河战役中战败。加上之后再次失败的雍熙北伐,北宋完全被少数民族吓破了胆,再也不敢轻易北伐。

直到1368年,明太祖朱元璋收复了燕云十六州。这块战略要地终于回到了中原的怀抱。

范仲淹

（989—1052）
北宋政治家

34

中小学生必须背诵的千古名篇《岳阳楼记》其实不长，总共只有437个字。如果我们仔细读这篇文章，就会发现它虽然名为楼记，实际上并没有花费多少笔墨写岳阳楼，甚至单纯描写景物的词句也只占全部篇幅的一小半。

写在阴雨天气登岳阳楼，"则有去国怀乡，忧谗畏讥，满目萧然，感极而悲者矣"。写在晴朗天气登岳阳楼，"则有心旷神怡，宠辱偕忘，把酒临风，其喜洋洋者矣"。总是会从景物落到人情。

这篇文章之所以名垂千古，正是因为作者范仲淹没有拘泥于写景，而是将写景、抒情、论理和感怀熔于一炉，通过写景来表达自己的世界观和人生观，极大地升华了主题。

范仲淹为什么要如此布局这篇文章呢？一个很重要的原因是他根本没去过洞庭湖边的岳阳楼，对岳阳楼和周边景物的一切印象仅仅来自朋友滕子京寄给他的一幅风景画。这种具有距离感的欣赏，反而使作品带上了更具新意的深刻。范仲淹擅于"无中生有""破旧立新"

的特长不仅体现在文学创作上,更是贯穿他一生的品质,为宋朝中期的改革画上了浓墨重彩的一笔。

范仲淹,字希文,苏州吴县人,北宋杰出的思想家、政治家、文学家,世称"范文正公"。

寒儒进士

范仲淹一家从曾祖父开始一直在吴越国做官。

吴越国是五代时期十国中的一国,由浙江临安人钱镠(liú)所创建,都城设在钱塘(今浙江省杭州市),全盛时国土范围包括今上海全境、浙江全境、苏州全境和福建东北部。到范仲淹父亲这辈的时候,吴越国的王是忠懿王钱俶(chù)。

赵匡胤统一北方后挥师南下,钱俶拒绝了南唐后主李煜提出的"联兵抗宋"的建议,联合宋朝灭掉了南唐。吴越国从钱镠传下的祖训是要始终贡奉中原王朝,钱俶遵守祖训,将自己管辖下的两浙十三州之地全部献给宋朝,这就是著名的钱俶"纳土归宋"。钱俶在不动兵戈的情况下实现和平统一,备受赞赏,钱姓也因此在《百家姓》里获得了仅次于皇家姓氏赵姓的待遇。吴越钱氏的后人秉承祖训,重视教育,文脉绵延,一直到近现代都人才辈出。

范仲淹的父亲随着吴越王钱俶归降了宋,在徐州做了个不大的官。公元989年,范仲淹出生在徐州,他出生第二年,父亲就因病去世了,母亲贫困无依,只得改嫁朱家,范仲淹改名为朱说。

公元1011年,范仲淹得知家世,决定辞别母亲,前往南都应天府(今河南省商丘市)求学。在艰苦地学习了四年之后,范仲淹以朱说之名登了进士，做了九品小官。公元1017年，朱说升为文林郎，于是归宗复姓，恢复了范仲淹这个名字。

公元1022年，宋仁宗赵祯即位，年仅13岁，宋真宗的皇后刘娥这时成为章献太后，垂帘听政。

公元1028年，范仲淹向朝廷上疏《上执政书》，洋洋洒洒数万言，对国家内政外交政策进行了详尽的分析，得到了宰相王曾和大臣晏殊的高度赞赏。在晏殊的举荐下，范仲淹被征召入京，做了京官。第二年，范仲淹上书太后，请求还政仁宗。晏殊听说后大惊失色，认为这个举动过于轻率，会连累到自己这个保举人。范仲淹的回答是一封长信《上资政晏侍郎书》，他在信中剖白心迹，不仅再次真诚地感谢了晏殊的举荐，而且表明自己为了国家和人民犯颜直谏，即使招致杀身之祸也在所不惜，"某迂拙之效，不以富贵屈其身，不以贫贱移其心"。晏殊读后，十分地惭愧感动。

公元1033年，刘太后驾崩，宋仁宗亲政，他立刻召范仲淹入京，拜为右司谏。第二年，范仲淹调任苏州知州，终于得以进入地方大员的序列，开始展示自己的能力。然而不久后，因不满宰相吕夷简把持朝政，范仲淹直言进谏，引发了台谏官与宰相的党争事件，史称**景祐党争**。范仲淹因此再度被贬，不过他务实的管理方式早已赢得了仁宗的高度认可。

安定西夏

宋仁宗时期，边疆发生了一件大事，打破了北宋30多年的和平局面。

公元1038年，原称臣于宋的西北党项首领李元昊称帝，建国号**大夏**（**史称西夏**）。

党项族李氏先后臣服于唐、五代的各个政权与北宋，与中原王朝联系一直较为密切。早在宋太宗时期，他将五州之地收回吞并，党项族的首领李继

> **西夏是从哪儿来的？**
>
> 西夏王族自称祖上来源于北魏鲜卑族。北魏灭亡后，部分将元姓恢复为拓跋姓的皇族以及其他拓跋鲜卑的后代向西逃亡，与本土羌族融合在一起，形成了党项族拓跋部。唐末社会动乱，党项族的拓跋氏派兵帮助唐朝平定了叛乱，唐朝皇帝于是赐拓跋氏姓李，并赐封了夏、绥、银、宥、静五州之地，在今天的陕北、宁夏和内蒙古南部部分地区。

迁一怒之下出走创业，后来在辽和宋之间间于齐楚，收复了许多原本属于本族的土地。

这次建立大夏国的李元昊便是李继迁的孙子。公元1039年，李元昊以臣子的身份向宋仁宗上表，追述祖先同中原皇朝的关系，说明其建国称帝的合法性，要求宋朝正式承认他的皇帝称号。这突破了北宋的底线，宋仁宗自然没有同意，北宋拒绝承认这个新生的独立政权。

为逼迫宋朝承认西夏的地位，李元昊率兵进犯宋境，在三川口（延川、宜川、洛川三条河流的汇合处）大败宋军，史称**"三川口之战"**。李元昊更是放言："朕欲亲临渭水，直据长安！"消息传到京师，朝野震惊。

公元1040年，范仲淹被紧急召回京师，与韩琦一起担任陕西经略安抚副使，兼知延州（今陕西省延安市）。在戍边西北期间，范仲淹确定了针对西夏的全面战略，以北宋强大的经济实力为后盾，改革宋军旧的管理体制，在政治上孤立西夏，逐步消耗西夏国力，等待西夏国力无法支撑时再反攻。

在范仲淹的主导下，宋在宋夏边境修筑了大量城防。对于前来归附的边疆其他少数民族，范仲淹诚恳接纳、慷慨大方，令西夏李元昊的统治显得更加粗暴蛮横，逐渐孤立了西夏。与此同时，范仲淹还培养和提拔了狄青等许多很有才干的将领。

公元1043年，李元昊请求议和。第二年，宋夏双方最终达成和议，西夏向宋称臣，宋给西夏岁币，西北安定了下来，此后宋夏边境贸易兴旺。

范仲淹

庆历新政

李元昊请求议和的同一年，宋仁宗任命范仲淹为参知政事（职位相当于副宰相），富弼为枢密副使，推行改革，范仲淹在《上执政书》中对国家治理进行的思考终于有了落地实践的机会，在宋仁宗的主持下，以仁宗年号为名的"庆历新政"拉开了序幕。

"庆历新政"的十项改革方案是：明黜（chù）陟（zhì）（明确官吏的晋升和考核），抑侥幸（严格官吏准入机制），精贡举（严格科举制度），择官长（严格考核基层官员的业绩），均公田（平均分配地方官员的公田），厚农桑（重视农业生产），修武备（整治军备），减徭役（减轻人民负担），覃恩信（落实中央政府各项惠民政策），重命令（畅通上传下达的政令渠道）。

我们可以看出，庆历新政的重点是"澄清吏治"，也就是优化官僚系统，提高管理效率，节约财政支出。在范仲淹的亲自考核下，一大批尸位素餐的官僚迅速失去了官位和俸禄，政府的运转效率得到了很大的提升。

但是，"断人财路，杀人父母"，这种大刀阔斧的改革势必遭到既得利益群体的反击。再加上政策实施过程中总会有偏差，上有政策、下有对策，导致基层对新政有了不少怨言。

在这个微妙的时局下，支持范仲淹和新政的一派士大夫不但没有更加谨慎，反而行事高调。备受范仲淹赏识的欧阳修激情满怀地写下了《朋党论》，公开声称支持新政的这一派是君子，反对者都是小人，君子之朋党有理。范仲淹的学生石介则写了一篇《庆历圣德颂》，把范仲淹和富弼歌颂为圣人，将保守派和中立派定义为"大奸"。

革新派文艺青年的这一通操作，直接将所有对新政有疑虑的人推向了对立面，不仅孤立了自己，还让宋仁宗这个变革的主导者也转变了看法。宋仁宗固然是一位少有的仁厚皇帝，但是皇帝这个位置决定了他必须保证朝堂之上"异论相搅"，不能允许任何一派势力独大。当革新派显露出强势、结党的倾向时，宋仁宗不得不结束新政。

公元1044年，范仲淹请求外放，仁宗任命他为陕西、河东宣抚使，一年后改任邓州。不久之后，富弼也外放离京。实施仅一年有余的新政被废止，改革以失败告终。

公元1046年，范仲淹抵达邓州，《岳阳楼记》就是他这一年在邓州写下的。其实早在两年前，巴陵郡守滕子京就给范仲淹写信，希望他能给新修的岳阳楼撰文。滕子京也知道范仲淹实在没有时间亲赴巴陵郡，就在信中附上了一幅《洞庭秋晚图》。

公元1052年，"先天下之忧而忧，后天下之乐而乐"的范仲淹在就任颍州途中于徐州病逝，享年64岁。

范仲淹去世后，宋仁宗亲书"褒贤之碑"，加赠兵部尚书，谥号"文正"。范仲淹不仅获得了我国历史上文臣能获得的最高谥号，也成了被历代读书人所敬仰的楷模典范和士大夫的精神领袖。后世士大夫更是将他誉为"至人"，也就是完美的人。

"文正"这个谥号正是因为有范仲淹才如此被后人所敬仰。而"文正公"这一称呼几乎成了后世对范仲淹的独一称谓。

范仲淹在《岳阳楼记》的最后问道："微斯人，吾谁与归？"像他这样的人，确实太少了！

文臣武将的谥号

历史上有名望的古人死之后都会有谥号，除了皇帝外，文臣武将的谥号可以分为如下几类：

文臣得到的谥号，通常以"文"字为第一字的谥号。唐代以前一般都只谥一个"文"字，后来加上一个字变成了二字谥。文臣的谥号根据高低可以分为：文正、文成、文忠、文献、文襄等。

北宋的司马光第一次提出了"文正是谥之极美，无以复加"，是文人道德的极致。从此以后，皇帝就不轻易把这个谥号给人了。

在历史上，能得到文正这个谥号的人，大多都是当时文人敬仰的对象，中国历史上只有26个人获此殊荣，如唐朝魏徵，宋朝范仲淹、司马光，元朝耶律楚材，明朝方孝孺、李东阳，清朝刘统勋、曾国藩等。

明朝大学士李东阳临死之前，他的朋友来看望他，见李东阳为自己的谥号担忧，就安慰他说死后会有"文正"的谥号。垂死的李东阳一听这话，竟然爬起来就向朋友磕头，可见这个谥号在文臣心目中的分量。当时就有人作诗讽刺说："文正从来谥范王，如今文正却难当。大风吹倒梧桐树，自有旁人说短长。"也就是说，真正为人们所公认的、实至名归的"文正公"还得是范仲淹这样文武双全的至人。

武将谥号不尽相同，通常与"武"字搭配组成二字谥号，依次为：武宁、武毅、武敏、武惠、武襄、武肃等。

还有一种文武通用的谥法，与"忠"字搭配组成二字谥号的用字，依次为忠文、忠武、忠定、忠烈、忠肃、忠毅等。如岳飞的谥号就是武穆、忠武，也是非常靠前的武将谥号。

苏轼 35

(1037—1101)
北宋文学家

明代冯梦龙所编的白话短篇小说集《警世通言》中,有一篇名为《王安石三难苏学士》,里面讲了王安石分别用题诗、取水和对联三次任务难倒苏东坡、对他加以教训的故事。

故事开头写道:"苏轼天资高妙,过目成诵,出口成章。有李太白之风流,胜曹子建之敏捷。在宰相荆公王安石先生门下,荆公甚重其才。东坡自恃聪明,颇多讥诮。……荆公默然,恶其轻薄,左迁为湖州刺史。正是:'是非只为多开口,烦恼皆因巧弄唇。'"

就像我国古代文学史上其他一些著名的演义故事一样,冯梦龙这篇故事的精妙之处就在于——故事全是虚构的,但是人物性格和人物关系却非常真实。苏轼一生起起伏伏,许多是非烦恼确实来自他那张嘴,可谓成也文章、败也文章;而王安石也确实与苏轼的人生际遇脱不开关系。

苏轼,字子瞻,号东坡居士,世称苏东坡,眉州(今四川省眉山市)人,北宋文学家、书法家、美食家、画家。

眉州三苏

公元1037年，苏轼出生于眉州。父亲苏洵年轻时不爱学习，就喜欢游山玩水，结婚生子之后才开始发奋用功。《三字经》里的"苏老泉，二十七。始发愤，读书籍"讲的就是苏洵。

苏轼还有个弟弟叫苏辙，两人的名字是读书之后苏洵给起的。"辙"意为车轮碾过的痕迹，体现苏辙沉稳踏实的性格；而"轼"意为车前的扶手，没有什么实际用途，却是车辆不可或缺的零件，苏洵给才华横溢的苏轼起这个名字，就是告诫他要学会隐藏自己外露的锋芒。

公元1052年，范仲淹去世，这一年，苏轼刚满15岁，尚在眉州苦读。四年后，苏洵带着苏轼和苏辙二子出蜀赴京（开封府），参加朝廷的科举考试，这也是苏轼第一次出远门。

苏洵到了京城之后，首先拜谒了当时的文坛领袖、翰林学士欧阳修，欧阳修对他的才学很是赞赏，这让苏洵在京城有了一些名气。公元1057年，苏轼和苏辙同时进士及第，轰动了整个京城。据说欧阳修读完苏轼的应试文章后，欣喜地向宋仁宗汇报，说他为圣上发现了人才，"老夫当避路，放他出一头地也"。成语"出人头地"就来自此。苏氏父子三人随即名声大噪，正所谓"一门父子三词客，千古文章四大家"。

公元1066年，苏洵病逝，苏轼、苏辙两兄弟扶柩还乡，守孝三年。守孝结束、回到京师上班的苏轼迎面赶上了王安石变法。

王安石变法

王安石比苏轼大16岁。公元1067年，宋神宗即位。三年后，王安石任中书门下同平章事（宰相），比之前范仲淹的参知政事还高一格。他在全国范围内推行新法，开始大规模的改革运动。

【宋朝初期制度特点】宋朝建立之初，吸取五代十国的割据教训，采取文官治国，实施了一系列分权措施。这些措施确实消除了地方割据势力，有利于中央集权，但是"兵无常帅，帅无常师"等措施，逐渐造成大量冗余职位，难以保障效率。冗员就会导致财政开支增加，到宋仁宗嘉祐末年，国库里几乎没有余钱了；国库空虚，迫使政府不断增加税赋，人民不堪重负，最终导致内忧外患。

这些问题在范仲淹主政时期就已经暴露出来，庆历新政试图解决，然而未果。

宋神宗即位后，面对日益严重的积弊，深感不得不继续改革。王安石在嘉祐、治平两朝政绩斐然，再加上他本人品行高洁、生活简朴、工作勤奋，在政坛和文坛都很有影响力。宋神宗于是开始重用王安石。

【王安石变法】几乎涵盖了当时政治、经济、教育和军事的方方面面，例如：改革科举制度，取消诗赋，改试经义、策论；实施青苗法（青黄不接时，由官府给农民贷款、贷粮，收取利息，随夏秋两税归还）、免役法（按户轮流服差役，改为由官府雇人承担，不愿服差役的民户，按贫富等级交钱）、方田均税法（核实土地，按土质好坏类，作为收税依据）、农田水利法（按贫富等级高下出资兴修水利）、市易法（政府收购储备制度）等；整顿军队，裁员精简，恢复"兵农合一"的征兵制，取代募兵制；实施保甲法（十户一保，农闲时集中军事训练，类似民兵制度）、保马法等。

众所周知，与庆历新政一样，王安石变法也失败了。

改革措施增加了政府的财政收入，却并没有抑制严重的土地兼并，没有真正减轻底层百姓的经济负担，导致了群体性事件增加。政策制定理想化，执行政策的过程中却急于求成，没有变通处理，出现了较大偏差……这些都是最终导致王安石变法失败的重要原因。

而王安石变法导致的后果之一，是使得朝堂之上的士大夫分成了"新党""旧党"两派，政治斗争日趋严重。朱刚教授在《苏轼十讲》中指出："史料上呈现的面貌是：卷在［变法］里面的人几乎没有一个不想把国家搞好，而那些明确表示支持或反对的人绝大多数是不计个人祸福的高尚的人。"

然而，这些高尚的人之间的争斗却进一步把国家拖入了泥潭。不得不说是一个巨大的悲哀。

乌台诗案

宋神宗为了确保新法推行，常常让反对新法的官员离开京师，苏轼也不例外。公元1071年，苏轼上书谈论新法的弊病，王安石颇感愤怒，苏轼于是请求出京任职，被授为杭州通判。

由于北宋初年毕昇发明了活字印刷术，北宋的印刷业得到了长足的发展，到苏轼时，出版业也逐渐兴盛起来。苏轼出名早，有人格魅力，许多年轻学者都愿意追随他。杭州的出版商就抓住他这个大IP，把他在杭州期间创作的作品编纂成册，出版了《苏子瞻学士钱塘集》，书卖得非常好。

这次合作令苏轼成功"出圈"，进入了公共话语领域，他的一举一动已经不再单纯限于官僚或士大夫阶层，而是能够影响到社会舆论了。影响力越大，责任越大。

公元1079年，43岁的苏轼被调为湖州知州。上任后，他给神宗写了一封《湖州谢表》，这本是例行公事，但苏轼在书写时加上了许多个人色彩。他的话被新党利用，一时间，朝廷内一片倒苏之声。上任才三个月的苏轼被御史台的吏卒逮捕，解往京师，受牵连者达数十人。这就是著名的"**乌台诗案**"。

乌台诗案这一巨大打击成为苏轼一生的转折点。出狱后，他到任黄州（今湖北省黄冈市）团练副使。他在黄州城外东坡上买了块地，亲自开荒耕种，因此给自己起了别号"东坡居士"。在远离政治中心的黄州，苏轼带着劫后余生的心情寄情于创作，多次游历城外的赤壁山，写下了《赤壁赋》《后赤壁赋》和《念奴娇·赤壁怀古》等名作，开创了"豪放派"的词作风格。

新旧党争

公元1084年，宋神宗再次将苏轼调任到汝州（今河南省平顶山市）。从黄州赴任汝州的途中，苏轼到访江宁（今江苏省南京市），见到了告老还乡的王安石。邵伯温所著的《邵氏闻见录》这样记载："荆公野服乘驴，谒于舟次，东坡不冠而迎。"王安石穿着便服骑着驴，苏轼坐着小船而来，连帽子都没戴，两人毫无芥蒂、谈笑风生。真实的历史上没有"王安石三难苏学士"，如果不是各自政治理想的冲突，这两位杰出的天才也许会是多么好的朋友啊！

公元1085年，年仅38岁的宋神宗驾崩，宋哲宗即位，高太后临朝听制。司马光为宰相，旧党得势，然而新旧党争愈演愈烈。第二年，王安石也因病去世。苏轼复任中书舍人，宋哲宗嘱咐他为王安石书写诰命《王安石赠太傅》。苏轼公正地评价了王安石，对他的事业和学术表达了高度的理解与推崇。

公元1089年，苏轼再度被外放到杭州做官。苏轼在杭州做官期间做了很多实事，他疏通了六井、清除了西湖的水草和淤泥，还修筑了一条新的堤坝，这就是著名的"苏堤"。苏轼在西湖上开辟水面，方便当地居民种植菱角，并以小石塔为水田的界线，这几个小石塔就是杭州八景之一"三潭印月"景观的由来。

公元1093年,高太后去世,哲宗执政,新党势力又强了,苏轼被贬至广东的惠州。四年后,62岁的苏轼被贬到儋州(今海南省儋州市),在这个当时的蛮荒不毛之地,苏轼已经做好了死在这里的准备——"今到海南,首当作棺,次便作墓"。

公元1100年,年仅25岁的宋哲宗病逝,宋徽宗即位,朝廷颁行大赦,苏轼又可以回到京师了。然而,就在朝廷大赦的第二年,苏轼在北归途中于常州逝世,享年65岁。

宋高宗即位后,追赠苏轼为太师;宋孝宗时,追谥"文忠"。在普通人的眼中,苏轼则是位诗词书画文全能型天才文人,是后世知识分子的精神楷模和"爱豆"。

小论文
什么样算成功的变法?

我国历史上,改革与变法一直是保障政权稳固、国富民强的永恒话题。历史上的变法成功与失败参半。但是像王安石变法引起如此大的争议还是不多的。对王安石变法,历史上的褒贬评价呈两极化,而变法之后带来王朝的兴衰更是令后人唏嘘。

在王安石变法之前,我们介绍过多次变法,例如春秋战国时期的李悝在魏国变法、吴起在楚国变法以及商鞅在秦国变法;西汉末年王莽篡权之后实施的王莽新政;南北朝时期,北魏冯太后、孝文帝改革;西魏宇文泰改革;唐朝中叶之后的两税制改革;以及发生在王安石变法之前不过30年的范仲淹庆历新政。

这些改革,或成功或失败,都有许多外部不利因素的制约。然而,王安石变法时,貌似天时地利人和都具备,变法环境完美!为什么还是失败了呢?让我们以王安石变法为契机,用事后诸葛亮的态度,来看看什么样算成功的变法:

一是与民让利,解放劳动力。为老百姓减轻负担,鼓励从事生产,而真正能实现减轻百姓负担的措施往往从统治阶级本身做起,例行节俭,休养生息,精简机构,轻赋税徭役,藏富于民,才能实现真正的生产鼓励。

二是控制贫富差距,减少社会不稳定因素。统治者往往从抑制土地兼并,比如北魏和西魏实施的均田制等措施。

三是吏治改革与分明奖罚。主要是从人才选拔上更加公开透明，打破出身、门阀、资历的限制；绩效管理得跟上，特别在军队改革中尤为重要，以业绩为导向；减少行政冗余，打击贪腐，改革需严格落实，并配套监管措施。

四是强有力的军政大权做保障。改革的核心是重新分配利益或者改变利益分配的制度和机制，难免影响旧势力，如何保障改革措施的实施，离不开绝对权力。

五是良好的互动与反馈机制。改革一开始就需要产生明显的效果，比如政府财政收入提高、对外战争或者外交事件胜利等，能让改革者有信心，也能让老百姓服气。

改革并不是一蹴而就的，常常需要在前人基础上总结经验，坚持到底才能见成效。商鞅变法深化提升了法家的李悝变法与吴起变法，孝文帝改革深化提升了冯太后改革，北周武帝宇文邕的改革则是他父亲宇文泰改革的延续。

范仲淹的庆历新政几乎做到了上述几点，然而可惜的是，庆历新党政治经验不足，得罪了利益集团，加上仁宗皇帝的中庸管理，导致实施仅仅一年多的新政失败。新政失败后范仲淹再一次受到重用时，仁宗已经意识到实施新政的重要性和必要性，可惜不久之后范仲淹便累死在任上，令人惋惜不已。

王安石变法的幕后主导者其实是神宗本人。这次变法的内容在经济、军事上多沿用了庆历新政，但是缺乏在"澄清吏治"上下功夫，没有解决当时宋朝面临的主要矛盾与核心问题。宋神宗改革时年仅21岁，缺乏经验的同时也缺乏权威。变法从刚开始实施时，便遭到了当权派的反对，这也为神宗的统治造成了不稳定因素。而改革实施几年后，好不容易财政有些积累，神宗急于求成，大举进军西夏，结果战败，严重打击了他的雄心壮志，导致他抑郁而终，死时年仅38岁。

我们1000年后来总结，如果神宗当时能吸取庆历新政失败的深刻教训，在权力稳固之后再推行改革，徐徐图之；如果神宗没有贸然发动进军西夏的战争，没有刻意追求彰显改革成果，或许王安石变法会是另外一个结局。然而历史没有如果，也不能重来。

无论如何，我们都佩服历史上各代变法者为改革积弊所做出的努力，毕竟改革需要的不仅仅是勇气，更需要斗争与坚持。

36 岳飞

(1103—1142)
南宋军事家、民族英雄

"怒发冲冠,凭阑处、潇潇雨歇。抬望眼,仰天长啸,壮怀激烈。三十功名尘与土,八千里路云和月。莫等闲,白了少年头,空悲切。

靖康耻,犹未雪;臣子恨,何时灭?驾长车,踏破贺兰山缺。壮志饥餐胡虏肉,笑谈渴饮匈奴血。待从头,收拾旧山河,朝天阙。"

岳飞的《满江红》是大家耳熟能详的著名诗词,岳飞本人也是历史上少有的文武双全的将帅。他才能出众却命运多舛,精忠报国却沉冤而死,在他死后的几百年间,老百姓一直自发地祭祀他,他的生平事迹也变成了民间传说。在金庸小说《射雕英雄传》里,岳飞所著的《武穆遗书》甚至成为武功秘笈,成为众人抢夺的对象。

岳飞为什么会受到人们的普遍喜爱呢?让我们一起来看看他的人生。

岳飞,字鹏举,相州汤阴人(今河南省安阳市)。南宋时期抗金名将、军事家、战略家、民族英雄、书法家、诗人,位列南宋"中兴四将"之首。

靖康之耻

苏轼去世两年后,岳飞出身于河北西路相州汤阴县的一个普通农家。岳飞少年时期,北方少数民族政权出现了大迭代。女真崛起了。宋徽宗宣和四年(1122),岳飞开始了他的军戎生涯。

公元1125年,**金国灭辽国**后,开始把野心投向了北宋。宋徽宗眼见金军攻入河北,立马禅位于长子赵桓,即宋钦宗。金军渡过黄河包围开封,宋钦宗最终选择割地求和,并供奉了大批金银。

第二年,宋钦宗反悔割地,金军二次南下围困开封。宋钦宗一边求和,一边暗地里征召各路兵马以备勤王。太原军和平定军两路兵马相继失利后,从平定军突围回到家乡的岳飞目睹了金人入侵后人民惨遭杀戮的情形,十分愤慨,想要再度出征,又担忧家里的母亲和妻儿。

女真族

女真族是东北亚地区的一支少数民族,属于黑水靺鞨遗留下来的通古斯族群。在岳飞刚满12岁的那年,公元1115年,女真族首领完颜阿骨打统一了女真各部,**建国"大金"**。完颜阿骨打领导当时东北各族人民共同反辽。他还与北宋达成协议联合抗辽,并允诺协助北宋收回燕云十六州。

岳母姚氏是位深明大义的妇女，积极勉励岳飞"从戎报国"，后世传说她为岳飞后背刺上了"精忠报国"四字，成为历史上著名的忠义故事。当年冬天，岳飞来到河北兵马大元帅府任职，他英勇奋战，军功累累。

然而，由于防守出现重大决策失误，就在这一年，金军攻破北宋都城汴京。宋徽宗、宋钦宗两位皇帝及整个后宫沦为俘虏，被金军掳走，到了北方之后，所有俘虏均袒胸露背、身披羊皮，跪拜金太祖庙。在此奇耻大辱之中，<u>北宋灭亡</u>，史称<u>靖康之变</u>。

南宋偏安

随后，一直在抵御金军的康王赵构在应天府即位，这就是宋高宗，<u>南宋政权</u>开始了。

宋高宗虽起用了抗战派名臣李纲为左相，但仍旧对投降派颇为器重，准备采取投降派避战南迁的政策。25岁的岳飞得知这个消息后，不顾自己官卑职低，向宋高宗"上书数千言"。然而，他的耿耿丹心只换得"小臣越职，非所宜言"八字批语，被革除军籍，逐出了军营。

同年，岳飞渡河北上，奔赴抗金前线北京大名府，辗转来到名将宗泽手下。宗泽一直留守在东京开封府，成为抗金的中心人物。随着金军的撤退，宗泽准备北伐，他向宋高宗连上奏章达20多次，希望能够恢复大宋的失地，但始终没有取得宋高宗的支持，最终含恨离世。

公元1128年秋，金太宗下令再次发动对宋战争，准备擒拿宋高宗。岳飞奉命御敌，因多次战功升任刺史。公元1129年，由于继任东京留守的官员溃逃，开封、建康相继失守。金军占领建康府后，直取临安（今浙江省杭州市）。宋高宗向南逃到海边，金军一路追击，高宗乘船入海。金军尾追不舍，幸好有南宋水军在台州海面截击，高宗才得以幸免，但是这次金军深入给高宗带来了极大的心理阴影。

深入南方的金军丧失了骑兵优势，南宋军队开始组织反击。当时另外一个抗金英雄韩世忠在镇江利用金军不善水战的特点，严密封锁沿江渡口，把金军困在了黄天荡。韩世忠的夫人梁红玉也是一名骁勇善战的将领，她在阵中亲自为将士击鼓助威，为后世留下了一段夫妻两人合力抗金的传奇。在水路与韩世忠相持40多天之后，金军通过火攻突围，收兵退回建康，刚好赶上岳飞率军尾袭。最终建康被收复，金军彻底撤回江北。这场战役称为黄天荡之战。

虽然金军突围成功，但是金太宗也意识到短期吞并南宋的战略意图难以实现，之后宋金双方攻防心理产生了很大变化，南宋的偏安政权得以延续。

同年，岳飞借着押解战俘的机会，生平第一次觐见宋高宗。岳飞陈述了守卫建康的意义，得到高宗赏识。

公元1131年，岳家军的军号被朝廷定名为神武副军。之后，宋高宗赐给他铠甲、弓箭等物，及御书"精忠岳飞"锦旗一面，岳家军兵力得到扩充，规模达到两万多人。

撼岳家军难

灭了北宋、掳走了徽钦二宗之后，金国发现自己没有能力统治中原北方的广阔土地，于是就在这些地区扶植了一些傀儡政权加以统治，伪齐政权便是其一。公元1134年春，南宋决定由岳家军出兵讨伐伪齐政权。岳家军接连打败伪齐和金国的联军，一举收复了襄阳六郡，震动了朝廷。宋高宗接到岳飞的捷报后，不禁叹道："朕虽素闻岳飞行军极有纪律，未知能破敌如此。"

收复襄阳六郡后,岳飞奉诏移屯鄂州,鄂州从此成为岳家军的大本营。岳飞命守官修复城池、加强戒备,并大力兴办营田,招徕归业农民。由于岳飞努力整顿防务,重视发展生产,襄汉地区成为南宋连接川陕、北图中原的战略要地,"襄阳守,则南宋安"。

两年后,岳飞第二次出师北伐,连续攻克陕西南部、河南南部等地。

公元1137年,岳飞因收到金国要放归钦宗的太子回国的谍报,对此表示担忧,在入觐时向高宗提议立其养子(即后来的宋孝宗)为皇储,以示高宗之正统,但高宗对此提议不满。据说岳飞和宋高宗之间的矛盾,就是从这一年开始逐渐加深的。

这时,宋金对峙形势发生了重大变化。第二年,宋高宗为"屈己求和",升任从金国潜逃回来的秦桧为右相,让他与金国接通关系。

岳飞

主战派都对和议表示坚决反对，但高宗置之不理。南宋与金的第一次和议达成，宋"奉表称臣"，承认宋为金的藩属，接受金"赐给"的河南之地，并每年贡奉银绢。

然而，和平的时间过于短暂，公元1139年，金国内部发生政变，主和派被杀，主战派成为金国的掌权者。第二年，金国又找理由进攻南宋，岳飞随即挥师北上。岳家军全线进击，包围开封。金军以十万大军驻扎于开封西南的朱仙镇负隅顽抗，双方交锋，金军马上全军崩溃，只能放弃开封府，准备渡河北遁，岳家军取得**朱仙镇大捷**。

十二道金牌

然而，就在这个时候，宋高宗命令岳飞停止进军。岳飞眼看就要光复开封府，想继续追击。可是，宋高宗急发十二道金牌，命令岳飞班师回朝。

公元1141年，金国在无力攻灭南宋的情况下，重新与宋议和。

南宋趁机开始打压手握重兵的将领，尤其是坚决主张抗金的岳飞、韩世忠二人。在宋金议和过程中，岳飞遭受秦桧诬陷入狱。第二年，以"莫须有"的罪名，岳飞与长子岳云及部将等数人一同遇害，年仅39岁。

后世许多人对高宗诛杀岳飞都感到不解，南宋后期也往往将冤案主谋推向秦桧以避重就轻。然而，从前面的讲述大家可能已经有所感觉：皇帝看待事物的角度与臣子是不一样的，与百姓更不一样，更不要说这个皇帝还是个优柔寡断、反复无常的皇帝。

在宋高宗看来，岳飞北伐收复失地，巩固了南宋政权安全，固然很妙；但是他功高盖主，如果进一步北伐成功，就有机会迎宋钦宗南归，这就很不妙。同样，岳飞通过北伐取得不世之功，牢牢掌握军权，不禁让宋高宗想起自己老赵家是怎么改朝换代登上皇座的。

岳飞本人私德极好，体恤下属，从不贪恋财物美色，具备了王朝创业者的良好素质；加上年轻有为、文武兼备，兼有虎子与悍将。宋高宗自己没有子女，岳飞在他面前议论继承人的设立，让高宗坐立不安。反观金国短期内并不能影响南宋政权的安危，岳飞看上去是个更大的威胁。在多重因素作用之下，高宗对岳飞痛下杀手，酿成千古奇冤。

其实宋高宗并不是一个昏君，高宗治理下的南宋政权相对稳定、经济繁荣。晚年的高宗也意识到自己造成的冤案，他让位于养子宋孝宗之后不久，孝宗即为岳飞平反昭雪，当时作为太上皇的宋高宗依然在世，默许了孝宗的做法，变相承认了自己的错误。岳飞改葬于西湖畔栖霞岭，追谥武穆。后人将秦桧夫妻两人铸成铁像安置在岳武穆庙前供人唾弃，从此有名联传世："青山有幸埋忠骨，白铁无辜铸佞臣。"

岳飞死去，南宋的北伐事业随即终止。此后虽有少量战役告捷，但是失去的故土再也回不来了，南宋政权也在动荡中度过了之后的岁月。

# 辛弃疾

（1140—1207）
南宋文学家

公元1175年，南宋的理学家朱熹和心学家陆九渊带着各自的门生弟子，在鹅湖寺（今江西省上饶市鹅湖寺）见面了。

在此之前，两人已经因为学术上的观点分歧吵了很多架了，谁也不让谁。会面的组织者本以为这次会面能够让两派握手言和，没想到两派一见面就激烈地辩论了起来。

陆九渊认为，"欲先发明人之本心，而后使之博览"。朱熹却强调"格物致知"，认为格物就是穷尽事物之理，致知就是推致其知以至其极。双方大吵三天，最后不欢而散。这就是我国古代哲学史上著名的"**鹅湖之会**"。

13年后，寂静的鹅湖寺又迎来了两位在此畅谈辩论的著名人物。其中一位是力主抗金复国的志士陈亮，另一位就是被免了官、闲居在附近的辛弃疾。两人在鹅湖相会，激动地议论抗金大事，写下了多篇词作。

在与陈亮告别后，辛弃疾回到家中，仍然难以平复激动的心情，他写道：

"醉里挑灯看剑，梦回吹角连营。八百里分麾下炙，五十弦翻塞外声，沙场秋点兵。　　马作的卢飞快，弓如霹雳弦惊。了却君王天下事，赢得生前身后名。可怜白发生！"

这就是著名的《破阵子·为陈同甫赋壮词以寄之》。

辛弃疾，字幼安，济南府人。南宋官员、将领、文学家，著名词人。

归正人

公元1140年，辛弃疾出生于山东东路济南府，这一年，岳飞正被十二道金牌急召回朝。按照岳飞的计划，下一步光复济南府也是非常有可能实现的。然而，北伐终止，辛弃疾所生活的济南府也一直处于金国的统治之下。

靖康之变、宋室南渡后，辛弃疾的祖父由于家族人数太多，无法南下，就在金国待下去并做了官。辛弃疾从小目睹汉人在金人统治下所受的屈辱与痛苦，早早地就立下了恢复中原、报国雪耻的志向。

公元1151年，海陵王完颜亮杀掉金熙宗后即位，大力推行**金国汉化改革**。同年，颁布诏书决定自上京迁都燕京（今北京市）。并令人参照北宋都城汴京的规划和建筑式样，在辽南京城的基础上兴建都城。于公元1153年正式迁都，改燕京为中都。

在安定巩固内部统治之后，完颜亮于公元1161年大举南侵，在后方的汉族人民由于不堪金人严苛的压榨，奋起反抗。21岁的辛弃疾也聚集了两千人，加入了一支声势浩大的起义军。战争过程中，金人内部矛盾爆发，完颜亮在前线为部下所杀，金军向北撤退，辛弃疾奉命南下与南宋朝廷联络。

辛弃疾在起义军中表现出的勇敢和果断使他名重一时，南宋朝廷任命他为江阴签判，从此开始了他在南宋的仕宦生涯。但是，作为从金朝辖地来到南宋国土的"归正人"，辛弃疾的身份一直非常尴尬，没有做到高官。

壮志未酬

此后，偏安江南的南宋朝廷与金国保持了较长时间的和平，辛弃疾一直未能得到重用。

公元1180年，辛弃疾任江西安抚使时，在上饶修建了一座园林式的庄园，安置家人定居，取名为"稼轩"，辛弃疾以此自号"稼轩居士"。两宋时期正是我国古典文人园林的繁荣时期，造园艺术与山水画互相借鉴、交相辉映，造就了我国园林"虽由人作，宛自天开"的独特美学。

辛弃疾的带湖新居落成后不久，他就受弹劾而被免官。此后二十年间，他除了有两年一度在福建任职之外，大部分时间都在乡闲居。闲适的田园生活给了辛弃疾很多创作灵感，让他写下了《清平乐·村居》和《西江月·夜行黄沙道中》这样的千古词作。

公元1203年，主张北伐的南宋宰相韩侂胄起用主战派人士，64岁的辛弃疾被任为浙东安抚使，年迈的辛弃疾精神为之一振。在知镇江府时，他登临北固亭，感叹自己报国无门，写下了《永遇乐·京口北固亭怀古》。我们在前面讲刘裕时曾经讲到了这首词。

果然如词中所讲，元嘉草草，仓皇北顾，南宋在之后的北伐战争中失败。不久后，在一些谏官的攻击下，辛弃疾被降了职，朝廷后来又再次征召他，心灰意冷的辛弃疾再次辞免。公元1207年，朝廷再次起用辛弃疾，令他速到临安府赴任。然而此时的辛弃疾已经病重，卧床不起，只得上奏请辞。

同年九月，辛弃疾去世，享年68岁。

辛弃疾一生以恢复为志，以功业自许，却命运多舛、壮志难酬。但他始终没有动摇恢复中原的信念，而是把满腔激情和对国家命运的关切寄寓词作之中。如同唐诗领域的杜甫，辛弃疾大大拓展了词这个文学体裁，他的词题材丰富、风格多样，既可以抒发爱国情怀、讨论国家大事，也可以欣赏田园美景、作小儿女态。他也是两宋词人之中，现存词作较多的作家之一。与辛弃疾同时代的陆游存词量最多，辛弃疾紧随其后，有六百余首词，基本都收录在《稼轩长短句》中。

辛弃疾与苏轼合称"苏辛"，与李清照并称"济南二安"。由于词数量很大，辛弃疾的词作风格难以用"豪放派"或者"婉约派"来界定，正如同时代文学批评家所说："公所作，大声鞺（tāng）鞳（tà），小声铿（kēng）鍧（hōng），横绝六合，扫空万古，自有苍生以来所无。"

蒙古崛起

在辛弃疾的晚年，北方政权又出现了巨大的变化——蒙古崛起了。

蒙古人最初是以部落的形式散居在今贝加尔湖东南和黑龙江上游一带。12世纪时，蒙古人依照血缘关系结成了大大小小不同的氏族，几个氏族组成一个部落，各部落之间经常陷入战争。当时，女真族建立的金政权正处于强势地位，他们也经常欺侮一盘散沙的蒙古人。

公元1162年，蒙古孛儿只斤氏的一个贵族家庭里诞生了一个男孩，取名铁木真。后来，铁木真以雄才大略和坚忍不拔的毅力积累实力，在公元1189年被推举为蒙古乞颜部可汗，随后经过一系列战争，统一了蒙古高原的各个部落。

就在辛弃疾去世的前一年，公元1206年，铁木真在斡难河源召开大会，上尊号"**成吉思汗**"，意为"拥有海洋四方的大王"。**大蒙古国建立**。

【蒙古初期统治】成吉思汗建立了军事、行政和生产相结合的制度，把蒙古人按编制组织起来，平时生产，战时出征；组建了万人护卫部队，成了他手下作战最为勇猛的近卫军；建立了司法机构，并令人创建蒙古文字，促进了蒙古帝国的快速发展壮大。

辛弃疾晚年也能看出金国的衰落，只是他并没有想到，蒙古的快速崛起会让北方民族的向南侵略以另外一种更为强烈的方式扑面而来。

38 耶律楚材

（1190—1244）
金朝末年、蒙古国政治家

我们印象中，蒙古国的崛起主要靠成吉思汗的雄才伟略与蒙古人的能征善战。然而，如果仅凭这两点，蒙古族很难进行长期持续的帝国经营与统治。蒙古国能建立长期政权，统治如此广阔的亚欧大陆，并影响后世几百年的历史，一个关键人物的作用不可小觑。

成吉思汗这样评价他："此人是天赐我家，以后军国庶政，都可以委托于他。"蒙古第二代可汗窝阔台这样评价他："非卿，则中原无今日。朕所以得安枕者，卿之力也。"

耶律楚材，字晋卿，汉化契丹族人，号玉泉老人，蒙古国时期政治家。

金国衰落

公元1190年，耶律楚材出生于金国的首都燕京（今北京市）。他出身契丹贵族家庭，是辽太祖耶律阿保机的九世孙，父亲是金国尚书右丞耶律履。当时的燕京作为金国首都，有着深厚的汉文化基础，耶律氏世代受到汉文化熏陶，形成了读书知礼的家风。

耶律履生他的时候已经60岁，据说孩子出生时他算了一卦，算完后说:"吾年六十而得此子,吾家千里驹也,他日必成伟器且当为异国用。"耶律履用《春秋左氏传》中的"虽楚有材,晋实用之"的典故,给儿子起名为"楚材"。故事不知是真是假,倒确实印证了耶律楚材的人生。

在耶律楚材不到两岁的时候,父亲耶律履去世了,他随母亲杨氏定居义州弘政(今辽宁省锦州市义县),受到良好的教育。根据金国制度,宰相的儿子成人之后能够被朝廷赐予一个官职,但耶律楚材没有选择接受宰相父亲的荫蔽,而是参加了金国的科举考试。

公元1206年,他顺利进入金章宗的殿试,并脱颖而出,随后以16岁的年纪入朝为官。就在这一年,成吉思汗建立大蒙古国。此后几年,蒙古国的快速崛起严重威胁着金国的统治。公元1211年,蒙古国与金国发生了著名的野狐岭之战,此战之后,金国主力尽失,一蹶不振。

公元1214年,刚刚即位的皇帝金宣宗发现首都燕京已经处于蒙古国的包围圈中,于是被迫南迁,将金国首都迁到了开封(原来北宋的首都)。耶律楚材则继续留守燕京,担任左司员外郎(正六品的职位)的工作。

楚材晋用

公元1215年,蒙古军攻占燕京,耶律楚材和留守燕京的多数金朝官员都被俘虏。成吉思汗见到耶律楚材,首先发现他长得很帅,"身长八尺,美髯宏声";聊了几句,又发现他才华横溢、满腹经纶,十分欢喜。成吉思汗称呼耶律楚材为"吾图撒合里",就是"长髯人"的意思,随即将他留在自己身边观察,准备重用。

在接下来的几年中,耶律楚材逐渐成为成吉思汗信任的重臣,一直伴随成吉思汗南征北战。在征战过程中,他从儒家思想出发,一直劝说成吉思汗减少杀戮、不要屠城,对蒙古大军收敛暴虐之风起到了一定的作用。

公元1227年，成吉思汗在攻打西夏时去世，他的第三个儿子窝阔台即大汗位，同年<u>西夏灭亡</u>。

窝阔台汗即位后，耶律楚材倡立朝仪，力劝蒙古君臣行君臣礼，表示对大汗的尊重。从此，耶律楚材更加受到窝阔台重用，被誉为"社稷之臣"，他终于能够开始实施自己的政治抱负了。

蒙古建立之初实行军政合一制度，只有万户、千户、百户等统率军队的长官，没有治理政事的长官。在耶律楚材的建议下，窝阔台在中央设立了最高行政机构中书省，开始政治体制的汉化改革。

作为中书令（宰相）的耶律楚材积极推行"以儒治国"的方案——在全国设立学校，选用大量儒生担任各级官吏；实行编户制度；保护农业，实行封建赋税制度；以"仁"治国，反对屠杀生命；主张尊孔重教，整理儒家经典。

这一系列以儒家思想为指导的文治措施，使得从草原野蛮成长起来的蒙古国逐渐封建化、文明化，帝国的统治得以稳定。

文正郁终

公元1234年，蒙古联宋<u>灭金</u>，基本上统一了我国北方。蒙古军攻破金国首都汴京时，按惯例准备屠城。在耶律楚材的劝说下，除完颜氏一族外，余皆赦免，汴京100多万的生灵始得保全性命。金庸在武侠小说《神雕侠侣》中安排一个叫完颜萍的姑娘前去刺杀耶律楚材的儿子，就是基于这个历史背景。

金朝覆亡后，秦（今甘肃省天水市）、巩（今甘肃省定西市）等20余州的军民因害怕屠城，拒不投降。耶律楚材从中调停，窝阔台答应不屠城，这些地方才都顺利投降。后来，蒙古军攻取南方的各个城池时，都需要先做出不屠城的承诺，这都是熟悉汉文化的耶律楚材不断努力的结果。

公元1235年，蒙古军开始了第二次西征，兵锋直指中亚西亚。公元1241年，窝阔台突然暴毙于军中，势如破竹的蒙古大军停下了向西的脚步。

窝阔台的死引起了蒙古国内部汗位之争，由于窝阔台的长子贵由远征西亚尚未归来，他的母亲乃马真皇后未与宗亲们商议，擅自夺取了国家政权，史称"乃马真摄政"。耶律楚材并不同意乃马真皇后称制监国。由于乃马真氏把持朝政期间滥行赏赐、法制废弛，造成了政令不一、矛盾重重的局面，蒙古国的政治日趋腐败。在皇后监国的五年时间内，耶律楚材屡次称病不朝，仍然遭到了打击和排挤。

公元1244年，耶律楚材在忧闷和悲愤中去世，享年55岁。在乃马真摄政造成的社会倒退和混乱之中，耶律楚材的死掀起了全国上下普遍的哀悼。当时的诗人为他写挽词道："砥柱中流断，藏舟半夜移。世贤高允相，人叹叔孙仪。"

耶律楚材的遗体被运回燕京故里，安葬在他生前非常眷恋的玉泉山下的瓮山泊（今北京市昆明湖）旁边。

此时的蒙古国也陷入了一段时间的沉寂，内政混乱，在对外征战中少有突破，与南边的南宋政权开始了长期并立局面。

公元1330年，元文宗追赠耶律楚材为太师，追封广宁王，谥号"文正"。他也是我国历史上仅有的26位文正公中唯一一位少数民族政治家。

39 关汉卿

(1234—约1300)
元朝文学家

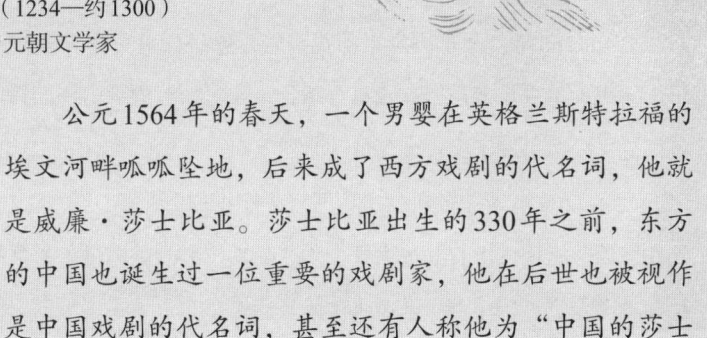

公元1564年的春天，一个男婴在英格兰斯特拉福的埃文河畔呱呱坠地，后来成了西方戏剧的代名词，他就是威廉·莎士比亚。莎士比亚出生的330年之前，东方的中国也诞生过一位重要的戏剧家，他在后世也被视作是中国戏剧的代名词，甚至还有人称他为"中国的莎士比亚"。他就是与白朴、马致远、郑光祖并称为"**元曲四大家**"的关汉卿。

关汉卿，原名不详，字汉卿，号已斋，汉族，解州（今山西省运城市）人，元曲四大家之首。

元立宋亡

就在蒙古攻破汴梁、灭金国的这一年，关汉卿出身于山西运城的一个医户家庭。这一时期，我国北方战事不断，社会动荡不安。他家的生活条件还不错，这让他有幸在战乱年代接受了教育。

蒙古灭金后，领土立刻与南宋接壤，宋朝与蒙古之间随即开始了长达45年的拉锯战。窝阔台的儿子贵由汗死后，蒙古国大汗的继承人不再从窝阔台系中选取，而是转移到了成吉思汗小儿子拖雷的谱系，拖雷的儿子蒙哥于公元1251年继位。

蒙哥有好几个同母弟弟，其中忽必烈最为出挑，蒙哥即位后不久就任命他负责漠南汉地的事务。忽必烈上任后重用汉族儒士，励精图治，取得了很好的效果。

公元1258年，蒙哥决定兴师伐南宋，忽必烈负责率领总东路军。第二年，蒙哥大举进攻四川，在攻打合州钓鱼城时，被炮石击伤而亡。蒙哥突然死亡，又一次引发了蒙古大汗位的激烈争夺。

公元1260年，忽必烈在精兵拥立下于中原开平城（今我国内蒙古锡林郭勒盟正蓝旗境内）自立为大汗。不久后，忽必烈的同母弟弟阿里不哥在哈拉和林（今蒙古国中部）被蒙古本土贵族推举为大蒙古国大汗，双方于是展开了历时四年之久的激烈内战，最终阿里不哥力竭投降，被忽必烈幽禁。

这次内战导致了蒙古内部的巨大分裂。当时的蒙古各大汗国中，钦察汗国、察合台汗国、窝阔台汗国都支持阿里不哥，唯有伊尔汗国支持忽必烈。阿里不哥失败后各大汗国纷纷独立。蒙古虽打下了巨大的土地面积，却没有了统一的政权。

公元1264年，忽必烈下诏将燕京（此时的金中都已被毁）改名为中都，做建都的准备。公元1271年，忽必烈取《易经》"大哉乾元"的含义，将国号由"大蒙古国"改为**"大元"**，从大蒙古国皇帝变为大元皇帝，**元朝建立**，忽必烈成为元朝首任皇帝，史称元世祖。

北方既定，忽必烈加快了统一南方的步伐。

公元1276年，元军攻入南宋首都临安，宋恭帝奉上传国玉玺和降表，元朝掌握全国性政权。两年后，元军从水路继续追击宋恭帝11岁的儿子宋端宗，端宗一路逃亡，惊恐而死。剩下的大臣立7岁的赵昺（bǐng）为帝。这时候，陆地上已经没有可以落脚的地方了。大臣们于是带领小朝廷来到珠江口西面崖门的海中,登上了一座名为崖山的小岛。这时,南宋残存的官民和士兵还有不少,元军全力进剿,双方在崖山海面上惨烈大战。同时,右丞相文天祥在军中被捕,被押解回大都后从容就义,留下了"人生自古谁无死,留取丹心照汗青"的壮烈诗篇。

最终,**崖山海战**以宋军全军覆没收场。公元1279年,大臣陆秀夫抱着宋帝赵昺纵身投入大海,宋室的许多大臣宫人也跟着投海自尽,**南宋灭亡**。

元世祖加强中央集权

忽必烈接受汉族儒臣提出的"行汉法""行仁政"等建议,广开言路,整顿吏治,注重农桑。并按照中原王朝的统治方式,设立各种机构。

灭宋之后,元朝建立**行省制度**,在中央由中书省掌管全国行政事务,下设六部,分管各项政务;设枢密院负责全国的军事事务,调度全国军队;设御史台负责监察事务。在地方离首都近的地方设置直属中央的中书省,其他各地设置十个行省,行省之下,设置路、府、州、县。

上述举措加强了中央集权,巩固了国家统一。

杂剧鼻祖

乱世中的关汉卿空有一肚子学问,却无法像其他朝代的那些士子一样走上致仕的道路。元朝建立后,很久都没有恢复科举考试,政府基本都由蒙古贵族依仗军功占据。而关汉卿本人受到家庭医户身份的限制,即使有科举,他也没有资格参加考试。

像三百年后从英格兰南部的村庄奔赴伦敦的莎士比亚一样,关汉卿为了谋求更好的发展,也辗转来到大都,开始专事戏剧活动。

早在金朝,北方已经出现了许多由词变形而来的民歌歌谣,这些歌谣诙

大都!大都!

此时**元朝疆域**"北逾阴山,西极流沙,东尽辽左,南越海表",超越了汉朝和唐朝,成了我国历史上版图最大的时期。元朝境内大规模的人口流动,促进了各族经济、文化的发展与交流。公元1272年,中都被改名为大都,元大都兴建。公元1274年开始,大都代替和林成为元朝多民族国家的政治中心,也是闻名世界的文化和商业中心。

在根据意大利旅行家马可·波罗口述整理的**《马可·波罗游记》**中,远在东方的大都"黄金遍地、香料盈野"、宫殿巨大、社会文明、人民富足。对于13世纪尚处于宗教黑暗和蒙昧状态中的西欧人而言,中国这个遥远的国度成了他们可望而不可即的梦中乌托邦,激励着他们扬帆出海、不断向外开拓。

谐直白，广受平民百姓的喜爱。与此同时，在混乱的时局中，大量文人无法参加科举，只能流连于秦楼楚馆，为勾栏瓦肆写词谱曲。浅白通俗的民歌因此注入了精英知识分子的技巧和思想，我国古代文学史上的重要体裁——**元曲**诞生了。

元曲又分为**杂剧**和**散曲**。关汉卿被认为是杂剧的开创者。杂剧由**宾白**（台词）、**唱词**（歌曲）、**科介**（动作）三部分构成，演员在剧中所扮的人物主要分**末**（男角）、**旦**（女角）、**净**（勇武的男角）、**杂**（其他角色）。这些设置都被后世的戏剧继承了下来，并在我国的艺术瑰宝京剧中发扬光大。

关汉卿创作的杂剧主题涵盖面非常广泛，几乎涉及元代社会生活的各个领域。他将自己对社会不公的批判和对百姓疾苦的同情都用高超的文学手法体现在了杂剧之中，在塑造人物形象、处理戏剧冲突、运用戏曲语言等方面都体现了杰出的成就。

文学批评家王国维曾在《元剧之文章》一文中表示："元剧最佳之处，不在其思想结构，而在其文章。其文章之妙，亦一言以蔽之，曰：有意境而已矣。"关汉卿的伟大之处则在于，他在完成了意境的基础上超越了意境，突破了才子佳人通俗文学的窠臼，将自己对社会和人性的深深思考融入了《感天动地窦娥冤》的创作，留下了一部世界级的悲剧作品。

窦娥是被父亲抵押、被恶棍迫害、孤苦伶仃的社会底层最弱者，几乎承受了社会所有形式的压迫。关汉卿无法在现实中为她找到出路，只能将满腔悲愤凝聚在窦娥濒死时的控诉当中："地也，你不分好歹何为地？天也，你错勘贤愚枉做天！"原本逆来顺受的童养媳此时爆发出了如美狄亚般恶魔式的力量，充分说明了当时社会的黑暗不公。

如此黑暗畸形的社会现实预示着元这个王朝的危机四伏，在短暂的繁荣之后，元朝迅速陷入了动荡。

刘基

40

（1311—1375）
元末明初政治家

在我国民间，流传着"三分天下诸葛亮，一统江山刘伯温；前朝军师诸葛亮，后朝军师刘伯温"的说法。历史上能和诸葛亮比肩的丞相是不多的，不算《三国演义》里被神化的诸葛亮，真实的诸葛亮也能文能武，既能提笔安天下，又能上马定乾坤，业余时间还搞点发明创造，做个"木牛流马""诸葛连弩"什么的。

反观刘伯温，除了传说，就是传说，而且越传越邪乎。其中一个故事写道：刘伯温原是太上老君丹药房里的小童，无意中把老君的葫芦瓶打翻了，从里面爬出许多金色银色的小虫子。这些虫子飞到天上，变成12条金龙。巡查的太白金星掐指一算，知道中原之地要出12个真龙天子，天下要大乱了。刘伯温由于犯了错，被罚投胎转世到凡间，辅佐明朝朱洪武做了真龙天子，保佑明朝十几代二百多年江山。

大家会发现，故事的重点是：刘伯温的最大功绩是辅佐朱元璋、保佑明朝江山，听上去非常像个吉祥物的作用。仅从刘伯温的政绩成就来看，他别说比不上有口皆碑的"贤相"张良、诸葛亮、魏徵、范仲淹等人，连背负几百年骂名的冯道也远远不如。

那么，刘伯温的名声到底是怎么来的呢？

刘基，字伯温，青田南乡人（今浙江省温州市文成县），元末明初政治家、文学家，明朝开国元勋。

元末统治

刘基出生的那年，关汉卿去世已有11年了。刘基从小天资聪慧，阅读速度极快，据说伯温这个字就是他自己取的。他为了鞭策和勉励自己起了这字号，意思是"千读百温"，百后来写作了伯。

刘基生活的元代，针对被征服的民族采取了各种歧视性的政策，蒙古征服这个地区时间越早，当地人的地位越高。从当时元朝统治下的各民族而言，民族地位由高到低分别为蒙古人、色目人、汉人和南人。

所谓色目人，基本上是中亚、中东人，有的来自蒙古的其他汗国。汉人是原金国土地上生活的人，由于金国灭亡比较晚，汉人地位就比较低；而一直顽强抵抗蒙古侵略的南人，也就是原南宋土地上的百姓，地位最低。

刘基是浙江人，属于南人，在当时的社会地位很低。凭着自己的聪明才智，他12岁考中秀才，17岁离开府学，开始潜心学习程朱理学。

元朝的科举考试不仅录取数量少，即便录取了，也不能保证受到重用。公元1333年，刘基赴大都参加会试，一举考中进士，在家闲居了三年之后，他终于被元朝政府授为江西高安县丞（正八品），协助县令处理政务。刘基做官期间，"严而有惠爱"，受到百姓的爱戴。

刘基从政的时期正是元顺帝统治时期，公元1340年，元顺帝开始亲政。早期他勤于政事，任用脱脱等人为宰相，采取了一系列改革措施，以

元代的科举

元代的科举制度正式建立的时间比较晚，在忽必烈建立元朝后的40多年中，元朝贵族和色目人主要通过世袭、武功和其他学问晋升为官。一直到元仁宗皇庆年间（1312—1313），科举才正式恢复，而且只设了进士科一科。元代总共进行了16次科举考试，倒有10次都是在末代皇帝元顺帝执政期间举行的。

挽救元朝的统治危机，史称"至正新政"。虽然元顺帝很努力，但是元朝长期积累的社会矛盾过于强烈，他的一系列举措并没有在根本上解决当时的主要问题。

明朝建立

公元1344年，天灾不断，黄河决堤，加上之前积累的社会矛盾，吏治腐败、国库空虚，社会动荡不安。终于，在公元1351年，北方白莲教首领韩山童和刘福通发起"**红巾军起义**"，南方的徐寿辉等人积极响应。第二年，徐寿辉麾下大将陈友谅夺权登基；不久，泰州的张士诚发动武装暴动。这时，贫苦农民出身的朱元璋在红巾军的队伍里经受了血与火的洗礼，成长为精明的军事统帅。

公元1359年，朱元璋聘请刘基为谋臣。刘基针对当时的形势，建议朱元璋避免两线作战，采用各个击破的策略，均被采纳。此后，朱元璋奉行"高筑墙，广积粮，缓称王"的战略，在血雨腥风之中活了下来。

公元1368年，朱元璋率领明军攻入大都，元顺帝出逃到了上都，**元朝灭亡**。同年，朱元璋即皇帝位，**定都应天府**（今江苏省南京市），**明朝建立**。

两年后，北逃的元顺帝驾崩，明太祖朱元璋以其"知顺天命，退避而去"，给予了"顺帝"的尊号。此后的蒙古以"北元"政权的名号存在了40多年，之后恢复了"蒙古"的国号。蒙古从哪里兴起，又回到了哪里去。

明初四大案

明朝建立后，刘基做了太史令。担任太史令期间，他编制了《戊申岁大统历》，还建议朱元璋定都应天府，而不是自己的老家凤阳。

据说刘基不仅精通天文、兵法、数理等，文采同样出众，尤以诗文见长。他位列"明初诗文三大家"之一，著作均被收录在《诚意伯文集》。为什么叫诚意伯呢？诚意伯是朱元璋建立明朝后论功行赏，给刘基封的爵位。公、侯、伯、子、男——大家能看出诚意伯这个爵位挺低的。

刘基的爵位封赏低，很大一个原因是他跟随朱元璋的时间并不长，前后只有八年时间。而且在这八年时间里，朱元璋连打胜仗，手下大将谋士很多，刘基虽然给出了许多建议和规划，但是并不具有很强的不可取代性，也就是说，有他没他并没有什么两样。另外，刘基这个人性格也比较急躁，跟同事关系紧张；一直陪伴在朱元璋左右、立下了累累功勋的李善长和胡惟庸，跟刘基关系都不太好。

当然，在朱元璋这里，功劳大也未见得是个好事。朱元璋认为，元朝灭亡是因为地方分权和朝臣权力过大导致。为了巩固统治，他采取了一系列

【强化皇权措施】，包括：在中央废除宰相制度和中书省，大都督府分为五军都督府；设立锦衣卫；在地方取消行中书省，设互不同属的"三司"，分散地方权力；先后分封诸子为王，驻守各地。在科举考试上，严格规定考试的题目必须来自"四书""五经"。通过这些措施，明朝的**中央君主专制**大为加强。

公元1370年，刘基被封诚意伯后，第二年找机会请辞，马上就被朱元璋批准，告老还乡了。此后，刘基在乡间隐居，每天喝酒、读书、下棋、画画，非常低调。然而尽管如此，仍被与他交恶的左丞相胡惟庸诬陷而被夺取了俸禄，他不得不赶忙入京谢罪。公元1375年，刘基在京患病，胡惟庸派御医前去治疗。服用了御医调制的药物之后，刘基很快就去世了，他的死因成了千古谜案。

刘基（刘伯温）

刘基不知道的是,他那些"威赫赫爵禄高登"的同事们,很快将"昏惨惨黄泉路近"。洪武十三年,也就是公元1380年前后,**明初四大案**拉开了序幕。

胡惟庸案:宰相胡惟庸被杀,朱元璋废除中书省,自秦汉沿用了1000多年的宰相一职从我国消失。在胡惟庸死后的数十年中,该案的同谋犯越查越多,牵涉的面也越来越广,李善长一家也全部被处斩,有立国之功的名臣几乎被屠戮殆尽。

空印案:因空白盖印公务文书而引发,数百名官员牵连被杀。

郭桓案:牵连全国12个布政司的经济大案,从中央到地方,数万人被卷入其中处死。

蓝玉案:开国功勋将领蓝玉被告谋反,朱元璋将其处斩,诛灭三族。受牵连而被诛杀者多达1.5万人,军中将领几乎被杀戮殆尽。

与这些悲惨横死、全族尽灭的前同事相比,刘伯温尽管爵位低微、俸禄可怜,但是毕竟在暴风雨来临之前安然去世,妻子族人得以保全,甚至还保留了封号,就显得相当幸运了。

老百姓不能够完全理解高层政治,从他们朴素的认知出发,就认为刘伯温一定是能够未卜先知,才能够全身而退。这种认知在流传的过程中添油加醋,最终形成了以刘伯温为主角的种种神奇传说,甚至把他与诸葛孔明相比。刘伯温名气的增长,实际上反映了明初功勋精英的凋零。

郑和 41

（1371—1433）
明朝航海家、外交家

15世纪是海洋的世纪。

公元1488年，葡萄牙航海家迪亚士发现了好望角；公元1492年，意大利航海家哥伦布发现美洲大陆；公元1497年，葡萄牙航海家达伽马绕过好望角，开辟了西欧到达印度航线。欧洲因此认为，"**大航海时代**"开始于15世纪末。

然而，意大利人马可·波罗在公元1291年乘坐元代阔阔真公主的婚船，从泉州港出发，走海上丝绸之路航线到达两河流域，再从那里取道回威尼斯。在那个时候，中国人的船只在印度洋上就已经是不可忽视的存在了。

马可·波罗回乡近200年后，一支庞大的中国船队来到了印度洋上。这时是15世纪30年代，葡萄牙、西班牙和意大利那些著名的航海家还没有出生。

那么，究竟谁能够来定义15世纪这个海洋的世纪？是达伽马？哥伦布？还是这支中国船队的主帅——郑和？

郑和，本姓马，被人称作"三宝太监"，云南昆阳（今云南省昆明市晋宁区）人。明朝航海家、外交家。

早期经历

刘基去世的那一年,郑和4岁。他出身于云南昆阳的一个穆斯林家庭,原名叫马和。

公元1381年,明朝军队进攻云南。由于郑和的父亲马哈之在元朝为官,奉命抵抗明军,结果在战争中去世,这时候的郑和只有10岁。这场平定云南的战争之后,明军统帅蓝玉将战败方及其家属掠走,带到了南京。郑和就作为俘虏进了京,并且接受宫刑成了宦官。

4年后,蓝玉奉命调动去镇守北平府(今北京市),郑和再次随军前往,并被调入燕王府邸中服役,专门服侍燕王朱棣。

朱元璋建立明朝后,把自己的24个儿子和一个从孙都封为藩王,让他们分别驻守北部边境和全国各战略要地,保卫他最喜欢的大儿子,也是他选中的继承人朱标。然而,公元1392年,太子朱标病死了。朱元璋大受打击,就立了朱标的儿子朱允炆为继承人。

靖难之役

公元1398年,朱元璋病故,临终前立下遗诏说,"皇太孙允炆仁明孝友,天下归心,宜登大位……诸王临国中,毋至京师"。意思是让各位藩王都老老实实在封地待着,不许到京师来。同年,朱允炆即位,是为建文帝。朱允炆的叔父、燕王朱棣听到消息,要来建康,结果被建文帝要求返回他所驻守的燕京。朱棣本来就对父亲立自己的侄儿为皇帝感到不满,这为他与建文帝之间的矛盾埋下了祸根。

建文帝即位后,马上着手开始削藩,先后将五位亲王废为庶人。公元1399年,朱棣发动**靖难之役**,起兵反抗明朝中央政府。三年后,燕王军队攻入金陵（今江苏省南京市），朱棣入城，在群臣的拥戴下即皇帝位，是为明成祖，年号永乐。建文帝朱允炆在一场大火中不知所终，他的下落成为明朝最大的谜案。

由于在靖难之役中有功勋，专门服侍朱棣的郑和升任为内官监太监，并赐姓郑，从此由马和改名为郑和。

七下西洋

公元1405年，永乐帝朱棣决定要派遣一支船队巡游西洋。

永乐帝朱棣为什么要派遣船队下西洋，原因一直众说纷纭。有说是为了寻找失踪的建文帝，有说是为了宣扬大明国威，有说是为了与周边邻国建立

西洋是哪个洋？

"西洋"这个称谓在历史上经历了几次变化，就像"昆仑"这个地名一样，在不同时期指代的地理范围是不一样的。元代的西洋主要指印度南部沿海地域，明代的西洋指今天的文莱以西的东南亚和印度洋沿岸地区。郑和下西洋期间及之后，西洋的概念被大大扩展，在海洋上"以交趾、柬埔寨、暹罗以西，今马来半岛、苏门答腊、爪哇，以至于印度、波斯、阿拉伯为西洋"；在陆地上甚至把撒马尔罕和哈密等西域诸国称为"旱西洋"。晚清的西洋则指欧美国家，与东南亚的南洋和日本的东洋相对应。

贸易外交。不管怎么说,郑和下西洋也是永乐帝伟大宏图的一部分。

朱棣即位后,继续四处征战,不断扩大明朝的领土。他积极经营边疆,先后在东北、西北、西南边疆都设立管理机构,对西藏实行政教合一的管理,并占领了安南(今越南)。朱棣统治期间,经济繁荣,国力强盛,史称"**永乐盛世**"。

郑和下西洋就是在这样的背景下开展的,可以理解朱棣启动这一壮举的主要动机在于扩大中央王朝的对外影响力,提高国家威望,"欲耀兵异域,示中国富强"。

永乐帝是个雷厉风行的领导,就在他提出出海要求的这一年,郑和率船队第一次出使西洋。这一次,郑和在爪哇遇到内乱,船队一百多人遇害,郑和没有贸然报复,冷静地将此事和平解决。在经过三佛齐(今马来西亚)旧港的时候,将在此兴风作浪已久的海盗陈祖义逮捕,带回后问斩。

公元1407年,郑和第二次下西洋。到锡兰(今斯里兰卡),对锡兰山佛寺进行布施,并立碑为文,此碑现被保存于斯里兰卡国家博物馆中。

公元1409年,郑和第三次下西洋。挫败了锡兰山国王的反叛阴谋。

公元1412年,郑和第四次下西洋。船队绕过阿拉伯半岛,首次到达东非肯尼亚,并对当地进行封赐,当地国王随即遣使来明朝贡献"麒麟"(长颈鹿)作为回礼。

公元1416年,郑和第五次下西洋。送还前几次随船访问明朝的他国使者,又一次抵达了非洲东部。

公元1421年,就在朱棣将明朝都城正式由应天迁到北京的这一年,郑和第六次下西洋,到达现在阿拉伯半岛的阿曼等地。

公元1424年,朱棣命郑和前往旧港。不久之后,朱棣在北征途中病死,他的儿子朱高炽即位,也就是明仁宗,下诏暂停了下西洋的事业。第二年,郑和受命率下西洋的军队镇守南京。同年,明仁宗病逝,明宣宗朱瞻基继位。

公元1430年,郑和第七次下西洋。3年后,郑和于返航途中在印度去世。

15世纪的海洋

与郑和七下西洋的壮举同时存在的,是从明朝初期一直延续到隆庆上台前(1573)的**海禁政策**。明初的海禁政策主要是为了防止地方割据势力与倭寇勾结,威胁沿海地区安全。

到了永乐年间,国力强盛,海禁有所松弛,但并没有取消。明朝的对外政策强调"厚往薄来",也就是朝贡贸易。郑和下西洋时,每到一个国家,都会赠送我国的物产甚至真金白银,仅前三次下西洋就花费白银600万两,而朝贡的外国只需微薄的回礼即可。周边各国为了争取来朝贡的资格,甚至大打出手。这种不可持续的贸易政策在朱棣去世后被很快废止,海禁政策再度强化,并在嘉靖年间达到顶峰。

总体而言,郑和下西洋的举动虽然没有促进我国与周边各国之间的民间贸易,但增进了相互了解和友好往来。郑和船队开创了西太平洋和印度洋之间的亚非海上交通线,其间他代表明朝打击了海盗、消灭了叛贼、恢复了和平,对航线的秩序进行了整顿。

与之相对照的是几十年后,西方探险家满怀对财富的渴望,在开拓人类新航线的同时,贪婪地烧杀抢掠,实施残酷的殖民统治。

42 于谦

（1398—1457）
明朝政治家、民族英雄

杭州的西湖跟许多历史名人都有不解之缘。

唐代的白居易曾在这里"最爱湖东行不足，绿杨阴里白沙堤"；宋代的苏轼则留下了"三潭印月"的美好传说。西湖岸边有三座著名人物的墓，这三位人物又并称为"西湖三雄"。按照时间顺序，第一座是南宋抗金名将岳飞的墓，又叫岳王庙，第二座便是明代大臣于谦的墓。

这位于谦究竟何德何能，可以与岳飞并列，共享英雄的称号呢？

"千锤万凿出深山，烈火焚烧若等闲。粉身碎骨全不怕，要留清白在人间。"

这首《石灰吟》就出自于谦的笔下，这首诗也正是他轰轰烈烈一生的真实写照。

于谦，字廷益，号节庵，浙江杭州府人。明代大臣、民族英雄。

从仁宗到英宗

公元1398年，朱元璋驾崩于应天皇宫。太祖驾崩前一个月，于谦出生于杭州府钱塘县（今浙江省杭州市上城区）。23年后，于谦考取了进士，从此踏上仕途。

公元1424年，明仁宗朱高炽即位。朱高炽有个弟弟叫作朱高煦，他生性好勇斗狠，在靖难之役中积累了不少军功，自诩是最像自己父亲朱棣的儿子，所以一直对哥哥做太子心怀不满。公元1425年，朱高炽病逝，太子朱瞻基即位，也就是明宣宗。朱高煦立即打算效仿自己的父亲，也兴兵靖难，篡他侄子朱瞻基的皇位。

然而，朱高煦并不是朱棣，朱瞻基也不是朱允炆。公元1426年，明宣宗亲征讨逆，朱高煦很快出城投降。于谦作为御史，随宣宗出征，他站在朱高煦面前，声色俱厉地斥责他的罪行，骂得朱高煦抬不起头来。

经过此事，明宣宗很欣赏于谦，就派他巡按江西，不久后还越级将他提升为兵部右侍郎。宣宗时期，杨士奇、杨荣、杨溥三位杨姓名臣主持内阁朝政。"三杨"是明代最初内阁制度的奠基人，缔造了从永乐到宣德的稳定盛世。三杨在朝中的时候，都很重视于谦，于谦奏请的事，早上递奏章，晚上便得到批准。可是，在明英宗朱祁镇即位后不久，三杨相继去世，朱祁镇开始重用他喜爱的大太监王振。

王振愚蠢贪婪，大肆受贿敛财，于谦两袖清风、耻与为伍，结果被王振陷害，关进了监狱，差点被杀，后来被下放了十几年，公元1448年才回到京师。而等待他的，是明朝建立以来最大的危机。

土木堡之变

我们前面讲过，公元1368年元顺帝在明军的进攻下出逃后，蒙古政权并没有灭亡，而是继续维持着北方草原的统治，只不过日渐衰弱，其他蒙古部族不断崛起。在这些部族之中，瓦剌（là）就是其一。

瓦剌是什么？

瓦剌在元代被称为斡亦剌惕，主要居住在西域北部，以准噶尔盆地为中心。明朝前期，他们不断东进，与鞑靼和兀良哈同为漠北三大游牧集团。

公元1449年，瓦剌首领也先在统一了漠北地区之后，大举进犯明朝。太监王振怂恿明英宗亲征，英宗不顾群臣反对，仓促集结军队，御驾亲征。临走前，他让弟弟朱祁钰留守京师看家。由于兵部尚书跟着明英宗去了前线，刚刚回到北京上班不久的于谦就留下来主持兵部的工作。

由于王振毫无战略部署、戍边军队兵备废弛、英宗指挥混乱，明军一战即败、溃不成军，最终明英宗被俘，随行的50多位高官名将战死，史称"<u>土木堡之变</u>"，眼看又是一场明朝版本的"靖康之变"。

北京保卫战

此时,留守京城的朱祁钰六神无主,慌忙与群臣商议办法。有位叫徐有贞的大臣建议迁都南京,被于谦痛斥。于谦力主抗战,得到了朱祁钰和众多大臣的响应。然而,当时京师的主力部队都已在土木堡失陷,剩下的残兵弱卒不到十万,而且士气低迷,朝廷上下也人心惶惶。

于谦首先将导致土木堡之变的罪魁祸首王振抄家灭族,并打击宦官,稳定了人心。然后,拥立朱祁钰为帝,史称明代宗或明景帝,将被俘的明英宗尊为太上皇,这就让也先没办法以明英宗为筹码要挟明朝。于谦还命令地方军携带粮食奔赴京师支援,很快兵力就增长到了22万。

于谦调兵遣将、指挥若定,经过一个多月的整军备战,明军兵精粮足、士气大振。当瓦剌大军兵临城下时,他亲自督战,列阵北京九门外,并在城内埋伏下神机营的火枪手。他力排众议,重用从土木堡逃回的大将石亨,还发动城内百姓备战备荒,加固北京城墙。经过两个多月的艰苦战斗,瓦剌大军撤退,北京保卫战取得了胜利。

第二年,也就是公元1450年8月,瓦剌无条件地释放了明英宗,恢复了与明朝的臣属关系。

然而,当明英宗回到京城时,原本代理其位的明代宗朱祁钰却不愿意交出皇位了。权力真是令人上瘾的毒药啊!朱祁钰将哥哥朱祁镇囚禁在冷宫中,足足7年没有放出来。公元1457年,大将石亨、宦官曹吉祥和曾被于谦批评过的徐有贞见代宗朱祁钰病重将死,拥戴被囚禁的英宗朱祁镇复辟,史称"夺门之变"。

然而,于谦刚正不阿的个性与为人得罪了身边的同僚,也包括被于谦提拔的石亨和徐有贞等人。明英宗复辟成功之后,石亨和徐有贞等人上演了明朝版的"农夫与蛇",借此机会,将拥立代宗的罪名全部扣在了于谦身上,并诬陷于谦谋逆。

不久,于谦被斩决并抄家。前去抄家的官员发现他虽然官至高位,但是家无余财、非常清贫。于谦之死,"天下冤之"。《明史》对于谦的评价是:"忧国忘家,身系安危,志存宗社,厥功伟矣……忠心义烈,与日月争光。"

因于谦曾经官至太子少保,所以也被称为于少保。巧合的是,岳飞也曾以同样的原因,被称为岳少保。于谦、岳飞两位少保都是民族英雄,最终却都难免被冤杀的结局。两人的墓地在西湖边上比邻,如若泉下有知,想必会惺惺相惜,成为知己好友吧?

清代文人袁枚在拜谒了两位英雄的墓地后感叹道:"赖有岳于双少保,人间始觉重西湖。"风光旖旎的西湖在英雄的加持下,也平添了一分豪迈之气。

王守仁

（1472—1529）
明朝思想家、军事家

43

大家如果还记得的话，我们前面讲到辛弃疾的时候，曾经提到过朱熹与陆九渊两派在鹅湖寺的大辩论。两人大吵的这一架，实际上是理学与心学之间的对话。从哲学上来讲，是理学和心学这两个流派对于一些哲学基本问题的争论。

虽然都从属于儒学这个大的哲学体系，程朱理学和陆王心学在很多基本立场上差异是很大的。例如：世界的本原是什么？我们应当如何认识事物？人应当如何将自己的认识应用于生活？两派都有非常不同的回答。

从宋朝到明朝，朱熹主张的程朱理学这一派一直占据着学界和社会的主导地位，直到明朝中期，一位天才人物的出现打破了这个局面。

这位天才就是王守仁，又被称作阳明先生。

王守仁，字伯安，号阳明，浙江余姚人。明朝思想家、文学家、军事家、教育家，文武双全的一代大儒，创立阳明心学。

守仁格竹

于谦被冤杀后的第15年，也就是公元1472年，王守仁出身于浙江绍兴府余姚县（今浙江省余姚市）一个世家大族，王守仁所在的这一支王氏是晋朝琅琊王氏的一个大分支。

王守仁家是书香门第，父亲是状元，做官做到了南京吏部尚书。王守仁天赋异禀，据传他长到五岁仍不会说话，跟传说中的爱因斯坦十分相似。等到他需要入学读书的时候，家人根据《论语·卫灵公》中的"知及之，仁不能守之，虽得之，必失之"，为他取名为"守仁"。王守仁从小就志存高远，异于常人，12岁时就公开表示"科举并非第一等要紧事"，最要紧的是做个圣贤。

可是，怎么当圣贤呢？王守仁去拜见了著名的理学家娄谅。娄谅向他讲授"格物致知"的学问，给了他很大启发。朱熹讲"**格物致知**"，本质上就是通过接触具体事物，穷索事物之理——也就是通过认真研究一个个具体的现象，形成量的积累，最终到达质的飞跃，从而理解事物的本质。这个"物"是哲学意义上的物，并不是我们日常生活中的一个个东西。

也不知道娄谅是怎么给王守仁上的课，王守仁回家之后为了实践朱熹的"格物致知"理论，对着竹子连续"格"了七天七夜，试图从里面发现事物的普遍一般规律，结果自然是什么都没有发现，还生了一场大病。从此，王守仁对"格物"学说产生了极大的怀疑，这就是我国哲学史上著名的"守仁格竹"。

龙场悟道

公元1492年，王守仁第一次参加浙江乡试中举，几年之后参加会试，因为成绩出色，赐二甲进士，后来在朝中做了六品官。到此为止，王守仁的人生可谓是一路开挂、顺风顺水。然而，到京城上班后的王守仁发现这个世界并没有那么理想。

公元1505年，明孝宗的太子朱厚照即位，这就是明武宗。朱厚照天资聪颖，但是从小被宠溺过度，长大后"巡游无度，荒乱酒色，囚辱谏臣，不御经筵"，也就是一天到晚吃喝玩乐、声色犬马，根本不好好工作。更有甚者，东宫随侍太监中以刘瑾为首的八个太监还火上浇油，不断给皇上提供各种娱乐方式。朱厚照耽于享乐，朝政大权就落入了这八个太监（也称"八党"或者"八虎"）之手。

王守仁看不惯刘瑾的所作所为，在朝堂上当面顶撞了他，结果获罪被贬到贵州龙场（今贵州省贵阳市修文县）。在这个荒凉偏僻的地方，刚刚经受了事业重大打击的王守仁终于有机会沉淀下来，重新梳理自己的思想体系。

在一个类似于阿基米德的"尤里卡"顿悟时刻，王守仁突然认识到，所谓格物，精髓其实在于格心。"圣人之道，吾性自足，向之求理于事物者，误也"！对终极真理的寻求方向不应该朝向外部世界，而是应该朝向自己的内心。正如王守仁在一首诗中所说："人人自有定盘针，万化根源总在心。却笑从前颠倒见，枝枝叶叶外头寻。"

通过"龙场悟道"，王守仁继承并拓展了陆九渊心学的主观唯心主义理论，提出了独具自身特色的认识论和实践论——<u>知行合一</u>。

知行合一

为了讲明白"知行合一"，让我们先回到理学和心学的差异：

为什么说理学是客观唯心主义呢？理学认为："理"是世界的本原，也就是说，万事万物来源于某种超越人类经验的存在，好比上古神话中的"天"，好比老子所说的"道"，总之是一种精神实体。先有了"理"，才有了世间的万事万物。这种精神实体在我们人的头脑之外，因为我们人是主体，那么这个"理"就是客体，又因为理学否认世界的本原是物质的，理学因此被称作客观唯心主义。

既然"理"是世界的本原，那么我们应该怎样追寻、理解这个本原呢？程朱理学的答案是：格物致知。也就是我们前面所讲的，通过接触世间万事万物，在学习各种知识的基础上，加深对先天存在的"理"的体验，最终到达终极真理的"理"。

心学就不一样了。陆王心学则认为"心"是天地万物的渊源，"宇宙便是吾心，吾心即是宇宙"。也就是说，世界并不来源于某个超越人类经验的客体，而是来源于人的精神自身。所以，心学被称为主观唯心主义。心学与理学的这个区别，导致认识和理解世界的方式就不一样。

理学认为真理在身外，所以人们就需要不断地学习，无限地向最理想的目标接近。而心学认为真理在人的内心，只要去掉遮蔽本心的欲望杂念，就能够到达真理。因此，心学提出"致良知"，就是进行内心的反省。王守仁提出"知行合一"，知指内心的觉知和对事物的认识，行指人的实际行动。由于儒学支持"性善论"，没有干扰和遮蔽的内心一定是向善的，那么王守仁就认为：只要坦荡面对自己的良知，就能够掌握真理。

王守仁说："知是行的主意，行是知的功夫；知是行之始，行是知之成。只说一个知，已自有行在；只说一个行，已自有知在。"知行是同一件事的两面，把人的道德意识和道德实践统一了起来。"良知，无不行，而自觉的行，也就是知。"也就是说，如果真懂了，肯定就会做；如果没做，说明没懂。

王守仁的阳明心学改正了朱熹将知和行割裂的缺点，但是由于侧重于强调主观道德修养，后来很多号称追随阳明心学的儒生忽视了对客观知识的学习，导致明朝中后期儒生荒废学习、任性妄为的情况。

平定叛乱

讲完了费脑子的哲学问题，我们再回到王守仁的人生。

龙场悟道几年后，由于刘瑾一党被铲除，王守仁得以回朝，一路升迁。终于在他44岁的时候，被升为了正四品的大员，巡抚江西南部等地。

这时候，封地在江西的宁王朱宸濠发动了叛乱。消息传到北京，举朝震惊，兵部尚书却十分自信地说："王伯安在江西，肯定会擒获叛贼。"王守仁表示感谢领导的信任，但是他发现自己手里根本没兵，只能以计策取胜。他以自己对宁王多疑性格的了解，决定以假乱真，虚张声势攻打宁王的大本营南昌，然后使用离间计，吓得宁王按兵不动。

宁王等了十多天，才沿江东下进攻南京，但已经错失了进攻良机。王守仁没有在途中拦截宁王的大部队，而是率领仓促组建的军队直捣南昌，迫使宁王回援，然后他以逸待劳，在鄱阳湖打败宁王并将其俘虏。整个平叛过程只用了35天。

公元1519年，明世宗朱厚熜（cōng）（嘉靖皇帝）即位，王守仁被加封为世袭伯爵，成为明代凭借军功封爵的三位文臣之一。不久王守仁的父亲去世，他回乡守制，逐渐将事业的重心放在了讲学布道上。公元1525年，他在绍兴创建阳明书院，传播"王学"。

公元1527年，广西部分少数民族首领造反，王守仁奉命前去平叛。可是由于他太过有名，一到广西，叛军就直接投降了。平乱后的王守仁已经病体沉重，在返乡过程中，于公元1529年病逝于江西南安府，享年57岁。

临终之际，弟子问他有何遗言，王守仁指着胸膛说："此心光明，亦复何言！"

44 李时珍

（1518—1593）
明朝医药学家

1735年，瑞典生物学家卡尔·冯·林奈发表了一部《自然系统》(Systema Naturae)。这部作品一问世，就在欧洲植物研究界引起了极大的震动。在林奈之前，由于没有一个统一的命名法则，各国的植物学家都按照自己的工作方法命名植物，各国有各国的叫法，互相之间简直没法交流。

而林奈将当时人类已知的全部动植物知识系统化，选择了自然分类方法，并且创造性地提出了双名命名法，结束了植物研究的混乱局面。他本人也成了近代植物分类学的奠基人。

其实，在林奈出现的两个世纪之前，我国就已经有了一部对植物进行详细整理与分类的著作。这部著作按照纲和目的类别，对1 892种植物进行了分类，甚至对林奈也产生了影响。这部著作就是《本草纲目》，而它的作者就是李时珍。

李时珍，字东璧，晚年自号濒湖山人，黄州府蕲（qí）州（今湖北省黄冈市蕲春县）人，明代著名医药学家。

医药世家

公元1518年,李时珍生于湖广黄州府的医药世家。他祖父是草药医生,父亲也是一代名医。然而,由于明代有医户制度,某人一旦被划为医户,他的子孙就必须有人世代行医。民间医生地位很低,生活艰苦,父亲不愿意让李时珍再学医。

王守仁去世的那一年,李时珍11岁,三年后他考取了秀才。后来却一直没有考中举人,于是决心弃儒学医。李时珍23岁的时候,感染上了一种极为难治的肺病,九死一生活了下来。久病初愈的他正式随父亲学医,他的学医经验越来越丰富,名声也逐渐广为人知。

公元1556年,李时珍因为医术高明,被推荐到太医院工作,任太医院判。此时在位的皇帝正是二十几年不上朝的嘉靖,嘉靖其实身体很健康,但是沉迷于修炼丹药。明朝总共16个皇帝,9个皇帝都吃丹药,而嘉靖更是炼丹的狂热粉丝。

因此,嘉靖十分宠信炼丹术士,正经从事医学和药学研究的人反而在太医院中受到了排挤。李时珍觉得工作没什么前途,在太医院任职一年后便辞职回乡了。不过太医院的工作经历还是给他的一生带来了重大影响,为编写《本草纲目》打下了基础。

《本草纲目》

李时珍积极地从事药物研究工作,经常出入太医院的药房及御药库,仔细地比较、鉴别各地的药材,搜集了大量的资料,同时还抓紧机会饱览了王府和皇家珍藏的丰富典籍,见到了许多平时难以见到的药物标本,开阔了眼界,丰富了知识。

公元1558年，回到家乡的李时珍创立了自己的诊所东璧堂，坐堂行医。在数十年临床实践以及阅读古典医籍的过程中，他发现古代本草书中存在着不少错误，决心重新编纂一部本草书。从公元1565年开始，李时珍多次离家外出考察，到各地收集药物标本和处方。公元1578年，李时珍历经27年终于完成了《本草纲目》初稿，当时他已经61岁了。之后又经过10年三次修改，前后共计40年。公元1590年，192万字的巨著《本草纲目》终于问世了。

《本草纲目》全书收载药物1 892种，附药方11 000多个，其中8 100多个为李时珍本人所收集。该书运用了先进的药物分类法，首创按照药物自然属性逐级分类的纲目体系，首类为纲，次之为目，再次为药名、产地、形

李时珍

色、气味、性能等。这种分类思想是现代生物分类学的重要源泉之一,达尔文曾将这部医药学宝典称为"中国的百科全书"。

《本草纲目》问世后,先后在国内外出版发行达400余种,每五六年就有一种新版本出现,此外历代都有《本草纲目》的简编本问世,陆续被译成多种文字,成为我国有史以来被译成外文最多的科学著作之一。《本草纲目》在公元1604年就传到了日本,公元1650年传到欧洲。18世纪,瑞典世界著名植物学家拉格斯特朗将《本草纲目》推荐给他的朋友、著名生物学家林奈,成为林奈建立其植物分类学思想的重要知识源泉。

张居正变法

李时珍开始编制《本草纲目》的公元1565年,明朝已经从昔日的繁盛走向衰落。土地兼并严重,贵族豪强占有大量土地,并且不缴纳赋税;贫富差距扩大,底层百姓生活困苦;沿海倭寇猖獗,北方少数民族时来骚扰,军费激增;财政危机加重,入不敷出,赤字严重。而嘉靖皇帝因为大礼议之争,与文官群体之间矛盾积怨很深,政府内部离心离德、斗争不断。此时的大明王朝已经病入膏肓,亟须彻底医治。

这时,李时珍的湖北老乡张居正走上了历史舞台。公元1567年,试图通过炼丹长生不老的嘉靖皇帝病死,隆庆皇帝即位。隆庆皇帝重用徐阶、高拱、张居正等大臣,改革前朝弊政,废除海禁,国运中兴,史称隆庆新政。6年后,隆庆皇帝驾崩,临死前,张居正成为托孤大臣。之后,万历皇帝的老师张居正升任内阁首辅,在他当内阁首辅的十年间,进一步加大了改革力度,推行了一系列的措施,史称**张居正变法**:

经济上推行"**一条鞭法**",将各种杂税统一折算成银两。政治上加强吏治,采取"考成法"考核各级官吏。军事上任用戚继光、李成梁等名将**抗击**

倭寇、镇守边疆。

这些措施改革了官僚体制、缓解了政府财政危机、改善了民生。这是实现明朝中兴的一次变法，可谓是明朝政权后期最为重要的一次医治，有效地医治了明王朝的痼疾，延长了明王朝的寿命。

公元1593年，张居正去世后11年，75岁的李时珍去世。

就在这一年，骁勇善战的建州女真首领努尔哈赤在东北大败海西女真九部联军。而在欧亚大陆遥远的西方，意大利人伽利略正在用实验的方法研究力学。

东西方正逐渐走上两条不同的道路。

徐光启

（1562—1633）
明朝末期政治家、科学家

在今天上海市中心城区的西南部，有一个繁华的商业中心，它也是上海城市副中心之一，这里有各种大型商厦和购物中心，还有电子产品市场和游艺场所，是受到上海市民和游客们喜爱的著名商圈。这就是徐家汇。

徐家汇本名法华汇，后来为了纪念明代一位徐姓名人而改名为徐家汇。这位名人出生在这里，他的后人也都居住在附近，他的墓地现在就位于徐家汇南丹路的光启公园内。他就是徐光启。

徐光启，字子先，上海人，万历进士，明末政治家、翻译家、科学家。

中举、利玛窦和受洗

徐光启出生在公元1562年的直隶上海县，他祖上曾因经商而致富，但到他父亲这一辈的时候家道中落，又务农为生。徐光启19岁就中了秀才，此后却屡次乡试不第，只好教书养家糊口。

徐光启头脑灵活、善于创新，是阳明心学的推崇者。公元1597年，徐光启终于中了举人，但是仍然没机会做官，只能在上海、广东、广西等地教书。在广东韶关逗留期间，徐光启接触到一些传教士，并与其中的几位结下了深厚的友谊。在那里，徐光启第一次接触到了西方近代科学。

他第一次见到世界地图，第一次听说地球是圆的，有个叫麦哲伦的人乘船绕了地球一圈，还有个叫伽利略的人制造了天文望远镜……这些新鲜事物都极大地引起了徐光启的兴趣。

公元1600年，徐光启在南京遇到了大名鼎鼎的利玛窦，两人的人生就此改变。

利玛窦原名玛太奥·利奇（Matteo Ricci），意大利人，天主教耶稣会传教士。他在公元1582年被派往中国传教，在遇到徐光启的时候，他已经是明朝显贵和名士争相交往的名人。利玛窦受过良好的教育和科学训练，不仅能讲一口流利的汉语，而且博闻强记、风度翩翩，再加上他随身携带钟表和先进的科学仪器，令他成为士大夫追捧的明星。泰州学派一代宗师李贽连孔夫子都不放在眼里，却称赞利玛窦是"第一标致人"。

在与利玛窦深入地交谈之后，经过深思熟虑，徐光启于公元1603年受洗，皈依了天主教，教名保禄。

17世纪初期的大明王朝在经济上十分繁荣，GDP总量几乎占到世界GDP总量的2/5；然而政治上却相当黑暗：朝政时而被朝臣把持引起党争，时而为宦官所操纵引发宦官专权。而在思想层面上，阳明心学的普及发展起到了思想解放的作用。在这些因素的影响下，知识分子精英对社会的发展方向和自己的前途命运的看法都产生了不同以往的变化。

几何、历法和番薯

公元1604年，42岁的徐光启中了进士，进入翰林院。从公元1604—1607年，徐光启和利玛窦一起合作翻译欧几里得的《几何原本》。

在此之前，我国虽也有《九章算术》等数学典籍，但并没有完善的学术体系，更缺少专业的数学术语。在徐光启的创造下，"几何"这个用于疑问感叹的古词从此被当作数学的专业名词使用。现代几何学中涉及的"点""线""面""角"等术语也都在这次翻译中确定下来。徐光启可谓是我国现代数学学科的奠基者。

公元1607年，徐光启的父亲去世，他回乡丁忧守制。在此期间，他一边编纂整理数学文献，完成了《测量异同》与《勾股义》等书，一边积极地做了另一件事：培育番薯。

番薯，也就是地瓜，16世纪由西班牙人从美洲引种到菲律宾，后经我国台湾地区传入福建等地。但是当时人们认为番薯是热带植物，不能在长江流域一带种植，更不可能在北方存活。而徐光启请人从福建带番薯回上海试种，通过反复的实验和方法改进，终于种植成功，并总结出了一整套种植做法"松江法"。在徐光启的技术改良下，番薯的品质和口感不仅没有下降，反而在干旱地区的味道比南方多雨地区更好。对此，徐光启曾不无得意地说："庶几哉，橘逾淮，弗为枳矣。"

公元1610年，徐光启又开始研究天文学。在编纂《崇祯历书》的过程中，徐光启引入了圆形地球的概念，并介绍了经度和纬度。他根据第谷星表和我国传统星表，提供了第一个全天性星图，成为清代星表的基础。在计算方法上，引进了球面和平面三角学的准确公式，并首先作了视差、蒙气差和时差的订正。

明初实行的《大统历》流传到这个时候已经严重不准，但统治者认为"祖制不可改"，一直不允许重修新历。到万历末年，大明的观象台已年久失修，导致历法与"天度不合"。天子不知天象，百姓农耕节气与气候对不上，朝野上下议论纷纷。徐光启上疏请求重修新历，但一直被搁置，直到崇祯元年（1628）才被提上日程。

此时，罗马教廷颁布的《格里高利历》已经被许多国家采用。徐光启请传教士翻译之后发现《格里高利历》比《大统历》精确许多，于是徐光启大胆采用西历里的24点制，将一天的12时辰换算为24个"小时辰"，简称：小时，并废除了一天100刻的计算方法，采用了能和24小时整除的96刻制。

火炮、崇祯和后金

公元1616年，努尔哈赤建立后金，3年后，明朝与后金在萨尔浒（今辽宁省抚顺市）大战。努尔哈赤率领几万骑兵大败明军20多万军队，**萨尔浒之战**成为明清兴亡史上的转折性事件。

面对如此大败，徐光启上疏请求为军队配备先进的火器，在未得到回应之后，自掏腰包从澳门的葡萄牙人手中购买了红衣大炮，却又被告发私办军火。但是徐光启仍不气馁，不断上疏，希望能引进火炮制造技术。

公元1621年，辽东防务吃紧，一直追随徐光启的学生孙元化被兵部尚书孙承宗重用，到宁远城筑台制炮，协助袁崇焕。此时，徐光启主张的红衣大炮才被派上用场，在**宁远大捷**中击中了努尔哈赤，致使后者身受重伤，七个月后不治而亡。

然而，由于朝中以魏忠贤为首的**阉党**作乱，袁崇焕和孙元化先后被罢官，心灰意冷的徐光启也跟着退隐，将主要精力都放在了修订《农政全书》上。

公元1627年，崇祯皇帝即位，徐光启回京复职。但由于**东林党**的兴起，朝廷仍然内斗不断。公元1632年，孙元化在一场冤案中被杀，徐光启大受打击，第二年在忧愤中去世。

徐光启去世后，大明军中再无善于制造、使用西洋炮火的专家。徐光启生前已经基本完成了《崇祯历书》的编订工作，他死后两年，他的继承者们完成了他未竟的事业。可是生性多疑、优柔寡断的崇祯帝又担心自己会背上"擅改祖宗法制"的罪名，所以迟迟没有颁布新历。

徐光启的一生充满悲情：年过不惑才中进士，半生官场起起落落，很多主张都没能实施；他推广番薯和水稻，养活了很多人，翻译《几何原本》为我国数学打下基础；他晚年呕心沥血编纂的《农政全书》和《崇祯历书》，都没能亲眼看到面市；他研习西洋火器，希望能造炮保国，而曾被他寄予厚望的炮兵部队后来却成为后金攻克大明的利器；他后来位至次辅，却保不住爱徒孙元化的性命。

许多史学家认为，徐光启才是我国真正"睁眼看世界第一人"，比林则徐、魏源、曾国藩等人早了200多年。他死后，他的子孙陆续搬到现在的徐家汇居住，这个地方也成了上海近代文明开始的地方。

小论文 从东北崛起的少数民族政权

我国历史上,在中原以外居住的少数民族很多,历经岁月,此消彼长。各民族由于生长环境不同,所以文化和秉性也不尽相同。其中对中原王朝构成强大威胁的往往是北方少数民族,在2 000多年的时间里,中原王朝不断修筑和加固长城,主要就是为了抵御北方过来的少数民族。当我们细究这些北方的少数民族的起源时,会惊奇地发现他们多数起源于东北。

从东北崛起的少数民族政权有哪些?这些威武雄壮的套马汉子为什么都来自白山黑水之间?

让我们按历史时期,分别介绍从东北崛起的少数民族及其建立的政权:

1. 先秦时期

大家如果还记得的话,我们在讲周穆王的时候曾经提到过,周朝实行"五服"的划分。中原地区的民族自称华夏,华夏周围四方的人,分别称为**东夷**、**南蛮**、**西戎**、**北狄**,以区别华夏。当然,以上周边民族早在炎帝黄帝时期就存在了。

在东北早期历史上,有三大少数民族族系:东胡、肃慎和秽(huì)貊(mò)。以东胡为例,这不是一个民族的名称,而是一个部落联盟,包括了当时族属相同而名号不一的大小部落。《辞海》中这样描述东胡:"因居匈奴(胡)以东而得名。"所以后世我们知道的非常著名的少数民族政权,如鲜卑、扶余、女真、蒙古等都可以追溯到东胡、肃慎和秽貊这三大族系。

2. 秦汉时期

比较有影响的民族有乌桓（huán）、鲜卑、扶余等。

乌桓，为东胡部落联盟中的一支。公元前3世纪末，东胡的这一支部落被匈奴打败后，迁到了乌桓山（今内蒙古阿鲁科尔沁旗），于是就以山名为族号，大约活动于西拉木伦河两岸（今内蒙古赤峰市及周边）。公元49年，乌桓从五郡塞外南迁至塞内的辽东、渔阳及朔方边缘十郡，逐渐发展壮大，受汉朝的护乌桓校尉管辖，分成若干部落，各自为政，一直没形成统一的部落联盟。公元207年，乌桓的最后一任大单于蹋（tà）顿在白狼山之战中被曹魏名将张辽斩杀，自此散落，分别被汉族、鲜卑、铁勒等同化。

鲜卑，和乌桓同时期，都是东胡部落联盟中的一支，当时被匈奴打败的部落一支迁到了乌桓山，成了乌桓族，另一支迁到了鲜卑山（今内蒙古科尔沁右翼中旗），所以称为鲜卑族。公元87年，鲜卑曾经大破北匈奴，之后占据蒙古草原，在东汉后期，鲜卑首领檀（tán）石（shí）槐（huái）统一了鲜卑各部，不过他死后各部又独立发展，直到魏晋南北朝时期迎来了蓬勃发展。

鲜卑族是我国历史上建立政权最多的一个少数民族，在之后的晋与十六国时期，有慕容鲜卑、宇文鲜卑、乞伏鲜卑和拓跋鲜卑好几个分支。慕容鲜卑建立前燕、后燕、西燕、南燕；乞伏鲜卑建立西秦；拓跋鲜卑曾建立南凉等割据政权。拓跋鲜卑先后建立了代国、强大的中原王朝北魏、西魏和东魏王朝。

扶余，源于先秦时期的秽貊。发源地位于现在的吉林省，在公元前2世纪时就建立了扶余王国，不过这个王国很少和中原王朝发生直接战争，一直持续到公元494年，被另一个扶余人建立的政权高句丽所灭。这个高句丽政权，是在西汉时期的公元前37年由扶余人首领朱蒙建立的，基本位于辽宁抚顺周边。高句丽后来不断扩大，成了东北最为强大的地方政权，一直到唐朝时才被消灭。扶余族经过几次变迁，大部分同东胡、肃慎的后裔以及三韩人的后裔融合了。

3. 魏晋南北朝时期

除了上面提到的鲜卑、扶余政权，新兴发展起来的民族及政权还有柔然、铁勒等。

柔然，是公元4世纪后期，在蒙古草原上继匈奴、鲜卑之后崛起的部落制汗国，柔然实际不是一个民族，它的统治者源于鲜卑族的一支，统治范围内的民族非常多，除了鲜卑外，还包括铁勒、突厥、匈奴等。这一时期整个北朝几乎都是鲜卑族的天下，也是鲜卑族历史上最为强盛的时期。

铁勒，这个民族大家听上去会觉得有些陌生，不过大家肯定都知道《敕勒歌》，敕勒就是铁勒的另一种叫法。铁勒，也叫"丁零""高车"，民族分布非常广，从今天的新疆一直到大兴安岭东部都是他们活动范围，他们在魏晋南北朝时期没有建立起强大的地方政权，但是到了唐宋之后逐渐壮大。唐朝之后屡屡与中原打交道的回鹘（hú），包括高昌回鹘、甘州回鹘和沙洲回鹘、喀喇汗国等，就源于这个民族。铁勒族也是现在维吾尔族的早期祖先之一，回鹘人在从蒙古高原西迁到新疆和中亚的过程中，和西域与中亚的民族逐渐融合，形成了现在的维吾尔族。

4. 隋唐五代时期

到了隋唐五代时期，又有一些新的民族从东北崛起了，比如室韦、契丹、靺（mò）鞨（hé）等。

室韦不是突然出现的，有专家认为室韦的发音其实就是鲜卑，鲜卑—森被—室韦。如果的确如此，那么室韦显然就是鲜卑后裔了。因此多数观点认为，室韦主体就是鲜卑，本源来自东胡。室韦与契丹同出一源，以兴安岭为界，南部为契丹，北部为室韦。室韦居住地在黑龙江中上游两岸及嫩江流域，以狩猎为业。

室韦在南北朝时期就活动于东北，一直到隋唐时期都很低调，中间与隋朝和唐朝都建立了朝贡关系。唐朝灭亡后，崛起的契丹乘机多次出兵征伐室韦，最终导致室韦的解体。解体之后的室韦反而进入了新的发展时期。一部分被契丹征服后融合，另一部分开始西迁。西迁的有一个分支叫作蒙兀室韦，大约是在公元10世纪初由额尔古纳河向西迁移的，到达鄂嫩河发源地、大肯特山附近，之后经过200多年的发展，到金朝末年已经成为拥有16个部落的大民族——蒙古族。

契丹和室韦同源，发源地在室韦的南边，早期活动居于潢（huáng）水之南（今内蒙古自治区赤峰的西拉木伦河），黄龙（今辽宁省朝阳市）之北，分为8个部落。契丹族日益兴盛，向南发展，在南北朝后期，和北齐政权打过架，不过战斗力不行，损失惨重，之后一直比较低调。等到唐朝灭亡后，契丹觉得机会来了。在耶律阿保机的带领下，契丹族建立了强大的辽国政权，这个故事我们就比较熟悉了。不久之后，契丹吞并了北边的室韦，向西发展，占领了整个蒙古草原和西域部分领土，之后还占据了中原王朝的燕云十六州。

靺鞨，这个名称大家可能不太熟悉，其实这个民族存在时间很长了，它就是先秦时期被叫作肃慎那一族的后裔。东汉到魏晋时期中原把这一族称为挹（yì）娄（lóu），南北朝时称勿吉，隋唐时叫靺鞨；到了辽宋时期，恢复了最早的肃慎这个称谓，但汉语中改译为女真或女直。这是一支非常强大的民族，唐朝时候分为白山靺鞨、粟末靺鞨、黑水靺鞨等部，其中粟末靺鞨首领大祚（zuò）荣建立了号称"海东盛国"的渤海国，定都在现在的吉林省延边朝鲜族自治州。

5. 宋元时期

宋元时期是东北少数民族发展的鼎盛时期。契丹的故事前面已经提到了，这里重点说下女真和蒙古。

女真，就是前面提到的靺鞨，宋朝初期一直在辽国的统治范围。女真族分布范围较广：南起鸭绿江、长白山一带，北至黑龙江中游，东抵日本海。契丹人对女真族的政策是"分而治之"。他们把强宗大姓迁至辽东半岛，编入契丹国籍，称为"合苏馆"，在女真语里是"藩篱"的意思，这些人被称作"熟女真"。另一部分留居松花江北、宁江州（今吉林省扶余县）以东，这些人被称作"生女真"。

生女真的主体是黑水靺鞨的后裔，后来建立了金朝的完颜部就是生女真的一支，他们是黑水靺鞨的直系后裔。完颜部建立的金国后来灭了辽国和北宋。

最后来讲讲蒙古。我们前面说了，蒙古族是蒙兀室韦西迁到蒙古草原后发展而成的。13世纪初期，铁木真所在乞颜部统一了各部落，建立了蒙古国。之后发生的事情我们都熟悉了。

6. 明清时期

明清时期东北地区可谓是女真族一家独大。

明朝后期，在东北的女真人已大致形成建州、海西和海东三大部分。其中，建州女真同海西女真从牡丹江流域逐渐南迁到了辽东一带，并在那里定居下来。

女真族战斗力很强,所以无论是辽国、元朝还是明朝都比较忌惮他们,采取了分而治之的办法。元朝的政策是:"若女直、契丹生西北不通汉语者,同蒙古人;女直生长汉地,同汉人"。也就是说,不懂汉语的女真和懂汉语的女真——这两部分加起来约占金朝女真总人口3/5,都不算女真,完全打破女真的民族认同。明朝则施行以"众建之而分其力"的办法,陆续设置卫所,还设立奴儿干都司管辖各个卫所,就是不让他们形成强大的统一政权。

然而,这么多措施还是没有抵挡住女真人统一的步伐,建州卫、建州左卫、建州右卫在明朝统治下形成了一个强大的部落。"<u>建州三卫</u>"的出现,标志着满族主体部分的形成。万历十一年(1583),出身建州左卫指挥使世家的努尔哈赤因为祖父和父亲被明朝误杀,他拿起先人留下的"十三副遗甲"起兵,后金崛起了。

在阅读我国历史的时候,我们经常会惊叹:为什么一个民族会突然崛起?这当然跟对外征伐和人口扩张有关系,但还有一个重要原因就是民族融合与归附。比如在明朝后期女真族强大之后,东北的其他民族赫哲族、鄂伦春族、锡伯族的先民们,也都采用了女真族的名号。反过来也是如此,一个强大的民族政权消亡后,他的主体民族人口很快减少,其实并不是因为人口迅速消亡了,而是很多人不再自称是这族人,很快与周边民族融合了。

最后,我们来说说,为什么东北地区的少数民族这么厉害呢?我们得先来看看东北的地理和气候。

东北地区纬度比中原地区高,气候寒冷,但是土地肥沃、水源丰富,拥有大量森林和草地。适宜的环境造就了发达的游牧和渔猎文明，众多的民族因此在这里诞生和繁衍。与此同时，冬季严寒的气候也塑造了这里的居民尚武、彪悍、集体荣誉感强的民族特征。当这样的居民以没有统一的小部落形态存在时，对中原王朝不能构成威胁，然而一旦统一，就会爆发惊人的能量。

另外，高寒地区对于气候变化十分敏感。一旦地球进入小冰期，整体越来越冷，东北民族就会面临很大的生存压力。"穷则生变"——周期性的环境恶化往往会催生民族内部的剧烈冲突，然后导致大规模迁徙。这个过程中，容易形成相对统一、具有对外扩张特征的少数民族政权。而一旦具备了扩张能力，这些政权首先要做的便是南下，征伐富裕安定的中原王朝。所以，众多研究表明，历史上的全球气候变冷与少数民族政权形成的时间往往存在高度的吻合。

当这些少数民族政权入主中原，他们常常会经历汉化的过程，最终从原来的游牧民族转变为以农业为根基的封建王朝，与中原民族融为一体。

郑成功

46

（1624—1662）
明末清初军事家、民族英雄

在我国台湾省台南市的开山路上，有一座高6.9米、重200吨的花岗岩人物雕像。每年6月，在炎炎烈日之下，数千人会来到这座雕像附近，参拜完雕像之后再去旁边的延平郡王祠里举行盛大的祭典。

这项祭典活动已经进行了50多年，来自中国台湾、福建地区以及马来西亚等地的人们汇聚一堂，热热闹闹地奏乐歌舞，纪念他们共同的祖先和英雄——郑成功。

郑成功，本名森，又名福松，字明俨，福建泉州人。汉族，明末清初军事家、抗清名将、民族英雄。

沿海世家

郑成功的祖先早在东晋永嘉年间，为了躲避北方的战乱而逃入福建东南地区。郑成功的父亲郑芝龙为泉州南安人，经常在日本及东南亚地区做贸易，精通日语、荷兰语、西班牙语等多国语言。

由于郑芝龙熟悉海外贸易，又善于搞外交，日本政府很重视他。当时日本的诸侯松浦氏介绍郑芝龙与一位移民到日本的福建商人的女儿田川松结婚。公元1624年，两人的孩子郑成功出生于日本九州，郑成功出生时，他父亲给他起名叫郑森。

公元1626年，闽南地区发生旱灾，郑芝龙带领数万灾民去台湾拓垦定居。由于明朝实行海禁，所以郑芝龙被污蔑为海盗。不过，这支"海盗"船队的战斗力可不一般，据说当时郑芝龙家族已经拥有船只700多艘，郑芝龙的船队曾经与驻扎在台湾的荷兰军队打过一仗，把荷兰军队打败了。

两年后，崇祯皇帝上台招安了郑芝龙。郑芝龙于是率领部众3万余人、船只千余艘，为明朝守备沿海，打击海盗和倭寇。郑森6岁之前一直跟随母亲住在日本，父亲郑芝龙受明廷招安任官之后，郑森被接回泉州府安平（今福建省泉州市晋江县）居住读书。徐光启去世的那一年，郑森9岁。

就在郑森12岁的这一年，公元1636年，明朝北边的后金政权统治者皇太极称帝，改国号为"**大清**"，**建立清朝**。

公元1644年，郑森被送往金陵求学，进入南京国子监深造，师从江浙名儒钱谦益。这位钱谦益的故事大家可能比较熟悉，他本是明末东林党的领军人物之一，耳顺之年娶了名妓柳如是。清军兵临城下的时候，柳如是劝他一起投水殉国，钱谦益试了一下水，说出了一句非常经典的话："水太冷，不能下。"然后就带头投降清朝了。

郑森师从钱谦益的这一年，以"均田免赋"为口号起义的闯王李自成在西安建立"**大顺**"政权，四月，大顺军攻破北京，崇祯帝自缢于煤山，**明朝灭亡**。随后山海关总兵吴三桂引清军入关，击败李自成，进驻北京城，开始入主中原。

明朝遗臣在南京拥立福王朱由崧登基，第二年改年号为"弘光"，历史上的**南明政权**开始了。

反清复明

公元1645年,清军南下,清军统帅多尔衮破扬州,攻占南京,兵部尚书史可法等人殉国,弘光帝被俘并遭到杀害。

弘光政权覆灭后,清廷在江南采取残酷野蛮的高压政策,强行下达剃发令,各地抗清斗争不断涌现。郑芝龙等人在福州拥戴唐王朱聿键称帝,改元"隆武"。郑芝龙手握重兵,成为隆武帝依靠的主要军事力量。郑芝龙将儿子郑森引荐给隆武帝,隆武帝非常赞赏他的才华,就给他赐了皇家姓氏朱姓,并将原名森改为成功。从这时起,郑森的名字就成了朱成功。因此,郑成功也被人称为"国姓爷"。

郑成功

然而，真正握有军政大权的郑芝龙却无意全力抗清。这时候，郑芝龙的福建泉州老乡、明朝末年重臣洪承畴已经投降了清朝。洪承畴承诺郑芝龙，如果投降就给他三省王爵，郑芝龙于是决意北上向清朝投降。郑成功劝阻父亲不成，只好带着部分士兵出走金门。不料清军征闽主帅背弃之前的约定，将郑芝龙与其他儿子一同挟往燕京，而且还出兵攻打郑家的故乡闽南南安，导致郑成功的母亲田川氏在战乱中自缢身亡。

母亲的意外去世更加坚定了郑成功抗清的决心，他既不像自己的老师钱谦益那样贪生怕死，也不像自己的父亲郑芝龙那样爱慕虚荣。郑成功要书写自己的传奇。

公元1645年，隆武帝被清军俘虏后绝食而亡，桂王朱由榔继承了南明政权，改元"永历"。郑成功开始以金门为据点，在沿海各地招兵买马，成为南明后期主要军事力量之一。之后，永历帝册封郑成功为延平王。

公元1650年，郑成功来到厦门，接收了他族叔的大部分部队，以厦门、金门作为根据地。同年，清军攻入广州，郑成功奉敕南下广州勤王，叔父郑芝莞留守厦门。第二年，清军偷袭厦门，郑芝莞未战先怯，清军攻破厦门，并将郑家劫掠一空。远在广东的郑军士气大受动摇，只得班师回乡。不久后，郑成功准备诛杀违反纪律的部将施琅，被施琅逃脱了，于是将施琅的父亲和弟弟处死。施琅从此与郑成功结下大仇，决定降清复仇。

接下来的两年，郑成功和清军在闽南对峙。公元1653年，清军两度大败后，清顺治帝两次试图敕封郑成功，郑成功都没有接受。

公元1658年，郑成功统率水陆军17万与浙东的反清复明势力张煌言会师，大举北伐。

第二年，联军顺利进入长江，接连攻克镇江等地，取得定海关战役、瓜

> "西湖三雄"第三雄——张煌言
>
> 力主反清复明的张煌言便是"西湖三雄"中除了岳飞、于谦之外的第三人,他的墓也在杭州西湖湖畔。

州战役、镇江战役的胜利,包围了南京。但是,意外遭到清军突袭,郑军不得不退回厦门。

光复台湾

北伐南京失败后,郑成功元气大伤;此时的郑成功已经在东南沿海地区与清朝政府周旋了十多年,长期面临军粮不足的问题。由于郑成功的反清斗争需要源源不断的物资供应,清政府就试图通过海禁断绝他的补给。清政府封锁海岸线之后,郑成功不得不转向海上贸易。

此时中国周围的海域已经涌现了诸多西方殖民者,不仅有荷兰,还有西班牙、葡萄牙等国的船队。为了维护贸易线路,郑成功难免会与西方人发生冲突。不过在西方人的眼中,郑成功是一位不可小觑的统帅。

"著名的国姓爷是海上君主和统治者,在中国从未有如此众多和庞大的船队,仅在厦门水域的水师就多达13 000艘帆船,……这一庞大水师像铁幕一样把鞑靼人(这里指的是清朝)关闭起来,使其无法在靠近沿海的城市和乡镇行使统治权，同样也使与其有贸易往来的欧洲及其殖民地陷于瘫痪。"菲律宾马尼拉的一位传教士如此说道。

也许这位传教士的描述有夸大的成分，但是连当时17世纪风头正盛的荷兰殖民者也十分忌惮郑成功。公元1658年，荷兰东印度公司总督约翰·马绥克在因海上纠纷向郑成功致信时，称呼他为殿下，态度极为客气。

为了打击殖民者、解决军队长期的后勤给养问题，郑成功决定向强大的荷兰人开战，收复由荷兰人侵占的台湾岛。公元1661年3月，郑成功留下儿子郑经防守厦门、金门，自己亲率将士2.5万人、战船数百艘，自金门出发，经澎湖，横渡台湾海峡，向台湾岛进军。

荷兰在台湾岛的西南建有两大防御要塞，一个是位于大员（今台南市安平区）的热兰遮城，另一个是位于台江内陆赤崁地方（今台南市中西区）的普罗民遮城。

郑军利用海水涨潮的机会在禾寮港（今台南市北区）登陆，随后在台江海域与荷兰海军展开海战，击沉了荷兰军舰，取得了台江内海的控制权，不久占领了普罗民遮城。在取得普罗民遮城作为据点之后，郑军随即由海、陆两面围困热兰遮城。八月，荷、郑两军于台江内海展开激烈海战，郑军大获全胜，从此荷军丧失了主动出击的能力。其间，郑军击退了前来救援的荷兰军队，第二年年初，荷兰军队宣告投降，退出台湾。至此，荷兰东印度公司在台湾38年的殖民统治宣告结束。

正当郑成功**收复台湾**之际，清朝顺治帝在北京驾崩了，康熙皇帝继位。当时掌握朝政大权的重臣鳌拜听从了从郑军叛逃到北京的降将的建议，彻底切断了郑成功的贸易通道，毁坏东南沿海地区的船只，并斩杀了郑芝龙，挖开郑氏祖坟。

郑成功刚刚收复台湾，局势未定，人心惶惶，又接连听到从北方传来的噩耗，内外交困，在公元1662年急病而亡。临终前大喊"我无面目见先帝于地下"，并抓破脸面，年仅39岁。

郑成功死后，他的儿子郑经在金门发动军事政变，自称延平王，成为南明抗清的最后根据地。公元1680年，郑经死去，郑经的幼子郑克塽（shuǎng）继位。不久，那位与郑成功结下大仇的叛将施琅领着清军大举进攻台湾，郑克塽于公元1683年投降清朝。第二年，清朝**设置台湾府**，台湾被纳入大清版图。

47 爱新觉罗·胤禛

（1678—1735）
清世宗

历史上，能够继承皇位的候选人之间明争暗斗几乎在每个朝代都会发生。然而，当代读者最为熟悉，也是最为影视创作者所津津乐道的，莫过于康熙的儿子们之间的斗争。

康熙总共生了35个儿子，活到成年、有资格参与皇位争夺战的儿子也有24位。这支庞大的参赛队伍分成了好几个派系，足足折腾了几十年。然而，最后胜出的是所有皇子里看上去最平平无奇的皇四子——爱新觉罗·胤禛。

后世对他的胜出持有颇多的阴谋论。其中很有名的一个，是说胤禛篡改了康熙的遗诏，将"传十四子"改为了"传于四子"。当然，目前陈列在北京档案馆的康熙遗诏原件有力地反驳了这个阴谋论，上面不但用汉字清清楚楚地写着"雍亲王四皇子胤禛"，而且还有满文和蒙文的译文，绝无篡改的可能。

这个雍亲王到底有什么样的能耐，能力压众兄弟，笑到最后呢？

爱新觉罗·胤禛，清朝第五位皇帝，年号雍正，庙号世宗，在位期间，实施了一系列改革措施，加强了中央集权，奠定了**康乾盛世**。

九子夺嫡

公元1678年，爱新觉罗·胤禛出生于北京紫禁城永和宫，生母乌雅氏出身低微。他出生时，康熙皇帝年仅24岁，不过已经亲政多年。此时吴三桂、尚可喜、耿精忠三藩正在南方叛乱，直至公元1681年**三藩之乱**才被平定。

平定三藩、收复台湾之后，康熙将精力集中在处理东北的沙俄入侵事件上。公元1686年，清军在**雅克萨之战**中击败沙俄部队，双方签订**《尼布楚条约》**，规定以额尔古纳河—格尔必齐河—外兴安岭为中俄两国东段边界；黑龙江以北、外兴安岭以南和乌苏里江以东地区均为中国领土。

康熙虽然忙于政务，但是一直没有放松对皇子的教育。胤禛5岁进尚书房，从小学习四书五经和满文，稍微大点便跟随康熙四出巡游。公元1696年，年满18岁的胤禛随从父亲征讨噶尔丹，掌管正红旗大营，深得康熙赞赏。两年后，胤禛受封为贝勒。

聪明的胤禛觉察到自己身为康熙的儿子所处的险恶环境，他一面刻意守愚藏拙、韬光养晦，一面不断寻找机会增长从政经验。

公元1708年，由于觉得太子胤礽过于跋扈，康熙帝第一次罢黜了太子，但第二年又恢复了太子的身份。在废立太子的过程中，诸皇子为谋求储位，各结私党，钩心斗角极为激烈。胤禛则不偏不倚，对待太子和其他皇子的态度都没有大的变化。此事之后，康熙册封他为和硕雍亲王。

太子胤礽再立后，仍不改自己的作风，于是康熙两年后再次将他废黜。

其他皇子这下都觉得自己有希望作为接班人了，于是展开了"**九子夺嫡**"的皇位争霸战。

胤禛自称"天下第一闲人"，表面上表示对权力毫无兴趣；私底下，他却与年羹尧和隆科多等重要辅臣交往密切，拉拢了许多支持者。他深知父亲十分看重道德品质，于是一直在康熙面前表现得诚实孝顺，在兄弟面前表现得友爱谦恭。低调隐忍、不露锋芒的行事方式终于令他在康熙人生的最后时刻获得了关键性的肯定。

公元1722年，康熙皇帝执政61年后病逝。胤禛奉康熙遗诏，即皇帝位于太和殿，改元雍正。

雍正改革

即位后，平平无奇的雍正火力全开了。

在稳定了皇位和政局之后，他开始惩治所有对皇位有威胁的兄弟。多数兄弟被降职降爵，或被圈禁，或被赐死，排除在权力阶层之外。在雍正之前，清朝并没有行之有效的立储制度，常因皇位继承权产生争端，雍正从他自己的惨痛经验出发，确立了秘密立储制度。

对待兄弟狠，对待下属就更狠了。

雍正对曾经在皇位争夺中立有大功的权臣年羹尧和隆科多防范有加。仅仅三年后，雍正就以年羹尧结党营私之名责令其自尽，同时取消了隆科多太保的职位，后来将其圈禁致死。

但是雍正并不是个只会整人的皇帝，他还很会整国家。

雍正在位仅13年，但"以勤先天下"，"兴利除弊，以实心，行实政"。反对因循苟且，整顿吏治，以利民生；反对朋党；兴利除弊，针对康熙年间的吏治、财政、税制等进行了铁腕改革。

雍正重用了一批低调务实的汉人官员。比如：没有参加科举考试、靠捐官晋升的李卫，在十年不到的时间里从员外郎一跃升至朝廷一品要员，升迁速度犹如坐上了火箭。

> **李卫当官反映出什么？**
>
> 李卫的快速升迁反映了雍正用人方面的特点：
> 一是务实的选材标准，康熙晚年选官非常看重官员的操守，结果各地官员只顾清廉虚名却不做实事。雍正上台后，用人首重才干，其次操守。
> 二是执政经营能力，如李卫从小跟随家里做过生意，他的从商经验使得他在经济管理方面很有想法，方法颇多。
> 三是从不结党营私，敢于得罪权贵，而对雍正忠心耿耿。

雍正整顿吏治，打击贪腐；设立军机处，军政大事一概由皇帝裁决；施行耗羡归公和养廉银的措施，增加中央财政收入；实行文化专制政策。这一系列措施都<u>加强了君主专制</u>，使得<u>中央集权在清朝达到了我国历史上的最高点</u>。

雍正改革最有特色的便是土地制度改革的"**摊丁入亩**"政策。"摊丁入亩"是对张居正"一条鞭法"的深化，极大促进了<u>生产与人口流动</u>。从这以后，我国人口进入了一个快速发展时期，为盛世奠定了重要基础。

公元1735年，雍正皇帝因病驾崩，他一直工作到生命的最后一天，庙号世宗。

摊丁入亩对"一条鞭法"的继承与发展

自汉唐以来,我国实行的税赋制度主要是"人头税",也就是按照每家每户的人口数量来收税,这种制度衍生了严格的户籍制度。当农民手里有地,地权又比较稳定的时候,人头税是非常管用的,可是在土地大规模兼并的情况下,这个制度就会导致严重的经济和民生问题。

到了明朝的张居正变法,把各州县的田赋、徭役以及其他杂七杂八的税收总为一条,合并征收银两,按亩折算缴纳。这样大大简化了税制,方便征收税款。同时使地方官员难于作弊,进而增加财政收入。

而雍正实施的"摊丁入亩"政策,就是对"一条鞭法"的继承与发展——"摊丁入亩"把丁税平均摊入田赋中,征收统一的地丁银,从真正意义上取消了人头税,政府对农民人身自由的控制也进一步松弛了。社会矛盾得以缓和,社会活力得以释放,生产发展得到了促进。

但这个政策同时也极大地刺激了人口增长,影响了我国近代的人口格局。

纪昀

(1724—1805)
清朝文学家

《铁齿铜牙纪晓岚》这部电视剧可谓家喻户晓,其中纪晓岚才思敏捷、随机应变,与和珅斗智斗勇的各种表现让人记忆犹新。

电视剧中的纪晓岚游走于乾隆皇帝与首席军机大臣和珅之间,刚直守正、秉公执法,那么历史上真实的纪昀到底是什么样的存在?他与乾隆皇帝、和珅之间的关系到底如何呢?

纪昀,字晓岚,号石云,直隶河间府献县(今河北省沧州市献县)人,清代文学家。

乾隆的朝臣们

公元1724年,也是雍正皇帝执政的第三年,纪昀出生于直隶河间府,比乾隆皇帝小11岁,他的一生贯穿了乾隆皇帝执政时期的始终。纪昀的父亲及祖父都是朝廷高官,纪昀6岁时参加童子试,以优异的成绩获得了"神童"的名号。

雍正皇帝驾崩的那一年,纪昀11岁。根据雍正的秘密立储方法,由皇四子弘历继位,他是清朝第六位皇帝,也是我国历史上实际执掌国家最高权力时间最长和最长寿的皇帝,年号"乾隆"。

公元1743年，20岁的纪昀参加科试，获第一名。好成绩让他自满起来，结果一直未能考取进士；直到公元1754年，30岁的纪昀参加正科会试和殿试，中二甲第四，任庶吉士，这才开始了他的官宦生涯。

公元1768年，纪昀服丧期满回朝，当时的吏部准备把他外放到贵州当一名知府。乾隆帝却认为纪昀搞理论工作比较擅长，到外省做官不适合他，就把他提升为了翰林院侍读学士。好景不长，同年，两淮盐运使卢见曾因受贿被下罪入狱。卢见曾的孙子娶了纪昀的女儿，两家是姻亲关系，因此纪昀受到牵连，被夺了职位，发配到乌鲁木齐赎罪，三年后才被释放，回到京师。

公元1773年起，乾隆皇帝要求开始编写《**四库全书**》，大学士刘统勋举荐纪昀为总纂，刘统勋自己则成为《四库全书》的正总裁官。刘统勋是乾隆年间著名的权臣，他的儿子刘墉就是有名的宰相刘罗锅。

近年来所谓的清宫戏一直津津乐道于刘墉、纪昀、和珅与乾隆皇帝这几人之间的关系。从年龄来看，乾隆皇帝最大，刘墉、纪晓岚年龄相仿，比乾隆皇帝小十岁左右，而和珅整整小他们几个30—40岁。

和珅的长子娶了乾隆皇帝的十公主，和珅自己是内阁首席大学士、领班军机大臣，大权在握，深得乾隆皇帝的信任。而刘墉是刘统勋的儿子，刘统勋是乾隆早年的栋梁，因此刘墉在朝中受到乾隆皇帝的照顾，能做到独善其身，与和珅的关系不冷不近。

与和珅和刘墉相比，纪昀的职位和受皇帝信任的程度都是最低的。由于纪昀是刘统勋的门生，因此纪昀和刘墉算是同门师兄弟，相互多有照顾。而纪昀想在朝中有所作为，难免要向和珅这样的权贵求助。

《四库全书》

大凡盛世，必先修书。遇上乾隆这么个"十全老人"更是如此，《四库全书》编纂工作的主持人一直是乾隆皇帝本人。

在长达13年的时间当中，360多位高官与学者参与编撰，3 800多人负责抄写。最终成书分经、史、子、集四部，故名"四库"。据文津阁藏本，共收录3 462种图书，共计79 338卷，36 000余册，约8亿字。

《四库全书》是我国古代最大的文化工程，在对我国古典文化进行了一次最系统、最全面的总结的同时，编纂者们也在不断毁坏书籍。但凡书中有对清朝统治者不利的内容，编纂者皆尽销毁。《四库全书》编写组湮灭的书籍据统计为13 600卷，最终焚书总数达15万册，对古代文化产生了巨大的破坏。

举个简单的例子：我们在前面曾经读过岳飞的《满江红》。由于这首词中的"胡虏"和"匈奴"在清朝满蒙贵族看来都是犯忌讳的，于是《四库全书》编写组就将其中的这两句改为了"壮志饥餐飞食肉，笑谈欲洒盈腔血"。根本语无伦次、言不达意。因此，鲁迅等人都曾评价《四库全书》为一部阉割我国古代文化的集大成之作。

神童纪昀一辈子，除了奉旨主持编纂了《四库全书》，晚年还写了一本随笔杂记叫作《阅微草堂笔记》。仔细阅读过它的人都会发现，这部明显受了蒲松龄《聊斋志异》影响的笔记体杂记，除了语言精美典雅外，很少有什么独到的见解。作为一个文人，纪昀之所以没能写出真正的大书来，不能不说是被清朝的统治者"阉割"了精神和思想上的创造性。高压的文化政策、频繁兴起的文字狱，让他不敢写任何有价值的东西。

文字狱和《红楼梦》

伴随着君主专制到达顶峰，我国历史上文字狱的顶峰也来到了。虽然乾隆皇帝自我感觉良好，他在历史上的评价是不高的。评价低的原因有很多，比如好大喜功、奢侈浪费、**闭关锁国**等；还有一个重要的原因就是，尽管乾隆自诩风雅，到处写诗题词、在名画名帖上敲章，但是同时**大兴文字狱**，对文学艺术进行了残酷的钳制和破坏。

据《清代文字狱简表》统计，乾隆在位64年制造的各种规模的文字案共计130多起，尤其是乾隆中期，是三朝中文祸最多的时期，正是《四库全书》开始编订的时期。

在这种高压的文化环境中，仍然有一朵文学之花艰难地钻出淤泥和锁链，绽放了。这就是我国古典小说的巅峰之作——**《红楼梦》**。《红楼梦》的作者曹雪芹生于康熙末年的豪门，祖父是江宁织造曹寅。曹雪芹童年在南京江宁织造府过着富足的纨绔生活。

雍正六年（1728），曹家获罪被抄家，曹雪芹家道中落，随家人来到北京，在人生的大起大落中体味了社会百态。乾隆九年（1744），曹雪芹开始创作《红楼梦》，"披阅十载，增删五次"，一直到乾隆二十八年（1763）他去世为止。《红楼梦》主题深刻，具有鲜明的反叛性，在叙事艺术上到达了古典小说的巅峰。针对这部小说的研究甚至衍生出了一门专门的学问"红学"。

然而，当贫病交加的曹雪芹在穷困潦倒中艰难地写作《红楼梦》时，浪费了文学天赋的纪晓岚却一路官运亨通。公元1776年，纪昀升迁为翰林院侍读学士，后又升任兵部侍郎，三年后又被提升为内阁学士。

嘉庆十年（1805），纪昀病逝，时年82岁。

他没有看到，清朝正头也不回地走上了下坡路，朝向那屈辱不堪的终点。

曾国藩

49

（1811—1872）
清朝后期政治家、军事家

晚清有四大名臣之说，四人分别是：曾国藩、李鸿章、左宗棠和张之洞。四人之中以曾国藩年龄最长，声望也最高，然而论天资，他却一直被认为是最愚钝的那个。梁启超曾在《有史以来不一二睹之大人》一文中如此评价："固非有超群绝伦之天才，在并时诸贤杰中，称最钝挫。"

曾国藩比不上左宗棠之才华横溢、李鸿章之腾挪有度、张之洞之坚韧不拔，却成了后三人仰望的对象。在他去世后，与他曾颇有间隙的左宗棠赠挽联一副："知人之明，谋国之忠，自愧不如元辅；同心若金，攻错若石，相期无负平生。"

曾国藩一生都做了什么？何以获得如此高的评价呢？

曾国藩，字伯函。湖南长沙府人。晚清政治家、军事家，洋务派代表人物。

湘地领袖

纪晓岚去世六年后的公元1811年，曾国藩出身于湖南长沙府的一个农民家庭。他祖辈虽以务农为主，但是祖父阅历丰富，极其重视教育，父亲被培养为塾师秀才，作为长子长孙的曾国藩，六岁就进入家塾学习。

公元1826年，年仅15岁的曾国藩应长沙府童子试，名列第七。两年后，曾国藩在会试中成功登第，殿试中位列三甲第四十二名，赐同进士出身。一片光明的仕途似乎在他面前徐徐展开。

就在这一年，道光皇帝派湖广总督林则徐到广东查禁鸦片。公元1840年，英国政府以<u>林则徐虎门销烟</u>为借口，悍然发动侵略战争。英国军队在广东珠江口外封锁海口，**鸦片战争爆发**。

公元1847年，36岁的曾国藩升任内阁学士加礼部侍郎，此时的他十年内七迁，连跃十级，可谓是儒生入仕的完美模板。不幸的是，他生在晚清。

【鸦片战争】1842年，鸦片战争以我国战败告终。清政府被迫签订中英《南京条约》，这是<u>近代我国第一个丧权辱国的不平等条约</u>。我国被迫割让香港岛，并赔款2 100万银元，开放广州、厦门、宁波、福州和上海5处为通商口岸，英国进出口货物的关税必须经双方协商。

鸦片战争后，清政府为了支付《南京条约》的巨额战争赔款，更加横征暴敛，人民不堪重负。就在咸丰皇帝刚登基不久的公元1851年，洪秀全在广西宣布起义，建号**太平天国**。我国历史上持续时间最长、影响最广的农民起义太平天国运动爆发了。

第二年，曾国藩因母丧归家，这时太平天国运动已席卷半个中国。尽管清廷从全国各地调集八旗军、绿营官兵来对付太平军，但这些官兵早已腐朽不堪、毫无战斗力，清政府只得颁发奖励团练的命令，希望各地的地方武装来帮助朝廷对付太平军。

这个时候，一群湖南人登上了历史舞台。

湖南从北宋开始就十分重视教育——我国古代**六大书院**，就有两个在湖南，分别是长沙的岳麓书院和衡阳的石鼓书院。重视教育的氛围结合湘人独有的"吃得苦、耐得烦、霸得蛮"的精神风貌，使得湖南的优秀人才在动荡的时局中极易脱颖而出。

曾国藩由于官位较高、能够知人善任，成为湖南士人争相结识的对象，在他的身边集结了一批志同道合的门生和朋友，胡林翼、左宗棠等在日后改写历史的重要人物都在其列。

镇压太平天国

公元1853年，曾国藩在家乡建立了一支地方团练，称为湘军。湘军领导层均出身于耕读之家，深受湖湘学风的熏染，尊奉程朱理学、主张学以致用。

就在这一年，太平天国军队占领南京，改名天京，作为都城，并颁布**《天朝田亩制度》**，提出了诸多反封建纲领，获得了起义农民的大力支持。

曾国藩从鸦片战争和落后的八旗军身上看到，想要赢得胜利，除了需要高昂的士气之外，更需要精良的装备与武器，于是千方百计筹集资金为湘军配备了洋枪洋炮。

公元1855年，曾国藩的湘军开局不利，连打了几场败仗，曾国藩气得差点投水自尽。痛定思痛，他总结失败教训，重新整顿水陆各军，终于在进攻岳阳的战役中取得重大胜利，之后湘军一路势如破竹，占领了武昌、汉阳等重镇。

就在曾国藩忙着镇压太平天国的时候，西方列强又挑起了**第二次鸦片战争**。然而此时的曾国藩无暇顾及侵略者，公元1864年，湘军攻破太平天国首都天京，**平定了太平天国起义**。

【第二次鸦片战争】1860年，英法联军借口占领天津，攻入北京，咸丰帝逃往承德，侵略者火烧圆明园。清政府被迫先后签订《瑷珲条约》《天津条约》《北京条约》；沙俄还乘机割占了我国东北和西北150多万平方公里的土地。

洋务运动

经过两次鸦片战争的失败,以及太平天国运动的打击,清朝内外交困。19世纪60年代之后,为了解除内忧外患,富国强兵,清朝统治者在诸多开明人士的建议下,开始学习西方文化和先进技术,史称**洋务运动**。

早在公元1860年,曾国藩就提出"师夷智以造炮制船"的主张。公元1862年,曾国藩在安庆设内军械所,并终于克服重重困难造出了我国第一艘轮船"黄鹄号",这是近代中国**师夷长技**的第一次尝试。

同年10月,曾国藩在李鸿章的协助下建成江南制造总局,期望通过江南制造总局自己造船制炮,进而建立一支近代海军,他还负责了核定长江水师的章程及营制营规。公元1867年,在左宗棠的主持下,福州船政局(亦称马尾船政局)正式开工,成为我国第一个新式造船厂。曾国藩、左宗棠、李鸿章等人对我国海军建设的筹划与支持,促进了我国近代海军的形成和发展。

与此同时,曾国藩在推动我国科技教育近代化方面也有重大贡献。公元1862年,在曾国藩的推动下,我国创办了第一所近代教育的学校京师同文馆。公元1872年,曾国藩促成了派遣留学生的事业,派幼童到美国留学,开了我国公费向国外派遣留学生的先河。

随着留学生和国内新式学堂学生的增多,我国新式知识分子群体逐渐形成,这是促进我国近代社会不断进步的一个重要因素。

治家治军

治国治军如治家,这个理念贯穿于曾国藩的一生。

曾国藩终生注重家庭教育,以儒学思想治家,嘱咐后代子孙修心、修身和修行，在流传于世的《曾文正公家书》中可见一斑。在治理湘军时，他一以贯之，使用"德才兼备、智勇双全"的标准来选择将领，把德放在首位，并把德的内涵概括为"忠义血性"。

我们常常以为作战勇猛的湘军必定由一批武艺高强的武官带领，岂不知当时湘军将领中，儒生出身的占据了大多数。可见湘军不是由武人建立起来的，而是由文人建立起来的。曾国藩的军事思想影响了他同时代及之后的几代人，包括袁世凯、黄兴、蔡锷等军事家都推崇他的治家和治军理念。

然而身在晚清，曾国藩能做到以身作则，并能严格约束自己与身边人，却改变不了清政府的腐败行径与专制统治，也无力改变在列强丛中求生存的旧中国现状。

公元1872年3月，为晚清政府操劳数十年的曾国藩因突发脑溢血而撒手人寰，时年61岁。清廷追赠他为太傅，谥号"文正"。

霍元甲

50

（1868—1910）
清朝末期爱国武术家

"昏睡百年，国人渐已醒……"

公元1983年的夏天，神州大地的每一台黑白电视机里都传出了同一首歌曲——《万里长城永不倒》。这首歌是香港亚洲电视台制作的电视剧《大侠霍元甲》的主题曲，就在这一年，这部电视剧在我国大陆掀起了收视狂潮。电视剧播放的时段，各大城市万人空巷，数以亿计的观众对剧中的台词和歌曲耳熟能详。

从此之后，不仅粤语文化开始席卷全国，以武术和武侠为主题的影视作品更是进入了高速发展的黄金时期。因此，从某种意义上讲，开创了20世纪80年代文化新潮流的，是这位19世纪末的名人：

霍元甲，字俊卿，天津静海县人，清末著名爱国武术家。

"东亚病夫"

公元1868年，霍元甲出身于天津静海县一个小村庄的镖师家庭。河北南部习武的人很多，霍家祖上便练武为生，霍元甲算是家族迷踪拳的第七代传人。霍元甲从小身体不好，父亲本来不愿他习武，但见他悟性高、学得快，最终还是将衣钵传给了他。

霍元甲长大之后，不愿一直待在小山村里，于是告别家人来到了"九河下梢"的天津城。此时我国正处于清朝末年，政局风雨飘摇——内部相继爆发了太平天国运动、**北方捻军起义**、**陕甘回变**等；外部则如肥肉落入了秃鹫群里：沙皇俄国趁火打劫侵占了新疆，日本入侵中国台湾，中法因为越南问题交战。

公元1881年，清朝政府与俄方代表订立了**《中俄伊犁条约》**，我国割去了伊犁霍尔果斯河以西的领土，但收回了伊犁九城。公元1884年，新疆省正式建立。公元1885年，中法签订**《中法新约》**，清廷被迫承认法国对法属印度支那诸殖民地的宗主权。受到中法战争的影响，清朝政府于台湾设省，并积极筹建**北洋水师**。

清朝末年的中国简直是"按下葫芦浮起瓢"，四处失火，首尾难顾。朝廷内部腐化无能，外部强敌环伺，经济濒于崩溃。仅仅几个曾国藩、左宗棠、李鸿章并不能改变历史的走向。

"天下兴亡，匹夫有责"。每个有正义感的普通人都想为拯救国家和苍生出一份力。霍元甲来到天津城，认识了终生好友农劲荪。农劲荪比霍元甲大六岁，职业是药店老板，文武双全，曾在日本留学。这位良师益友对霍元甲产生了巨大的影响，帮助他从一介武夫成长为了希望通过武术救国的进步青年。

在此期间，霍元甲也结识了一些京津两地的武人，并与维新志士谭嗣同的保镖"大刀王五"结成了好友。

公元1894年，我国在甲午战争中被日本打败，被迫签订了屈辱的**《马关条约》**，国民情绪低落至极点。正是这一年，孙中山在檀香山创立**兴中会**。此后，康有为和梁启超**公车上书**，希望借鉴日本，通过变法革新来救国。

公元1896年10月17日，英国人在上海办的英文报纸将中国人称为"东亚病夫"（Sick man of East Asia）。这个称谓像一枚耻辱的标签，钉在每一个中国人的心头。

公元1898年6月11日,**戊戌变法开始**,然而仅仅百日即告失败,谭嗣同等**戊戌六君子**被杀。"大刀王五"在悲愤之余加入了**义和团起义**。公元1900年,为镇压义和团起义,八国联军攻陷北京,慈禧太后携光绪皇帝狼狈西逃。义和团运动失败,"大刀王五"最终惨死。公元1901年,战败的清政府被迫同11国签订**《辛丑条约》**,变成帝国主义列强侵略我国的工具,中国完全沦为**半殖民地半封建社会**。

这一系列事件深深刺激了霍元甲,他开始怀疑自己的一身武艺在这乱世之中到底有没有用。

精武英雄

从公元1860年开始,英法美德俄等西方列强通过签订不平等条约和协

霍元甲

议，在天津老城的东南部相继设立了拥有行政自治权和治外法权的租借地，被称为"**租界**"。随着租界的建立，西方各国的水手、商人、冒险家纷纷来到天津，想要在此发财致富、扬名立万。

公元1901年，有个叫斯其凡洛夫的俄国大力士来到天津戏园，自称"打遍中国无敌手"，霍元甲十分气愤，准备与他比武打擂台。没想到斯其凡洛夫私下打听到霍元甲武功高强，不由慌了神；约定比武那天，他临阵求饶，承认自己只是吹牛，霍元甲于是让他在报纸上公开声明，认了错。这件事在当时极尽颓丧和痛苦的国人心中点燃了一颗民族自豪感的小小火苗。

8年之后，又有一个英国大力士在上海摆下擂台，挑战国人。农劲荪在报纸上读到消息，马上向上海知名人士推荐了霍元甲。霍元甲抵沪之日，各大报刊的头条均大幅报道。霍元甲约好了与该大力士比武，可是到了比赛时间对手却无影无踪了。原来这位和他的俄国同行一样，也是个只会吹牛皮的妄人，早已脚底抹油溜了。

比武虽然未能成功，但霍元甲此行在上海掀起了习武的热潮。公元1910年6月，霍元甲在上海创办了"中国精武体操会"，后改名精武体育会。

【**同盟会**】1905年8月，孙中山先生在日本东京成立了**同盟会**，"驱除鞑虏，恢复中华，创立民国，平均地权"，民族、民权、民生"**三民主义**"，成了孙中山领导资产阶级革命的指导思想。

他打破家规，广收门徒，将家传迷踪拳教给外姓人；又改良技艺，增强武术的实用性，以便达到强身健体和防御的效果。风雨飘摇中的国人或多或少地在中华传统武术上寄托了"修身、齐家、治国平天下"的理想。

公元1910年9月，日本柔道会挑选了十几名高手挑战霍元甲。霍元甲带领徒弟以少胜多，大胜日本人。在比赛后的宴会上，日本人介绍了一位在上海执业的日本医生为霍元甲医治呼吸系统的疾病。霍元甲在服药后不久病情急剧恶化，于公元1910年9月14日病逝于上海精武体育会。霍元甲的死因遂成为不解之谜。

霍元甲去世后的第二年，**武昌起义**爆发。辛亥革命推翻了清朝的统治，我国最后一个封建王朝灭亡，我国历史进入了新篇章。

霍元甲逝世后数年，全球的精武分会已经多达40余处，会员逾40万之众。精武体育会成了我国近代体育史上历史最悠久，影响最为深远的民间体育团体。而霍元甲本人则作为自强不息的中华民族象征，激励着一代又一代的中国人。

【辛亥革命】时间表

1911年10月10日，武昌起义爆发。

1911年10月11日，黎元洪被推举为都督，改国号为中华民国。

1911年11月1日，袁世凯被任命为内阁总理大臣。

1911年12月25日，中华民国南京临时政府成立。

1912年2月12日，清帝发布退位诏书。

小论文 中国行政区划的变化

大家会注意到,我们从周朝讲到清朝,在介绍每位人物的籍贯时,地名的叫法在不断变化。比如春秋战国时期的人,我们说他生于某地或者某国;到了秦汉时期,我们说他生于某郡某县,比如霍光是河东郡平阳县人;到了唐宋,生于某州某县,比如郭子仪是华州郑县人;到了明清,又变成了某府某县,比如纪昀是直隶河间府献县人。

这些地名叫法的变化,体现了我国历史上行政区划的变化。

《尚书·禹贡》里记载,大禹治水成功之后继承了帝位,他将天下分为九州,分别是:冀州、兖州、青州、徐州、扬州、荆州、豫州、梁州、雍州。

在先秦时期,各个书籍里边九州的说法并不一样。无论哪种划分方式,都体现了先秦时期划区而治的理念。

而周朝建立的分封诸侯国制度,才真正地奠定了华夏文明的基本盘。一个诸侯负责一块领土,是一方的首领。分封的诸侯大多是周天子的亲戚和建国时期的大功臣,不同的诸侯国级别并不一样。这种分区管理的办法本来非常不错,但是等到了东周时期,礼乐崩坏,这些分封国世袭的子孙们,不再将周天子放在眼里,自己发展自己的地盘,并相互之间吞并,以强凌弱,形成了诸侯割据的局面。

秦朝建立后,在分封制和郡县制之间,看过了太多乱局的秦始皇毅然选择了中央集权郡县制。其实早在战国时期，魏国、赵国、秦国就已经开始采用郡县制了，只是没有大规模推广。秦朝统一后，最初设立36个郡，后来又增加了十多个。郡下面是县，全国划分了700多个县。

从此以后，县成为中国最基础的行政管理单元，一直沿用到现在，我们国家现在仍然有2 000多个县（包括了县级市等）。之后历朝历代在一级、二级行政区划上进行了大量变化。但是县这一级，几乎没有变过。

汉朝在秦朝郡县制的基础上，借鉴了春秋战国时期九州的概念，在郡的上面加了一个"州"，也就是一个州管理几个或者十几个郡，东汉时候，全国有13个州，100多个郡。

州的概念也是非常深入人心，虽然历史过程中，州在不同朝代代表的概念不太一样，但却从最初使用到现在，成为我们国家地名中出现最多的一个字。

州本来是一级行政区域，但是到了汉朝之后的魏晋南北朝，由于国家动乱，一个州常常出现好几个政权，每个政权都另起炉灶，命名了各种各样的州。在隋朝统一中国后，发现全国已经有200多个州了，很多州下面只有一两个郡。

于是隋炀帝杨广继位后，将所有的州改为郡，于是全国有200多个郡。为了管理这些郡，于是在郡上面设置州来监察郡，和汉朝比较像。唐朝取代隋朝后，将一级行政区变成了"道"，把隋朝由州改过来的郡，又改回去了，变成了州，于是全国的行政区划就是道—州—县这三级。

从此之后，郡这个名词在地理上就不再用了，以后中国的二级行政区的名称就稳定了，就叫州，也就是我们现在的地级市；三级行政区就是县，就是我们现在用的县。

之后一级行政区的名称经常变化，从唐朝的"道"变成了宋朝的"路"，然后是元、明、清的省。

省，原来是中央机构的名字，比如三省六部制的中书省等。元朝时候，为了表示中央对地方的管辖，就以"行省"的名义去管理这些地方，于是慢慢地省就成了地方行政区划。

唐朝之后，一级行政区划的叫法虽然经常换，但是分级而治的基本概念再也没有变化了。比如明朝的省，又常常叫作布政使司，江西省就是江西政使司；元、明、清时期，和州一个级别的二级行政区也有叫府、厅的，常常和州一起使用，并不矛盾。

中国这么多的行政区划，主要是按照什么原则来划分的呢？首要原则就是因地制宜，兼顾文化地理，利用自然地形建立起最有利的政治区域局面。

我们现在常常调侃，南京市是安徽省的省会。这是因为南京市与安徽省的交流非常多，这个调侃不是没有依据的。在明朝的时候，整个安徽和江苏就属于一个行政区划，叫作南直隶，南京市那个时候叫作应天府，是整个南直隶的省会。到了清朝时候为了防止一省独大，将南直隶分拆为安徽省和江苏省。清朝统治者为了防止割据，没有依据淮河或者长江为界，分为江南行省和江北行省，而是按照东西两部分进行拆分。

新中国成立后，我们一直沿用省—州—县的这个三级行政区划。这时候的州这一级别，变成了地区、市、少数民族自治州，另外增加了直辖市、少数民族自治区的概念。有人曾经将新中国的行政区划编成了一首方便记忆的歌谣：

两湖两广两河山,
五江*云贵福吉安。
川藏两宁青甘陕,
还有内台北上天。

公元1988年4月,广东省海南行政区撤销,海南省和海南经济特区建立;公元1997年6月18日,重庆直辖市正式挂牌;公元1997年和1999年,香港、澳门分别回归了祖国的怀抱,成立香港特别行政区、澳门特别行政区。

鉴于以上变化,在70多年后的今天,我们冒昧地将整首中国行政区划歌谣改为:

两湖两广两河山,
五江云贵福吉安。
川藏两宁青甘陕,
海重内台北上天。
香港澳门大湾区,
锦绣中华美画卷。

*注:五江指江苏、江西、浙江、黑龙江和新疆。此处新疆的"疆"取了谐音。

最后的话

首尾相连贯穿三千年岁月
以小见大品读五十人春秋

亲爱的读者：

在阅读本书286页之后，我们已经从公元前1100年来到了21世纪。

在这趟时光旅行中，我们认识了50位大名鼎鼎的人物，每个人都有精彩的故事。他们个人的历史故事串联起来，与民族史与国家史形成对照，成为宏大历史叙事的补充。当我们将自己代入这些人物，以他们的视角重历历史，历史也许能够变得更加鲜活和立体起来。

不知道大家对我国历史是不是更有兴趣了呢？

对历史越了解，人越不容易对当下感到焦虑。当我们听过读过古人的种种烦恼，就会发现：该说的早已说过，该做的早已做过，太阳底下无新事。如果古人能够最终摆脱那些烦恼、克服那些困难，我们也一定能！

祝愿大家在充满挑战和机遇的当下，永远保持一颗云淡风轻的强大内心！

我们山高水长，后会有期！

武田田

参考书目

方韬译注，《山海经》，中华书局，2011年。

冯友兰，《中国哲学史新编》，商务印书馆，2020年。

〔清〕顾祖禹，贺次君、施和金点校，《读史方舆纪要》，中华书局，2020年。

黄仁宇，《中国大历史》，生活·读书·新知三联书店，2015年。

黄仁宇，《万历十五年》，中华书局，2017年。

钱穆，《国史大纲》，商务印书馆，2015年。

钱穆，《中国历代政治得失》，九州出版社，2015年。

曲一线等主编，《高中知识清单：历史》，首都师范大学出版社，2014年。

曲一线等主编，《初中知识清单：历史》，首都师范大学出版社，2020年。

〔清〕李友棠，崔文印点校，《金史纪事本末》，中华书局，2018年。

鲁迅，《鲁迅全集》，九州出版社，2018年。

〔美〕罗汉，冯立君、葛玉梅译，《武曌》，社会科学文献出版社，2018年。

〔北宋〕司马光，《资治通鉴》，光明日报出版社，2019年。

〔西汉〕司马迁，《史记》，中华书局，2019年。

谭其骧主编，《中国历史地图集》，中国地图出版社，

1982年。

汤用彤,《魏晋玄学论稿》,上海人民出版社,2019年。

〔元〕脱脱,《辽史补注》,中华书局,2018年。

〔美〕万志英著,廖涵缤译,《左道:中国宗教文化中的神与魔》,社会科学文献出版社,2018年。

朱刚,《苏轼十讲》,上海三联书店,2019年。

〔清〕曾国藩,李瀚章编,《曾文正公全集》,北京日报出版社,2014年。

〔战国〕左丘明,郭丹等译注,《左传》,中华书局,2007年。

附录：50个中国历史人物重大事件编年图

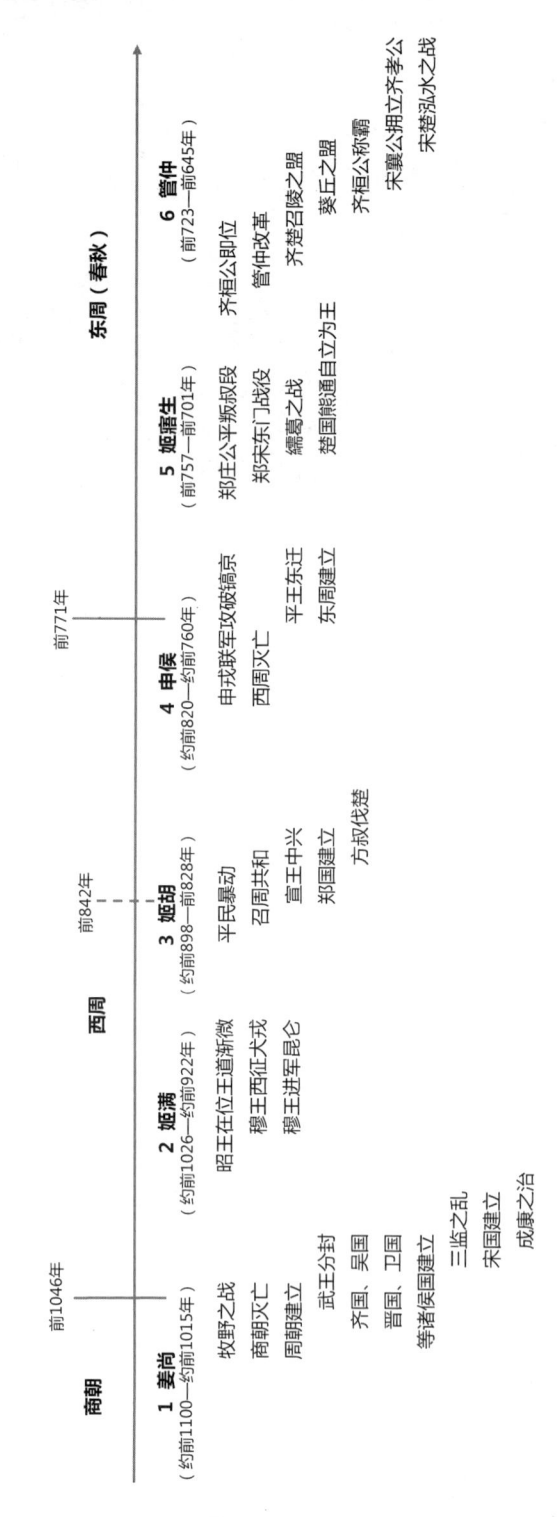

先秦时期（—前221年）

商朝	西周			东周（春秋）	
1 姜尚 （约前1100—约前1015年）	**2 姬满** （约前1026—约前922年）	**3 姬胡** （约前898—前828年）	**4 申侯** （约前820—约前760年）	**5 姬寤生** （前757—前701年）	**6 管仲** （前723—前645年）
牧野之战	昭王在位王道渐微	平民暴动	申戎联军攻破镐京	郑庄公平叛共叔段	齐桓公即位
商朝灭亡	穆王西征犬戎	召周共和	西周灭亡	郑宋东门战役	管仲改革
周朝建立	穆王进军昆仑	宣王中兴	平王东迁	繻葛之战	齐楚召陵之盟
武王分封		郑国建立	东周建立	楚国熊通自立为王	葵丘之盟
齐国、吴国		方叔伐楚			齐桓公称霸
晋国、卫国					宋襄公拥立齐孝公
等诸侯国建立					宋楚泓水之战
三监之乱					
宋国建立					
成康之治					

时间节点：前1046年、前842年、前771年

先秦时期（—前221年）

前476年

东周（春秋）

07 赵盾
（前655—前601年）

秦穆公助晋文公回国
秦晋之好
晋楚城濮之战
晋秦崤之战
秦穆公称霸西戎
殽之盟
弑杀晋灵公
赵氏被诛杀
赵武重获封地
楚庄王灭庸国
楚晋邲之战
楚庄王称霸

08 芈围
（约前580—前529年）

楚灵王弑君即位
楚国灭蔡国
楚灵王自杀
吕子去世
吴楚之战
伍子胥破楚都

09 范蠡
（前536—前448年）

吴越携李之战
勾践兵败会稽山
黄池会盟
孔子去世
越国灭吴国
越王勾践称霸

10 吴起
（前440—前381年）

魏、赵、韩封侯
鬼谷学派
李悝变法
墨子著《墨经》
吴起变法
吴起平百越
田氏代齐
废晋靖公，晋国亡
韩赵魏灭知
瓜分晋封地

东周（战国）

11 庄子
（约前369—约前286年）

商鞅变法
齐邹忌改革
齐魏桂陵之战
齐魏马陵之战（围魏救赵）
赵武灵王胡服骑射
庄周鱼桥之辩
苏秦挂六国相印
张仪推行连横
赵国灭中山
白起破魏韩
孟子去世
庄子去世

12 吕不韦
（前290—前235年）

乐毅伐齐
白起伐楚
屈原投江
蔺相如廉颇伐齐
廉颇抗秦
秦赵长平之战
异人回国
吕不韦又东周
嬴政继位

秦汉魏晋南北朝时期（前221—公元589年）

先秦时期（—前221年）

前221年

东周（战国）

秦朝

前207年　前202年

13 周勃
（前230—前169年）

刘邦攻破咸阳
秦朝灭亡
项羽垓下自刎
汉高祖建立汉朝
白马之围
平定吕氏之乱
汉文帝继位
文景之治

秦灭韩国
灭赵国
灭魏国
灭楚国
灭燕国
灭齐国
秦始皇建立秦朝
统一文字度量衡
修建长城
秦始皇死去
陈胜吴广起义
项羽刘邦起义

西汉

14 李广
（约前185—前119年）

汉景帝继位
平定七王之乱
汉武帝继位
张骞出使西域
漠北之战
大破匈奴

15 霍光
（约前135—前68年）

汉又南越
巫蛊之祸
汉昭帝即位
霍光废帝
昭宣中兴
霍家灭

16 刘歆
（前50—公元23年）

设西域都护府
匈奴分裂南北
昭君出塞
编订《山海经》
王莽篡汉
西汉灭亡
王莽颁布新政
绿林军起义

9年

王莽新政

25年

东汉

刘秀称帝
建立东汉

17 班超
（32—102年）

匈奴再次分裂南北
白马寺佛教入中国
班超出使西域
班超平定西域
窦宪大败北匈奴
明章之治
甘英出使大秦

18 蔡伦
（63—121年）

永元之隆
蔡伦改良造纸术
张衡制作浑天仪

秦汉魏晋南北朝时期（前221—公元589年）

东汉
19 蔡邕
（133—192年）

- 党锢之祸
- 张角起义
- 董卓进京
- 汉献帝即位
- 官渡之战
- 赤壁之战
- 汉中之战
- 关羽水淹七军

魏 （220年）
20 司马懿
（179—251年）

- 曹丕称帝建立魏国
- 汉朝灭亡
- 刘备称帝建蜀汉
- 夷陵之战
- 九品中正制
- 诸葛亮北伐
- 孙权称帝建吴国
- 诸葛亮去世
- 司马懿平定辽东
- 高平陵之变

（263年 / 266年 / 280年）
- 邓艾偷渡阴平
- 蜀国灭亡
- 司马炎称帝
- 魏国灭亡
- 建立晋朝
- 吴国灭亡
- 三国归晋

西晋 （308年）
21 刘渊
（约250—310年）

- 太康之治
- 八王之乱
- 流民起义
- 刘渊称帝建立汉赵
- 李雄称帝建立成汉
- 张轨建立前凉
- 拓跋猗卢建立代国

（316年）
- 永嘉之祸
- 西晋灭亡
- 衣冠南渡
- 司马睿建立东晋
- 刘曜建立前赵
- 石勒建立后赵
- 慕容皝建立前燕
- 苻健建立前秦

东晋
22 谢安
（320—385年）

- 王马共天下
- 祖逖北伐
- 桓温北伐
- 庚戌土断
- 北府兵建立
- 淝水之战
- 慕容垂建立后燕
- 姚苌建立后秦
- 慕容泓建立西燕
- 乞伏国仁建立西秦
- 拓跋珪建立北魏
- 吕光建立后凉
- 慕容德建立南燕
- 合计北方十六国

（420年）
23 刘裕
（363—422年）

- 卢循、孙恩起义
- 桓玄称帝
- 刘裕平定内乱
- 刘裕北伐
- 灭南燕
- 灭后秦
- 宋武帝刘裕
- 建刘宋
- 东晋灭亡
- 南北朝开始

秦汉魏晋南北朝时期（前221—公元589年） | 隋唐辽宋金时期（589—1279年）

南北朝 | 隋朝 | 唐朝

24 冯太后（441—490年） | **25 萧衍**（464—549年） | **26 庾信**（513—581年） | **27 魏徵**（580—643年） | **28 武曌**（624—705年）

时间节点：479年 — 501年 — 534年 — 550年 — 557年 — 581年 — 589年 — 618年 — 690年

南北朝事件

- 刘宋元嘉之治
- 北魏拓跋焘灭北凉
- 北魏统一北方
- 宋魏战争
- 文成帝拓跋濬即位
- 建云冈石窟
- 刘宋孝武帝改革
- 冯太后临政
- 北魏孝文帝即位
- 刘宋宗室内乱
- 北魏宗室改革
- 颁布均田令
- 实行三长制
- 北魏迁都洛阳

- 萧道成废宋顺帝
- 萧齐灭宋
- 刘宋灭亡
- 南齐建立

- 萧衍杀齐和帝
- 南齐灭亡
- 南梁建立
- 北魏六镇起义
- 北魏河阴之变

- 北魏分裂
- 高欢立元善见
- 迁都邺，为东魏
- 宇文泰立元宝炬
- 都长安，为西魏
- 梁武帝兴佛
- 侯景之乱

- 高洋建立北齐
- 取代东魏
- 宇文觉建立北周，取代西魏
- 陈霸先废梁敬帝
- 南梁灭亡
- 建立南陈
- 北周武帝改革
- 北齐灭亡
- 北周统一北方

隋朝事件

- 杨坚废周静帝
- 北周灭亡
- 建立隋朝
- 隋朝灭南陈
- 统一中国
- 开皇之治
- 开科举考试
- 开大运河
- 东征高句丽
- 翟让李密起义
- 李渊起兵

唐朝事件

- 李渊逼隋恭帝禅位
- 隋朝灭亡
- 建立唐朝
- 玄武门事变
- 贞观之治
- 租庸调制
- 灭东突厥
- 文成公主和亲
- 漠北设立安北都护府
- 漠南设立单于都护府

- 永徽之治
- 灭西突厥
- 灭百济
- 灭高句丽
- 二圣同朝
- 武则天称制
- 定都洛阳
- 神龙政变
- 武则天退位
- 唐中宗继位

隋唐辽宋金时期（589—1279年）

唐朝

29 郭子仪（697—781年）
- 唐隆政变
- 开元盛世
- 设立渤海都督府
- 设立黑水都督府
- 封常清
- 封回纥
- 设立节度使
- 府兵制改募兵制
- 怛罗斯之战
- 安史之乱
- 藩镇割据
- 唐朝吐蕃战争
- 两税法改革

30 白居易（772—846年）
- 永贞革新
- 元和中兴
- 甘露之变
- 新乐府运动
- 牛李党争
- 唐武帝灭佛

31 朱温（852—912年）
- 黄巢起义
- 昭宗被迫迁都洛阳
- 朱温废唐哀帝
- 唐朝灭亡
- 建立后梁
- 开启五代十国乱局
- 除了北方中原地区五代更替，其他地区先后建立了吴、吴越、前蜀、闽、南汉、南平、楚、南唐、荆南、北汉、清源、武平等政权

907年

32 冯道（882—954年）
- 契丹族耶律阿保机称帝
- 建立辽国
- 李存勖建立后唐
- 灭后梁
- 灭桀燕
- 灭前蜀
- 石敬瑭建立后晋
- 灭后唐
- 割让燕云十六州
- 白藤江之战
- 辽国灭后晋
- 刘知远建立后汉
- 郭威建立后周
- 灭后汉
- 郭威中兴
- 高平之战
- 越南从中国独立

916年　923年　936年　947年　951年　960年

五代辽宋金

33 萧绰（953—1009年）
- 黑山刺杀事件
- 高梁河之战
- 辽宋战争
- 澶渊之盟
- 平定萧氏叛乱
- 咸平之治
- 陈桥兵变
- 赵匡胤继位
- 建立宋朝
- 灭后蜀
- 灭南汉
- 灭南唐
- 杯酒释兵权
- 灭北汉
- 雍熙北伐

隋唐辽宋金时期（589—1279年）　　元明清时期（1279—1911年）

五代宋辽金　　　　　　　　　　　　　　　　　　　　元朝

34 范仲淹　　**35 苏轼**　　　　　　　　　　**36 岳飞**　　**37 辛弃疾**　　　　　　　**38 耶律楚材**　　**39 关汉卿**
（989—1052年）（1037—1101年）　　　　　　（1103—1142年）（1140—1207年）　　　（1190—1244年）（1234—约1300年）

时间节点：1038年　　　　1115年　　1125年　1127年　　　　　　　　1206年　　　　1234年　1271年　1279年

- 真宗东封西祀
- 章献太后临朝
- 仁宗亲政
- 仁宗盛治
- 首次发行纸币
- 宋夏战争
- 重熙增币
- 庆历和议
- 庆历新政
- 辽夏战争

- 神宗初政
- 王安石变法
- 乌台诗案
- 宋越熙宁战争
- 元丰改制
- 新党执政
- 辽国内乱

- 党项首领
- 李元昊称帝
- 建立西夏

- 女真族首领
- 完颜阿骨打
- 建立金国
- 辽金战役

- 耶律大石西迁
- 建立西辽

- 金国灭辽国

- 靖康之变
- 北宋灭亡
- 宋室南迁
- 赵构建立南宋
- 成立伪齐政权
- 岳飞收复襄汉
- 岳飞收复河南
- 取缔伪齐政权
- 宋金和谈
- 金国迁都北京

- 金章宗盛世
- 金国衰落
- 宋宗室北伐
- 宰相专权
- 南宋理学兴起
- 韩侂胄北伐
- 嘉定和议
- 铁木真称可汗

- 成吉思汗建立蒙古国
- 蒙古西征
- 灭西辽
- 灭花剌子模
- 西征东欧
- 灭西夏
- 蒙金战争
- 蒙宋联军攻破蔡州城
- 金国灭亡
- 蒙宋战争
- 钓鱼城之战，蒙古汗蒙哥死
- 襄樊之战
- 元军攻占南宋都城临安

- 忽必烈与阿里不哥争夺汗位
- 忽必烈即位称帝
- 建总制院管理吐蕃
- 改国号为大元
- 崖山海战
- 南宋灭亡
- 阿合马独擅朝政
- 元朝远征日本、安南、占城、缅甸与爪哇
- 郭守敬编制《授时历法》

元明清时期（1279—1911年）

元朝

40 刘基
（1311—1375年）

元成宗继位
《大元大一统志》
元成宗改元
推行科举
滥发纸币
红巾军起义
朱元璋跟随
郭子兴起义
陈友谅起义
朱元璋占领南京
鄱阳湖大战
徐达北伐

1368年

明朝

41 郑和
（1371—1433年）

平定云南
朱元璋称帝
建立明朝
元室北迁
进《戊申大统历》
颁布《大明律》
胡惟庸案，废丞相
定科举，取八股文
朱棣发动靖难之役
郑和首次下西洋
编订《永乐大典》
设奴儿干都司、哈密卫
设贵州承宣布政使司
明成祖亲征瓦剌
建紫禁城
郑和到达东非
迁都北京
永乐盛世

42 于谦
（1398—1457年）

汉王叛乱
撤销交趾布政使司
瓦剌南侵
土木堡之变
京师保卫战
代宗继位
英宗复位

43 王守仁
（1472—1529年）

守仁格竹
刘瑾专政
宁王叛乱
大礼议
创建阳明书院
广西平叛

44 李时珍
（1518—1593年）

严嵩专权
隆庆中兴
葡萄牙占澳门
戚继光抗倭
张居正改革
推行"一条鞭法"
编成《本草纲目》
努尔哈赤崛起

45 徐光启
（1562—1633年）

日本入侵朝鲜
平壤大捷
东林党争
利玛窦定居北京
荷兰人侵占台湾
翻译《几何原本》
努尔哈赤建后金政权
萨尔浒之战
宁远大战
《徐霞客游记》
李自成起义
张献忠起义

元明清时期（1279—1911年）

明朝 | 清朝 | 民国时期

1644年 — 1683年 — 1911年

46 郑成功（1624—1662年）
- 李自成攻陷北京
- 明朝灭亡
- 清军入关
- 南明政权建立
- 郑成功扶明抗清
- 郑成功北伐
- 郑成功收复台湾
- 永历帝被杀
- 南明政权灭亡
- 郑经统治台湾（明郑时期）
- 杭州明史案
- 兴文字狱
- 三藩之乱
- 洪门创立
- 平定三藩
- 中俄雅克萨之战
- 平叛准噶尔叛乱

47 爱新觉罗·胤禛（1678—1735年）
- 施琅收复台湾
- 明郑政权灭亡
- 设台湾府
- 中俄签订《尼布楚条约》
- 兴建承德避暑山庄
- 康熙册封西藏班禅
- 雍正继位
- 创建养廉银制度
- 推行摊丁入地政策
- 设立驻藏大臣衙门
- 创设军机处

48 纪昀（1724—1805年）
- 乾隆封达赖掌西藏政权
- 准噶尔之战
- 一口通商，闭关锁国
- 平定新疆大小和卓叛乱
- 设伊犁将军
- 清缅停战
- 土尔扈特部东归
- 编订《四库全书》
- 《红楼梦》问世
- 《钦定藏内善后章程》
- 英国马戛尔尼使团访问

49 曾国藩（1811—1872年）
- 白莲教起义
- 嘉庆赐封越南国名
- 林则徐虎门销烟
- 鸦片战争
- 《南京条约》
- 魏源《海国图志》
- 太平天国起义
- 第二次鸦片战争
- 洋务运动
- 建成江南制造总局
- 平定太平天国起义
- 创办京师同文馆
- 《中俄伊犁条约》

50 霍元甲（1868—1910年）
- 创建北洋水师
- 创办汉阳铁厂
- 甲午战争
- 孙中山成立兴中会
- 公车上书
- 广州起义
- 小站练兵
- 戊戌变法
- 义和团起义
- 八国联军占领北京
- 《辛丑条约》
- 同盟会成立
- 废止科举考试
- 武昌起义
- 辛亥革命
- 清朝灭亡
- 中华民国成立

1982年。

汤用彤,《魏晋玄学论稿》,上海人民出版社,2019年。

〔元〕脱脱,《辽史补注》,中华书局,2018年。

〔美〕万志英著,廖涵缤译,《左道:中国宗教文化中的神与魔》,社会科学文献出版社,2018年。

朱刚,《苏轼十讲》,上海三联书店,2019年。

〔清〕曾国藩,李瀚章编,《曾文正公全集》,北京日报出版社,2014年。

〔战国〕左丘明,郭丹等译注,《左传》,中华书局,2007年。

附录：50个中国历史人物重大事件编年图

先秦时期（—前221年）

商朝
前1046年

1 姜尚
（约前1100—约前1015年）
牧野之战
商朝灭亡
周朝建立
武王分封
齐国、吴国
晋国、卫国
等诸侯国建立
三监之乱
宋国建立
成康之治

西周

2 姬满
（约前1026—约前922年）
昭王在位王道渐微
穆王西征大戎
穆王进军昆仑

前842年

3 姬胡
（约前898—前828年）
平民暴动
召周共和
宣王中兴
郑国建立
方叔伐楚

前771年

4 申侯
（约前820—约前760年）
申戎联军攻破镐京
西周灭亡
平王东迁
东周建立

东周（春秋）

5 姬寤生
（前757—前701年）
郑庄公平叛叔段
郑宋东门战役
繻葛之战
楚国熊通自立为王

6 管仲
（前723—前645年）
齐桓公即位
管仲改革
齐楚召陵之盟
葵丘之盟
齐桓公称霸
宋襄公拥立齐孝公
宋楚泓水之战

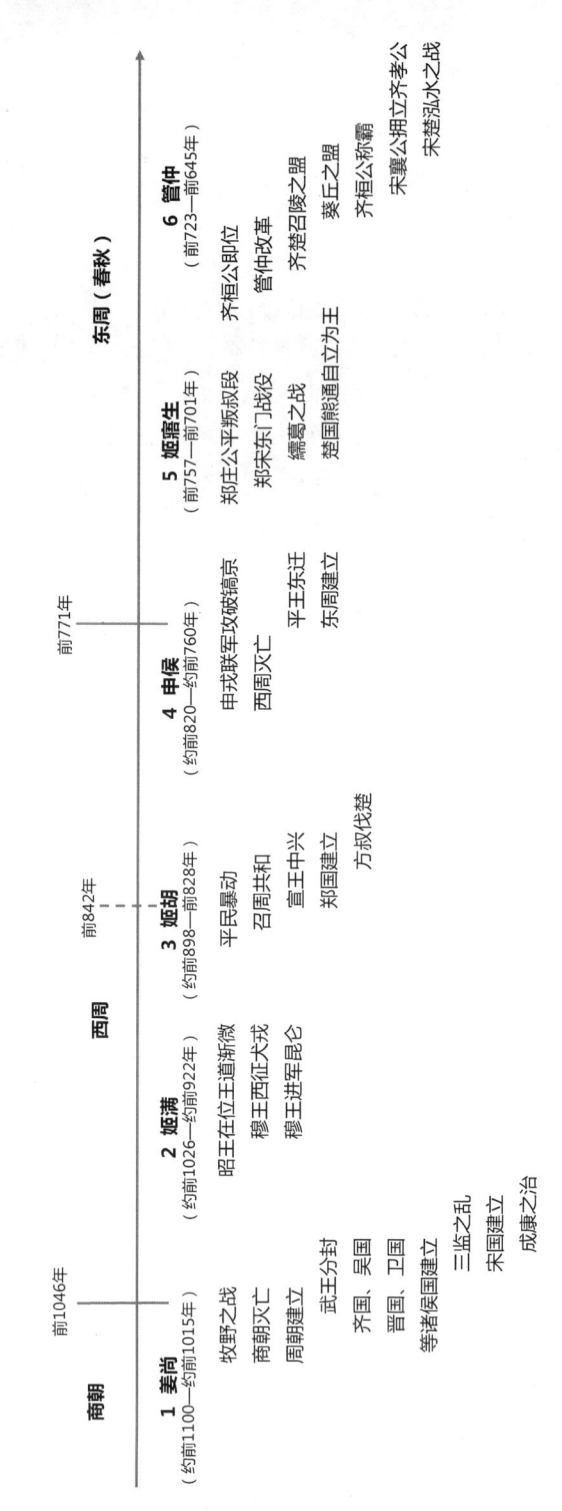

地级市；三级行政区就是县，就是我们现在用的县。

之后一级行政区的名称经常变化，从唐朝的"道"变成了宋朝的"路"，然后是元、明、清的省。

省，原来是中央机构的名字，比如三省六部制的中书省等。元朝时候，为了表示中央对地方的管辖，就以"行省"的名义去管理这些地方，于是慢慢地省就成了地方行政区划。

唐朝之后，一级行政区划的叫法虽然经常换，但是分级而治的基本概念再也没有变化了。比如明朝的省，又常常叫作布政使司，江西省就是江西政使司；元、明、清时期，和州一个级别的二级行政区也有叫府、厅的，常常和州一起使用，并不矛盾。

中国这么多的行政区划，主要是按照什么原则来划分的呢？首要原则就是因地制宜，兼顾文化地理，利用自然地形建立起最有利的政治区域局面。

我们现在常常调侃，南京市是安徽省的省会。这是因为南京市与安徽省的交流非常多，这个调侃不是没有依据的。在明朝的时候，整个安徽和江苏就属于一个行政区划，叫作南直隶，南京市那个时候叫作应天府，是整个南直隶的省会。到了清朝时候为了防止一省独大，将南直隶分拆为安徽省和江苏省。清朝统治者为了防止割据，没有依据淮河或者长江为界，分为江南行省和江北行省，而是按照东西两部分进行拆分。

新中国成立后，我们一直沿用省—州—县的这个三级行政区划。这时候的州这一级别，变成了地区、市、少数民族自治州，另外增加了直辖市、少数民族自治区的概念。有人曾经将新中国的行政区划编成了一首方便记忆的歌谣：

两湖两广两河山,
五江*云贵福吉安。
川藏两宁青甘陕,
还有内台北上天。

公元1988年4月,广东省海南行政区撤销,海南省和海南经济特区建立;公元1997年6月18日,重庆直辖市正式挂牌;公元1997年和1999年,香港、澳门分别回归了祖国的怀抱,成立香港特别行政区、澳门特别行政区。

鉴于以上变化,在70多年后的今天,我们冒昧地将整首中国行政区划歌谣改为:

两湖两广两河山,
五江云贵福吉安。
川藏两宁青甘陕,
海重内台北上天。
香港澳门大湾区,
锦绣中华美画卷。

*注:五江指江苏、江西、浙江、黑龙江和新疆。此处新疆的"疆"取了谐音。